好妈妈不打不骂培养男孩300个细节

张晓萍◎编著

南海出版公司
2019·海口

图书在版编目（CIP）数据

好妈妈不打不骂培养男孩300个细节 / 张晓萍编著
. -- 海口：南海出版公司, 2019.5
ISBN 978-7-5442-9551-2

Ⅰ. ①好… Ⅱ. ①张… Ⅲ. ①家庭教育 Ⅳ. ①G78

中国版本图书馆CIP数据核字（2019）第043072号

HAO MAMA BU DA BU MA PEIYANG NANHAI 300 GE XIJIE
好妈妈不打不骂培养男孩300个细节

编　　者　张晓萍
责任编辑　余　靖
装帧设计　李爱雪
出版发行　南海出版公司　　电话：（0898）66568511（出版）（0898）65350227（发行）
社　　址　海南省海口市海秀中路51号星华大厦五楼　邮编：570206
电子邮箱　nhpublishing@163.com
经　　销　新华书店
印　　刷　北京柯蓝博泰印务有限公司
开　　本　710毫米×960毫米 1/16
印　　张　21
字　　数　284千
版　　次　2019年5月第1版　　2019年5月第1次印刷
书　　号　ISBN 978-7-5442-9551-2
定　　价　45.00元

前 言

打骂孩子可能会解决眼前的一个小问题，却给孩子的成长留下大隐患，心理创痕会伴随孩子一生。

暴力教育能让孩子变得顺从，不会让孩子变得聪明和懂事；能让他们变得听话，不会让他们变得自觉和上进——暴力教育能得到一些暂时的、表面的效果，但它是以儿童整体的堕落和消沉为代价的。

通过打骂来促成孩子学业进步，结果只能让孩子对学业产生厌恶；用打骂来让孩子听话，孩子只会变得更加逆反固执；用打骂让孩子做个好人，孩子只会在责难下心理扭曲变态。

——尹建莉《好妈妈胜过好老师》

高尔基说：“爱孩子，这是连母鸡都会的。”大家都知道，“母爱”是无私的，是一种奉献。但在这儿，“无私奉献”并不是“崇高”的代名词，因为“母爱”是任何动物都具备的一种本能。人和动物的区别在于人有意识，因此，妈妈在爱自己的孩子时头脑一定要清醒，要有原则地、理智地去爱。

男孩与女孩相比，天生精力旺盛，好奇心强，破坏性强。所以，在教育孩子方面，家长打骂男孩的现象比较多。而且很多家长在打骂男孩的时候，都是打着爱的名义，口口声声说：“我都是为你好！”即便真的如此，打骂男孩也是不对的。

调查显示，有12%~18%的妈妈在教育男孩时，常常使用“打一顿”的方法。

那么，为什么打男孩的现象具有一定的普遍性呢？概括起来大致有以下几种原因。

一是受传统教育观念的影响。传统的教育观念认为“棍棒之下出孝子”，“不打不成才”，“打是疼，骂是爱”，“三天不打，上房揭瓦”，等等。在传统观念中，家长打男孩是天经地义的。

二是有些家长自己小时候有过被家长打骂的经历，在教育下一代时，无形中继承了上一辈的“光荣”传统。

三是有些家长觉得男孩太不听话，打骂的方法简单、见效快。男孩回来晚了，把水弄地上了，作业做晚了，考试考砸了，都可能被家长打骂一顿。特别是脾气暴躁的家长更会这样做。

四是家长自身原因。当生活、工作不如意的时候，他们就会把这些压力转嫁到男孩身上，比如要求男孩一定要出人头地，一定要有出息，如果有所违背，就开始恨铁不成钢了。

不管出于何种原因，以打骂的方式教育男孩总是不对的。

首先，打骂男孩，虽然能使男孩一时表面服从，但也会令其产生怨恨、逆反、畏惧等心理。打骂的结果是男孩与家长之间的亲情日渐淡漠，隔阂越来越深，个别男孩甚至会产生报复心理。另外，这也教会了男孩“以暴力解决问题”，很可能使男孩将来走上犯罪的道路。

其次，打骂男孩会让其失去自尊、自信。家长本是男孩最亲近的人，每个男孩都希望得到家长的爱与认可。如果家长对其非打即骂，其自尊心和自信心就会受到伤害，会自感低人一等，会怀疑自身能力，会自暴自弃，甚至会感到人世间缺少温暖，变得性格孤僻，悲观厌世，不愿意与人交流，也不愿意和朋友一起玩。

再次，经常挨打的男孩会变得脾气暴躁，产生对家长、对学校、对社会不满的情绪。比如，因为英语没考好而挨打，他便会憎恨英语知识、英语老师，甚至憎恨学校。慢慢地，他就会厌倦上学，开始迟到早退，开始旷课逃课。

最后，为了逃避打骂，男孩往往违心地说谎，因为骗过一次，就可减少一次责骂，甚至少受一次皮肉之苦。为了避免被家长暴打，男孩会一次次地说谎，其品行可能就会日渐变差。

可见，打骂男孩绝对是不可取的，因为那样只会压抑男孩的个性，甚至会造成男孩人格的畸形。

所以，希望天下为男孩父母者，特别是当妈妈的，不要再打骂男孩了。多一分了解，就少一分误解。妈妈一定要抽时间读一下相关的书，探究一下男孩与女孩的生理区别，找出男孩比女孩更加淘气的原因。只有真正把这些问题弄清楚了，才能以理智的心态对待男孩的各种表现。

本书从了解男孩的特征和走进男孩的内心世界开始，阐述现代妈妈应如何培养精英男孩，做个合格的好妈妈。其中包括怎样与男孩沟通，怎样夸奖批评男孩，怎样培养男孩的品格，怎样提高男孩的情商、智商、财商，等等。本书旨在帮助天下妈妈们改变打骂男孩的恶习，与男孩建立健康的亲子关系，以科学的方式引导男孩健康成长，为男孩美好的未来打下坚实的基础！

目　录

第一篇

教育男孩——请先走进男孩的世界

第1章

男孩与女孩天生不一样

日本松田道雄在《育儿百科》一书中说：如果可以，最好生两个以上的孩子，如果有两个孩子，最好是一儿一女，因为男孩跟女孩不一样。男孩有他独特的生理特点，妈妈只有了解了关于Y染色体、睾丸素、男性大脑结构等相关知识，才不会对男孩的冒险精神、精力旺盛、喜欢打斗、喜欢探索等问题感到不解。

说一说男孩独有的“Y”染色体

提起染色体，人们并不陌生。人体的每个细胞内都有23对染色体，也就是46条染色体，包括22对常染色体和1对性染色体。男孩与女孩的常染色体都是一样的，但是性染色体却不一样，正是不一样的性染色体决定了孩子的性别。

性染色体分为X染色体和Y染色体，男孩的性染色体是由X和Y组成，而女孩的则是X和X组成。也就是说，Y染色体是男孩独有的，决定了孩子的性别为男性。

根据研究表明，Y染色体上的基因只能由亲代中的雄性传递给子代中的雄性，也就是由父亲传递给儿子。因此，在一个家族里，所有男性的Y染色体都是一样的。

千万不要小看了男孩所携带的Y染色体，它不仅决定了男孩之所以为男孩，而且正是由于它的存在，男孩才会表现出很多与女孩完全不同的特性，例如，更具有冒险性、攻击性和竞争性。

对于大多数有男孩的家长来说，男孩的成长历程就像是一部惊险的探险电影，说不定哪个时刻，他们就会因为探险而受伤；也说不定哪个时刻，他们就会惹出或大或小的麻烦……

Y染色体已经决定了他是个男孩，在教育方式上，妈妈就不要过度保护，而应该在相对安全的情况下，鼓励他去探索、去冒险、去奋斗。这样才会让男孩所携带的Y染色体发挥作用。

查一查男孩调皮捣蛋的“祸首”

心理学家将男孩称为“有攻击性的小机器”。在运动能力、爆发力等方面，男孩要远远胜过女孩。同时，男孩的动作速度和猛烈程度也会远远超过女孩。男孩天生在这些方面具有优势，这取决于体内的睾丸激素。

当男孩还在妈妈肚子里时，他体内的睾丸素就开始形成了。由于这种雄性激素的存在，男性特征便开始显现。比如，他们的睾丸和阴茎开始发育。

当男孩出生后，体内的睾丸素几乎相当于一个12岁男孩体内的睾丸素的含量，睾丸素不仅促使男孩的身体发育，还能促使男孩具备更多的男性特征。比如，刚出生男婴的阴茎偶尔会出现轻微勃起。

男孩出生几个月后，男孩体内的睾丸素含量会下降到出生时的1/15。

在男孩蹒跚学步的整个阶段，体内的睾丸素含量一直比较低。因此，蹒跚学步的男孩和女孩在行为上表现得特别相似。

当男孩长到4周岁左右，他体内的睾丸素激增，甚至达到之前的2倍。

当男孩长到5周岁左右，小男孩会对战斗、英雄行为、冒险以及需要花费极大精力的游戏产生越来越浓厚的兴趣。

在11～13岁这一阶段，男孩体内的睾丸素含量再次开始急剧上升，甚至达到蹒跚学步时的8倍。这时，男孩的四肢快速生长，身高会猛增，而且男性特征会表现得越来越明显。例如，长出胡须、出现喉结，等等。越来越喜欢主宰、控制环境，并善于根据自己的实力来估计自己在所处集体中的地位。男孩喜欢竞争，竞争的环境可以使他变得更加兴奋，男孩也更愿意接受挑战以及喜欢没有任何理由的冒险。

一位男孩的妈妈对她的好友这样评价自己的儿子：

“我儿子从学会走路开始，就不断地给我制造麻烦：小的时候爬桌子把牙都磕坏了；上了幼儿园也常常与别的小朋友打架；上了小学，仍然是麻烦不断，我常常会因为他的某些捣乱行为而被老师“请”到学校……因此我为了他可真是忙翻了天。”

几乎在每个男孩小的时候，都会得到很多昵称，例如，“捣乱鬼”“破坏王”“麻烦制造机器”等。其实，男孩之所以会得到这些称号，都是因为他体内的睾丸素。睾丸素的力量真的会超乎一些家长的想象。

既然睾丸素的力量如此巨大，那男孩表现出的好动、破坏行为、制造麻烦等，就不足为奇了。

面对不断制造麻烦的男孩，很多妈妈为此感到头痛，总是感慨地说：“要是个女孩，就好了。”当然，有很多妈妈也会试图通过“骂”和“打”的方式，让男孩听话一些。

但教育专家明确地指出：如果妈妈总是试图通过打骂让男孩“屈服”，那他将来就很容易成为一个胆小怕事的人；如果妈妈能够巧妙地引导男孩做正确的事情，使他们的潜力得到最大限度的发挥，这些男孩往往就会表现得非常出色。

0~6岁——喜欢腻在妈妈的怀抱里

上幼儿园中班的果果又“闯祸”了。在幼儿园里跟别的小朋友打架了，脸上还被抓伤了。老师告诉果果的妈妈，说果果很调皮。果果妈妈无奈地摇摇头，对于孩子的顽皮，她经常领教。

面对喜欢调皮捣蛋、打架的小男孩，妈妈们都比较苦恼。不管怎么说，孩子都是一天一天长大的，需要一个过程，没有任何捷径可走。妈妈们能够做的就是尽可能多地了解孩子，掌握他们的特点，给予正确的引导。

0~6岁，这是男孩成长的第一阶段。在这个阶段里，男孩性别特征并不是那么明显，一般来说男孩是属于母亲的，因为他们很脆弱，需要妈妈温柔的关爱。

处于这个阶段的男孩喜欢让妈妈抱着，喜欢妈妈跟他玩，喜欢妈妈的关爱和抚摸。因为妈妈为男孩提供母乳，妈妈慈祥可亲，所以能给男孩最大的抚慰。

可以说从出生到6岁期间，妈妈的爱和教育会影响男孩的一生。如果妈妈与男孩经常交流、精心培养，又给予孩子足够的关爱和安全感，那么就会使男孩的大脑得到很好的发育及完善，使他获得更多的讲话技巧，孩子以后就会更好地适应社会，大踏步地前进。反之，如果妈妈总是情绪低落或者是喜怒无常，经常打骂男孩，那么男孩的大脑就会发生变化，慢慢变成一个或胆小怕事、或脾气不好的男孩。

因此，在这一阶段，妈妈需要了解男孩对应的特点，然后对症下药，用心培养。

1. 理解力有限，说太多无益

4岁的果果哭着闹着要找爸爸，妈妈对他说：“儿子，别闹了，爸爸跟同学去聚会了，过几个小时就回来了。”妈妈越是安慰，果果哭得越凶。

其实，果果妈妈不知道，根据男孩现在的理解能力，她根本不明白“跟同学去聚会”“过几个小时”是什么意思，男孩唯一知道的就是爸爸没在自己身边。

妈妈千万不要跟这一阶段的男孩讲太多的道理，动不动就向他们解释为什么不能朝地上洒水，为什么不可以爬到柜子上去，为什么见了人应该礼貌地向人打招呼，等等。其实，在很多情况下，这些说教都是徒劳的。偏偏有的脾气不好的妈妈因为多次教男孩，男孩总是记不住，为了让他们长点儿记性，便打骂男孩。这种做法是完全错误的，因为这一时期的男孩根本没有理性思维以及逻辑思维的能力，向他们解释太多、给他们讲太多道理，只能让他们觉得烦躁。

2. 需要妈妈更多的耐心与关注

这一阶段的男孩，他们在生理上和情绪上要比女孩脆弱。比如，同样是刚出生的婴儿，男孩比女孩对疼痛更加敏感，当他们感觉潮湿或不舒服的时候，男孩更容易哭闹。即使到了6个月大时，男孩仍然需要妈妈的照看，女孩则会通过吮吸手指和玩玩具等寻求安慰。

这一阶段的男孩更渴望被关注，如果妈妈没有给自己足够的关注，他们甚至会通过一些不良行为来吸引妈妈的眼球，如果这个时候妈妈不正确地引导，而是打骂，对男孩的一生都会产生很多不良影响。因此，妈妈千万不要被固有的性别观念束缚住头脑，认为男孩天生就该坚强。其实在0~6岁这段时期，男孩是脆弱的，是需要妈妈更多的耐心与关注的。

3. 男孩需要的是引导，而不是选择

“儿子，你喜欢红色，还是喜欢蓝色？”

“儿子，周末我们是去公园呢，还是去游乐场呢？”

“儿子，你今天是想吃馒头，还是想吃面条呢？”

在生活中，我们经常听到妈妈这样问男孩，而处于这个阶段的小男孩往往不知该怎样选择。心理学研究表明，如果总是让6岁以下的小男孩在很多的可能中自己去选择，那这个男孩长大后不会是有主见的人。因为处于这个阶段的男孩需要的是引导，而不是让他选择。

所以，妈妈要为这一阶段的男孩制订好每天的生活。例如，今天吃什么，今天穿什么衣服，今天去什么地方玩。有了妈妈的安排，男孩就会清楚地参与其中，并获得很大的安全感。

4. 会迷恋自己的身体

这一阶段的男孩总是喜欢拉扯或揉搓自己的生殖器，甚至会当着众人的面把手伸进裤子里。这让很多妈妈感到烦恼。其实，妈妈只要了解这一阶段男孩的特性，就能理解男孩了。

男孩天生好奇心就很强，这一点从小就表现得很突出。他们会“研究”见到的每一样东西，包括自己的身体。他们对自己身体的早期迷恋是很正常的，因为拨弄、搓揉自己的生殖器会给他们带来快乐和舒服的感觉，仅此而已。

所以，妈妈不要对这一阶段的男孩的这种行为大惊小怪，只需引导孩子。可以让他搓揉自己的生殖器，但这是一件只能私下做的事情，如果他偏不这样做，那也就随他好了，等大一点儿，即使你不说他，他也不会这样做了。

总之，0~6岁属于男孩的纯真时代，这个阶段是男孩身体发育、智力发展、情感发育和性格形成的最重要阶段。妈妈一定要给他们足够的关爱、呵护和引导，不要以打骂的方式去纠正一些看似他做得过分的事情。

6~13岁——想成为爸爸那样的男子汉

6~13岁，这是男孩成长的第二阶段。在这一阶段，男孩进入了自身成长的转变期，不再像前一阶段那样依赖妈妈，而是喜欢和爸爸交流，开始向爸爸学习，模仿爸爸的行为，并希望自己成为一个男子汉。

进入这一阶段的男孩，会出现很大的变化，他们逐渐觉得自己是“男人”了，要做一个爸爸那样的人。甚至那些平时很安静的男孩，到了这个年龄也整天舞刀弄枪，证明自己能力高强。即便在大人们看来这是很可笑的事情，但男孩还是要通过各种行为来表明自己的“男子气”。

有的男孩为了证明自己是男子汉，还希望自己快点儿长大，幻想身体突然变得很强壮，有很大的力量做各种事情，甚至希望像爸爸那样长出胡子来。于是他们通过各种行为来表明自己的身份，比如，男孩会争着当警察，因为警察在他们眼中是英雄，是男子汉；男孩喜欢舞刀弄枪，希望自己成为武林高手；男孩总是梦想着自己有一天能去拯救地球；甚至会做各种危险的事情，以证明自己的勇敢。

在6～13岁这个阶段，男孩的思维也会发生变化，理解他人情感的能力逐渐开始具备，自尊心开始增强。心理学家认为，在这一阶段，男孩自尊心的发展会出现两种倾向，他们对自己的看法也会截然不同：要么认为自己很能干，能积极地面对一切事情；要么认为自己很无能，什么事情也做不好。因此，在这一阶段，家长一定要注意引导男孩正确地认识自己。

14岁后——进入盎然的青春时代

从男孩变成男人的关键期就是14岁到成年这段时间。

一般情况下，这段时期的男孩进入了快速发育期，身体内发生了显著的变化——睾丸激素大幅增加，含量几乎是以前的8倍！男孩变得更加喜欢争辩，更加喜怒无常，有时候又焦虑孤独。

这当然不是他们变“坏”了，而是他们的身体和心理都发生了彻底的变化，他们已经和以前不一样了。

这个变化过程充满了“斗争”，男孩们不但经常与父母的观点相左，而且不时地挑战长辈的权威，甚至也在和自己做各种各样的斗争。他们需要解开成长道路上遇到的疑惑，需要开始新的征程。他们会变得愤世嫉俗，动不动就会批判周围的人和事；说同龄人才听得懂的话；他们会穿奇装异服，甚至把头发染得五颜六色；他们脾气变得暴躁起来；常常埋怨家长不理解他们，家长想靠近的时候他们又会躲开……

在很多人看来，这个年龄阶段的男孩是让家长失望的，很多人感叹，要是当初生个女孩就好了。这个阶段的妈妈会害怕、会担心，因为年轻气盛的男孩可能会卷入各种纠纷，惹出很大的麻烦。不管怎样，作为男孩的妈妈，一定要知道，这是男孩必经的阶段，一定要花时间，有耐心地去引导男孩。教他们怎样像男人一样去做事，要让他们知道自己应担负起的职责，在哪里找到力量的源泉以及前进的方向。

14岁之后的男孩逐渐进入了生机盎然的青春时代。这一时间段里，男孩的身心都发生了巨大的变化。妈妈一定要做好引导工作，让男孩坦然面对自己的身心状况。这一时间段里，男孩特别需要有经验的人的指引，指引方式与最终的结果息息相关。如果妈妈总是对男孩大呼小叫，即使妈妈说得有理，男孩也不愿意接受，他们就会变得越来越“坏”。

所以，在这个时期，妈妈不仅要把正确的人生观告诉男孩，让他学会辨别善恶美丑和是非黑白，还要像朋友一样和他沟通，在他迷茫时给他建议，在他孤独时多多陪伴，让他平稳过渡成为男人。

第2章

与叛逆男孩的第一次亲密接触

古希腊大哲学家柏拉图这样写过：“在所有的动物中，男孩是最难控制对付的。”男孩天生就是“冒险王”，男孩是精力旺盛的“淘气包”，男孩是调皮捣蛋的“破坏王”。男孩多有一种叛逆精神，随着年龄的增长，叛逆精神会越发明显，会变得越来越难控制。

妈妈只有清楚地了解每个阶段男孩的心理特征和生理特征，才能找到最好的解决方法。

男孩天生就是“冒险王”

越是难做到的事情，男孩越希望自己能够尝试，哪怕为此付出惨重代价，这就是男孩冒险心理的表现。敢于冒险让男孩的生命总是充满跌宕起伏。

5岁的乒乒总喜欢跳上跳下，妈妈教训过他很多次，他总是听不进去。这天，他突然萌生了一个想法，要从写字台上往下跳，看看自己敢不敢。这个高度将近1米，是他从未尝试过的。

乒乒想到这里，激动地马上行动起来。他借助凳子、爬上了写字台，就像爬山一样。他站在写字台上，用力向下跳了下来，只听“咔嚓”一声，他没有受伤，把桌子上的一个杯子带了下来，摔了个粉碎。

妈妈听到后，“啊”的一声尖叫，赶紧跑了过来。乒乒知道自己闯了祸，赶紧跑进卧室关上门，躲进被子里。妈妈气坏了，在门外大声责骂他，兵兵紧紧锁着门不敢出声。

以上的例子现实生活中屡见不鲜。男孩出于冒险心理，常常会做出一些不可思议的事情。于是，总会有妈妈叹息：有了儿子之后，我一刻都不敢让他离开我的视线，整天活在担惊受怕里。

其实，每一个男孩基本都是在各种外伤中度过的，没有受过一点儿伤害，那是不可能的事。男孩喜欢冲动、激烈、刺激的事情，越是能激起他们情绪的事，他们越喜欢尝试。

几乎每个男孩都爱冒险、冲动自负，喜欢与人争吵、斗殴，喜欢出风头。在这些方面，男孩与女孩的这种行为区别非常明显。

男孩喜欢冒险并不是坏事，有很多正面的意义。男孩的冒险行为除了睾丸激素的作用外，也源于男孩的好奇心理，而许多科学知识、生存技能、劳动技能，都可以在好奇心的推动下获取。

世界上很多科学发明家、机械制造者在青少年时期都满怀好奇心，而轮船、飞机等人类物质成果的发明，大多是好奇男孩长大后的杰作。

总之，男孩天生就爱冒险，他们对这个世界充满未知、充满好奇，于是很自然地有了探索、冒险的行动。既然是冒险，那么就可能存在危险性，所以，如果妈妈有时间，要陪男孩一起去冒险，一方面可以起到保护男孩的作用，另一方面男孩有了妈妈的陪伴会玩得更尽兴、更欢快。

每个男孩都有“英雄情结”

男孩从小就有英雄情结，这种情结将伴随男孩一生。男孩英雄情结的表现是爱打抱不平，爱管闲事，见不得人欺负弱小等。每一个男孩都想做英雄，都希望被人崇拜。

刘伟回家后，妈妈发现他的脸有一道伤痕，以为他在外面受欺负了，于是问道：“谁干的啊，你的脸怎么受伤了？”

刘伟低着头不说话，妈妈只好把声音放柔些说：“没事，跟妈妈说，妈妈想知道是怎么回事。”于是，刘伟便详细跟妈妈讲了事情的经过。

原来，是刘伟的同学张彪下课时欺负低年级的小朋友，还把低年级小朋友的玩具扔在了地上。

张彪平时就很凶，这时吓得低年级的小朋友直哭，老师又不在。刘伟看不过去了，就走过去帮助低年级的小朋友。刘伟与张彪理论时，脸被张彪抓伤了。

妈妈了解了事情的经过，想了想说：“原来你在帮助人啊，这是好事，是个小英雄的行为。不过你以后遇到这样的事情，不要贸然上前去理论，最好去找老师或请同学们评理，相信大家都会站在你这边的。”刘伟听后，认真地点了点头，同时脸上满是自豪的表情。

对于男孩的英雄情结，妈妈应该给予充分理解，因为男孩独有的Y染色体和大量分泌的睾丸激素激发着他的英雄情结，这是男孩区别于女孩的重要心理特征之一。如果你足够细心就能够发现，绝大多数男孩从小就爱玩坦克、手枪等玩具，也爱看带有英雄情节的故事或影片，并立志成为“警察叔叔”……

每个男孩都有英雄主义情结，这几乎是一种本能反应。只要男孩的天性没有过分被压抑，在任何场合下，他们路见不平时，都有拔刀相助的冲动。男孩总是幻想自己是“奥特曼”，身怀一身绝技，能够帮助弱小、扶危济困，与恶势力做斗争，甚至拯救地球，成为人心目中的大英雄。

在现实中，男孩的英雄梦却是难以实现的。由于年龄和阅历的缘故，男孩无论在身体还是心理上，都不能如愿施展自己的英雄抱负。他们常常觉得自己很弱小，希望得到安慰和激励，并希望有一些勇敢的举动被认可，于是在别人危难之际，总喜欢挺身而出。

孩子喜欢当英雄、想当英雄没有错，重点在于妈妈要帮助他建立正确的“英雄观”。当他打抱不平的时候，我们要提醒他那样会受伤，但不能用打骂的方式制止他，而是应该进行合理的引导。只要妈妈引导得当，英雄情结不仅能够促进他男性气质的培养，也能使他成长为真正的男子汉。

每个男孩都想当“大王”

男人的天性之一是喜欢竞争，一位研究行为哲学的专家曾说：“一场比赛结束后，你看到一个被打败的男人在真诚地向对手祝贺，其实在这背后，这个男人想的是下一次如何把他打败。”

性别赋予男人巨大的能量，这在他们的幼小阶段就已经表现出来。在男孩的世界里，他们就已经有了“大王”的意识，在和小伙伴们一起玩耍时，也更在乎谁是“大王”，“大王”是男孩的行为标准，是男孩内心的竞争对手。每一个男孩都希望能够做一个“大王”，这种竞争心理促使男孩总想争第一。

魏东上初中了，他是一个仗义勇为的男孩，平时结交了不少好朋友，因此很赢得大家的拥护，小伙伴们都爱围着他转，这种众星捧月的感觉让他很骄傲。

新一届的班委竞选开始了，魏东想竞选班长，就鼓动他的朋友们为他拉票。魏东最大的竞争对手是刘新。刘新是个帅小伙，在人际关系上比魏东稍差一点儿，其他各方面都更胜一筹。

班上许多女同学都很欣赏刘新，把他当作白马王子。魏东怕自己竞选失利，就开始四处散播刘新的坏话，说他是假清高、自私自利，从来都是只关心自己，不关心同学。

在竞选演讲时，刘新发言说，如果自己当选班长，会为大家做哪些事。他的真诚态度赢得了全班同学的赞赏和支持，因而获得了很高的票数。结果，刘新因品学兼优，愿意为大家服务，当选班长。

魏东很生气，他约了一帮朋友趁刘新独自回家的时候“教训”了他一顿。虽然受到老师的严肃批评，但魏东觉得很解气。从此，他在学校里处处和刘新作对。

其实魏东之所以跟刘新过不去，主要是源自想做“大王”的心。几乎没有一个男孩不想做“大王”，他们每到一个新环境，比如新班级、新学校，最关心的问题就是“谁是班级里的班长”。

谁是学校里的“大王”？通过观察和了解“大王”在学校和班级里的行为，男孩们会渐渐明白，在这里做“大王”要具备什么样的条件和“资格”，他们还会暗暗下决心，希望自己有一天也能够做“大王”。

男孩喜欢当“大王”的竞争心理本身没有错的。如果妈妈能够加以合理的教导和应用，可以促使男孩不断进步，激励他们积极向上。但是，如果男孩存在过激和偏执心理，把正当竞争变成了恶意攻击，甚至采取一些不公正、不正当的手段对付竞争对手，就会发生暴力事件。因为“大王”只有一个，而想当“大王”的男孩却有很多。那些没有当上“大王”的男孩容易扭曲竞争心理，在处理同学关系上也容易树敌。所以，在如何看待同学间的竞争上，妈妈不要忽视，理所当然地认为男孩就应该这样。

年纪较小的男孩还不具备准确的判断力和成熟的人生观，他们会为了争第一、做“大王”而展开“斗争”，甚至打架、引发暴力事件。一些发生在男孩身上的行为，比如违反规定、触犯法律都是不正常的竞争心理所致。如果发现男孩的正当竞争心理发生扭曲，妈妈一定要及时做好引路人，千万不要让男孩对竞争产生误解。

受到妈妈良好心理教导的男孩，心理和行为上都显得比较成熟，他们会把做“大王”的心理变成积极追求进步的力量，靠自己的实力去战胜别人，真正地做“大王”。而那种为了做“大王”图一时之快，不计后果的行为，只能给他人造成伤害。男孩有竞争心理是可以理解的，妈妈应该引导他们走向健康的竞争之路，真正实现“大王”梦。

男孩是精力旺盛的“淘气包”

很多家有男孩的妈妈感叹自己的儿子太淘气，为什么男孩就那么淘气呢？这是因为精力旺盛的缘故。大多数男孩从会走路起就不断展现出过人的能量。他们只要不睡觉，就一刻不停地到处攀爬、跑跳、追逐、打闹，即使上学后，课堂上也有做不完的小动作，男孩好像总有使不完的力气、用之不竭的精力。

为什么男孩的精力如此旺盛呢？从中医学角度讲，男孩是纯阳体制，生性好动，用一句古语说：“憨嘻跳跃是其本性，拘坐则伤脊骨，尤损天柱。”男孩阳气足，才会显得生机勃勃，如果要把男孩拘束住，强迫他们老老实实坐着，就是在抑制他们的天性。

男孩比女孩更好动还有一个重要的原因，那就是男孩的体内能分泌出大量的睾丸素，睾丸素致使男孩成了一个“淘气包”，只能通过不停活动来消耗能量。

清楚了男孩精力旺盛的原因，妈妈就不要在他“释放能量”的时候大声责骂，或者制止他，而应该想个办法让男孩把过剩的精力用到该用的地方。

妈妈不应该把自己的喜好作为评判男孩行为的标准，更不能因自己喜欢安静而强迫男孩不许跑跳。妈妈应该转变自己的心态，接纳这个体内分泌大量睾丸素的小淘气包。在保证安全的前提下，允许他们去释放能量。这样，男孩的身心才不会受到压抑，男孩的成长才会健康。

既然男孩精力旺盛，那么妈妈就应该利用男孩的这个特点，引导他去做一些有益于身体发育、身心健康的事情。比如，每天抽一些时间出来，和孩子们一起跑跑步、打打球等，做些体育运动不但能消耗男孩多余的精力，还能够增强男孩体魄，促进身心发育。对于男孩精力旺盛的最好应对办法，就是选用运动的方式，与他们一起消耗能量。

此外，一个有着旺盛精力的男孩，他不仅可以将能量用在肢体运动上，也大可将其用在脑力劳动中。因此，练习书法、读诵经典、画画、下棋等，都不失为锻炼男孩的耐力和注意力的好活动。

让妈妈苦恼不已的“破坏王”

好奇心强是男孩的天性，他们喜欢探索，对未知的世界充满了渴望。所以，在男孩的成长阶段，探索和发现是一项非常重要的过程。在男孩的世界里，他们不仅仅用眼睛看、用耳朵听，更多的时候是动手探索。所以，男孩喜欢的游戏活动通常是探险、寻找、挖宝等。而在寻找、探索和发现过程中，男孩们免不了要破坏掉一些物品，比如爬墙穿洞、踩坏屋顶、弄坏机器等。

在做实验或者玩玩具时，由于知识经验的缺乏，男孩们往往喜欢通过拆卸的方式去研究物品的构造和功能，因此在父母眼里，男孩很普遍地被贴上“破坏王”的标签。

面对家里的小小“破坏王”，许多父母苦恼不已，为什么男孩那么具有破坏性？

据心理学研究，男孩的破坏性行为与他的生理和心理发育密切相关。男孩由于身心还未成熟，还没有具备责任感和义务感的意识，同时他们的自我控制能力比较差，在好奇心的驱使下，男孩会不顾后果地去探索，也想不到要为破坏行为负责。

当然，家里有一个喜欢弄坏东西的“破坏王”，很令父母大伤脑筋。但是，如果这种探索欲望能够得到理智的引导，无疑会提升男孩的动手能力、观察能力、思考能力和创新能力。通过破坏性的探索，男孩会对物品的结构和其工作原理有一定的了解和认识，他的身心也将得到良好的发展。

浩浩特别喜欢拆卸东西。一天，趁妈妈不在家，他研究起妈妈心爱的手表。费了好大的劲儿把手表的外壳拆掉，然后反复观察手表的工作原理……正在他研究得津津有味时，妈妈回来了。

妈妈一看，忍不住大叫道：“你在拆什么？”等看清浩浩拆的是自己心爱的手表时，气愤地说：“谁让你拆手表的？你怎么不是拆这个就是拆那个？”看着满地的零件，妈妈气得不断训斥浩浩。

第3章
棍棒之下出逆子，不打不骂养男孩

历数古今中外的栋梁之材，没有一个是在妈妈的打骂中成才的。打骂可能会起作用，但只是暂时的，不会持久，而且效果会适得其反。要知道，棍棒之下难出孝子，多出逆子。

其实，不打不骂一样可以教出优秀的男孩。尊重男孩的独立人格是家庭教育的重要原则。为了使男孩能够健康地成长，妈妈必须改变非打即骂的粗暴教育方式，对男孩循循善诱，以理服人，给男孩创造一个良好的成长环境和一片快乐的天空。

“威信”不是教训出来的

有些家长认为，对男孩要严厉，不要多给他们笑脸，要让他们害怕，这样才能在男孩面前树立起威信，便于管教。可这种想法真的正确吗？这种方法真的奏效吗？

临近中考，小刚却迷上了电视剧《我是特种兵2》。不管作业是否完成，每天晚上必须先看两集再学习。小刚的妈妈看着儿子把大量的时间都花费在了看电视剧上，非常生气，屡次劝他要抓紧时间学习，可是小刚不听。小刚振振有词地说：

“还有几集就演完了，等看完《我是特种兵2》就专心学习，以后有再好看的电视剧也不看了。”

妈妈生气地说：“《我是特种兵2》不看又能怎样，是学习重要还是看电视剧重要？你怎么这么不听话？”

小刚听了不耐烦，大声地对妈妈喊道：“还有几集就看完了，刚开始看的时候你怎么不管？”

“你还敢跟我顶嘴！看电视能提高学习成绩吗？这都马上中考了，还没完没了地看这种电视剧。”生气的妈妈上前一把拔掉了电源。

“你为什么这么霸道，凭什么不让我看电视剧？”小刚生气地喊起来。

“我不让你看，你就不许看！越来越不听话，等哪天我好好收拾你！”

儿子看电视剧的权利被剥夺了，愤怒地回了自己的房间，一晚上也没有学习。第二天小刚放学后，像往常一样坐在电视机前照看不误。小刚的妈妈见状，抡起巴掌将小刚撵进屋子学习去了。

可见，一味严厉地管束男孩，容易引起男孩的逆反心理，难以收到理想的效果。

别让打骂男孩成为习惯

“望子成龙”是天下家长的心愿。孩子，尤其是男孩，自然成了家中的宝贝。可为什么仍有一些家长采用打骂的方式来教育男孩呢？

究其原因，主要有以下几点：

一是受传统教子观念的影响。如有“棍棒之下出孝子”“不打不成人，不打不成材”“打是疼，骂是爱，气极了，拿脚踹”等观念的大有人在。

二是有些家长小时候常被家长打骂，于是在教育自己男孩时也不自觉地继承了上一辈的教育方式。虽然他们深知被家长打骂的滋味不好受，心中会产生怨恨、反抗等，但毕竟自己早已迈过了那道坎，已经没有了切肤之痛，便糊里糊涂地以打骂的方式来教育孩子。

三是有些家长感觉教育男孩相当辛苦，再加上工作繁忙或其他原因，懒得动脑想其他方法来教育男孩，觉得打骂教育最直接有效。因此，一旦男孩犯了错误，就直接打骂——脾气暴躁的家长最有可能这么做。

四是取决于家长本身的生活状态。一些家长自己不成功，社会地位较低，往往会把操控男孩当成一种逃避和满足，甚至将自己在社会中的压力转嫁到男孩身上，比如要求男孩一定要出类拔萃，等等。

以上几个原因就是某些家长打骂男孩的主要原因，如果你也有打骂男孩的毛病，不妨对照一下。当然，也有的家长打骂男孩只是出于一时冲动，却可能酿成触目惊心的家庭悲剧。

棍棒之下难出孝子，多出逆子

有一对工作和家境都比较普通的夫妇，却有一个明显比同龄男孩更聪明、更活泼的不普通的儿子。为了把这个好苗子培养成才，夫妇俩省吃俭用，为男孩报了各种辅导班，为孩子买电子琴并请了家庭教师。男孩也非常争气，学习很好，电子琴弹得也不错，特别讨人喜欢。

然而，就是这样一个好苗子，却不能让他的爸妈满意，经常因一些小事被爸妈训斥。邻居时常能够听到爸妈训斥儿子的声音。在男孩还小的时候，爸妈的训斥很管用。不过，随着男孩的日渐成长，爸妈的训斥越来越不见效了，男孩有时甚至会顶撞几句。于是，爸妈便将“骂”改为“打”。

邻居过来劝解，男孩的爸妈却说：“这没啥大不了的！官打民不羞，父打子不羞，男孩不打难成器……”就这样，在爸妈粗暴的打骂之下，男孩开始逃学、打架、不思进取。当然，这样做的后果，自然是被爸妈更加野蛮地暴打。

家长爱男孩，对孩子严格要求本身并没有错，错的是不恰当的教育方法。现在确有一些家长在教育男孩时非打即骂，而不是用尊重、说服或沟通的方式。“棍棒之下出孝子”的教育观念已经过时，动不动就打骂、训斥的教育方法后果严重。

有关教育研究指出：男孩生活在批评之中，他就学会了谴责；生活在敌意之中，他就学会了争斗；生活在讽刺之中，他就学会了害羞；生活在暴力之中，他就会成为魔鬼！心理学家也指出，杀人犯大多是在暴力的、缺乏爱的环境里成长起来的。

总之，打骂不是教育男孩的好方法，也别让打骂男孩成为一种习惯。打骂男孩，只会造成严重的亲子隔阂；会让男孩失去自信，悲观厌世；会让男孩会变得脾气暴躁，心惊胆战；会让男孩对父母、对学校、对社会产生不满的情绪；会导致男孩说谎的行为；会促使男孩陷入孤独的深渊；会使男孩学习错误的解决问题的方式；会造成男孩人格畸形……

一句话：棍棒之下难出孝子，多出逆子。

暴风骤雨式的斥责会摧毁男孩

长期在大人的责备、批评甚至辱骂下长大的男孩，在情感上也会显得比较生疏。比如不愿意亲近大人甚至疏远妈妈，学会撒谎，阳奉阴违，性格孤僻，沉默自卑，内心敏感，自尊心容易受到伤害等。一旦在男孩的心目中形成爸妈只有威严而没有威信的形象，那么他们对待妈妈也只有可畏，而不会表现出可亲可敬。所以，妈妈教育男孩，要以理服人，以气势压服并不能赢得孩子的心。

在日常生活中，男孩一般比较淘气，经常会犯错误，做事莽撞、缺少经验、思维不够缜密等，这些问题都是难免的。孩子的判断力是有限的，他们往往搞不清什么是对、什么是错。而很多妈妈都会这样想，只要男孩犯了错，用训斥、打骂、恐吓是最有效的方法。做得不对要挨打，做得不好要挨骂，不做更要遭受数落，其实，这样并不能使男孩知道自己为什么做错了事情，错在什么地方，反而增加对大人的反感和怨恨。据调查显示，那些以“批评”为主的家庭里，孩子一般对妈妈的意见常常持否定态度。在孩子的眼里，认为“妈妈不信任自己”和“为什么总是遭到斥责”是自己最大的烦恼。

每个孩子都有自己的个性，妈妈应根据自己家孩子的实际情况对症下药，用恰当的方式来教育孩子。对于有男孩的家庭，男孩的错误和不听话决不是能用激烈的暴风骤雨方式解决的。尤其是作为年轻妈妈，应该明白，批评是伤害孩子自尊心和自信心的最大敌人，而培养自尊心和自信心才是教育的重要责任。

训斥和羞辱让男孩“破罐破摔”

不要羞辱男孩。无论哪一年龄段的男孩，都不喜欢受到大人的训斥和羞辱，对男孩来说，训斥就是一种耻辱。因为男孩更在乎别人对他们的看法，特别是他们的朋友。即使有必要进行指责的话，也应该私下善意地告诉给孩子，哪些事能做，哪些事不能做。千万不要在别人或者在小伙伴面前揭孩子的短处和批评孩子。

妈妈要与孩子坦诚相待。在教育过程中难免遇到一些麻烦，尤其是当男孩的行为明显有错误甚至十分严重时，妈妈可能会因生气和感到受了伤害而大发雷霆，但最好的办法是与孩子真诚地交谈，从而迅速帮助孩子走出误区。

没有一个孩子愿意承认自己是个坏小孩，那样自信心、自尊心就会受到严重损害，甚至形成“破罐破摔”的不良心态。心理学认为，常常使用非良性的心理暗示会影响孩子的发展。很多男孩的心理障碍，都是起因于家长一些不正确的说法。另外，对男孩进行不适当的比较会使男孩逐渐远离他的兄弟姐妹或伙伴。对男孩的一些小毛病、小缺点反复指责，会影响孩子的心灵健康。

总之，妈妈粗暴打骂或体罚孩子，与过分溺爱与放任一样，都会明显增加儿童品性障碍的发生，容易使孩子形成自我否定意识，产生抑郁、退缩、胆小等心理，使孩子不能很好地适应社会环境。另一方面，由于男孩比女孩的模仿能力强，长期地责骂和指责会使男孩产生顶撞、反抗等攻击行为，严重的可导致违法犯罪。

在教育男孩方面，妈妈应当既是严格审慎的长者，又是诚挚可亲近的朋友。

以“骂”代“教”不可行

男孩的确不易管教，把男孩管教好不仅是一门技术，而且是一门艺术。妈妈不要批评男孩的人格，而应批评他的行为。如果男孩做错了事，只需指出这样做是错的，并告诉他如何做是对的就可以了。要对男孩强调应该做什么，而非不该做什么，这样教育男孩才更能收到积极的效果。

遗憾的是，有些妈妈在教育男孩时，总喜欢边责备边辱骂。比如，“你真笨！”“天哪，你怎么就那么不开窍！”如果男孩不懂事，成绩不好，有的妈妈就会骂：“笨蛋！你看人家×××考了多少分，你看你，长大捡破烂儿去吧！”“到学校干什么去了，就吃饱了等放学啊？”男孩犯了错误，就会说：“你还不如死了，活着有什么劲！”

大多数妈妈对男孩比对女孩要求更严格，对待错误和缺点也十分严苛，发现错误也会及时地加以批评。在教育男孩的问题上，这种不袒护、不放任的负责态度并没有错，这可以说是妈妈对男孩爱的体现。但是这种批评式教育或许可以起到短时的效果，长期使用就不见得十分理想了。偶尔的批评可以激发男孩的进取心，让他们听话，变得乖巧些，但是如果一遇到孩子犯错就批评，对男孩的身心发展是极为不利的。

根据心理学研究，批评教育的方式并不符合男孩的心理发展特点。每一个孩子都有上进心，即使是缺点很多、毛病一大堆的男孩，他们也是希望得到大人的表扬和肯定的。当孩子得到大人尤其是妈妈的肯定和表扬，会表现出积极、热情、开心和愉快的情绪。对于容易淘气和不听话的男孩，经常夸奖会让他们变得坚强、勇敢和自信，无论在精神、情绪上，还是在思想上，都会获得激励。这种积极的正能量逐步丰富和加深，男孩的自信心、自尊心和上进心也会随之增强，产生“我要做得更好”或者“我会继续努力的”的良性循环。

反之，如果男孩经常遭受大人或老师的批评、数落，心里郁郁寡欢，他们就会越来越觉得自己一无是处，情绪消沉，逐步丧失自信心、自尊心和上进心，变得懦弱甚至会产生逆反心理。特别是那些成绩平平、表现得不突出或者“惹人烦”的男孩，如果平时就很少听到肯定、赞扬的话，听到的多是批评和数落，那么他们很容易产生自暴自弃的念头，觉得自己反正是一个坏孩子、不讨人喜欢的孩子或者笨孩子，从而将批评和指责当作耳旁风，对任何管教都会觉得“无所谓”，这种教育态度是危险的。虽然说批评教育在中国家庭很普遍，几乎成了家常便饭，但是对于成长中的孩子来说，一次小小的批评也很可能成为他们幼小心灵上的创伤。不能肯定自己，觉得自己没用、不可救药等想法，其源头也大多来自不当的批评方式。

男孩一旦被管教得精神麻木了，想改变和进步也会变得非常困难。而许多妈妈觉得男孩对他们说的话听不进去而头疼，是因为不知道过度地批评孩子会适得其反。所以，妈妈要想让孩子重新变得听话懂事，就先改变不良的教育方式，对每一个男孩不要抱有成见和偏见，无论他有多么优秀还是平凡。古人说的“数子十过，不如奖子一长”，就是这个道理。

以“打”代“教”不可取

如今把“打”作为教育手段的家长不在少数。越是文化水平低的家长，越经常用此方法“教育”男孩。结果不仅将男孩的学习热情“打”消了，也将男孩的探索精神“打”没了，给男孩身、心两方面都造成了巨大创伤。

几位妈妈在交流教育男孩的经验：

其中一个说：“对男孩别舍不得下手，狠不下心来可不行，不打不成器，该打就得打，‘三天不打，上房揭瓦’这话没错。我每周至少得打儿子一顿。”

另一个也接着说：“对，对，对！男孩皮实，打一顿没什么事，还能让他长记性。”

又有人附和道：“在单位里当个领导，管几十人不简单，管自己的儿子能有多难？不听话，调皮捣蛋，随手抄起木棒、扫帚往身上抡一通，看他以后还敢不敢！”

简单而粗暴的方式教育男孩，会给男孩带来极大的伤害。

一位打扮入时的妈妈抱着孩子在站台上等车。孩子看上去是个2岁左右的小男孩，为了轻松些，她把男孩从怀里放了下来，让孩子蹲在站台上玩。不一会儿，小男孩看到地上有个烟头，十分好奇，于是捡起烟头，然后把包裹烟卷的纸撕开，想看看里面有什么。这时妈妈低下头，他看到孩子正在费劲儿地撕烟卷，满手都沾满了烟灰末。她弯下身子，从小男孩手中迅速地拿走了烟头，接着狠狠地打了两下小男孩的小手，边打边生气地问："还捡不捡了？"

小男孩哭着说："不捡了，不捡了。"

对幼小的孩子抡巴掌或打手心的行为是可怕的，更是不可取的。每个孩子都具有强烈的好奇心，对各种没见过的东西感兴趣或者喜欢探究陌生事物。如果用抡巴掌的方式阻止孩子的探索欲望，或者用打手心的办法惩罚孩子的好奇心，那么孩子以后对新事物的感知能力就会降低，变得胆小害羞。

生活中有很多这样的妈妈，认为很多的东西孩子是不能碰的，地上的脏垃圾、碎纸片、硬币或者食物，更不能去捡，否则就要挨打。因为吸烟本身是坏习惯，小男孩更不该对烟头感兴趣，因此用打手心的方法让他记住，不要随便捡地上的东西。可是，这位母亲忽略了孩子都有好奇心，这是儿童幼小心灵对新事物本能的感知行为。孩子的好奇欲望还没有实现，就被父（母）亲的打手心打了回去，而打手心的行为所带来的后果就是：小男孩从此可能就会记住，没见过的东西不许捡，不能看见什么东西都感到好奇，探索未知是不对的，长期下去的结果就是孩子对生活中的事物渐渐失去热情和兴趣。

观察发现，男孩挨打后，心灵也同时受伤，会变得胆小畏缩，不敢去探求、去尝试。而且为了逃避挨打，往往会被迫违心地说谎，隐瞒过失。而这种办法一旦奏效，男孩便会一再使用，变成了谎话连篇的人。

再者，经常被打的男孩会变得脾气急躁，心惊胆战，对家长、对学校、对社会都会产生不满情绪。比如，因为历史没考好而挨打，他会憎恨历史知识、历史教师，甚至憎恨学校。一旦有机会，男孩可能会做出让人意想不到的事情。

总之，简单粗暴地打男孩是绝对不可取的教育方式，家有男孩的妈妈要谨记。

第4章

走进男孩的内心，倾听男孩的心声

男孩天生活泼好动，其实内心世界充满矛盾，他们渴望与别人建立联系的同时却也力图与别人保持距离。他们在需要联系和渴望独立之间挣扎，在他们的成长轨迹中我们可以看到这种挣扎的各种表现。但是，不论他们处于哪一年龄阶段，作为男孩的妈妈们要切实地走进男孩的内心世界。

男孩的内心世界你懂吗

经常有妈妈会这样抱怨："我那儿子，什么事都不和我讲。"而男孩对自己信任的人却经常这样诉苦："爸爸妈妈从来都不理解我，他们想说什么就会说个没完，而我说什么的时候他们却心不在焉，甚至直接打断我的话，觉得我说的都是没用的。"生活中，这种情况比比皆是。

其实男孩有许多事情、感受是很想跟妈妈说的。他们的欢乐、苦恼都想找个人倾诉，但是往往得不到及时的交流，多是因为做妈妈的不够重视，没有认真地或不善于倾听孩子的意见和感受。

不愿听男孩讲话、不和男孩谈心，怎么能了解男孩呢？不了解男孩，又怎么能帮助教育男孩呢？孩子是发展变化的，家有男孩，妈妈要排除主观偏见，耐心倾听男孩的心声。

对于男孩的话，作为妈妈应拿出热情和兴趣，并从心底里愿意和他们沟通。孩子讲话时尽量不打断、不批评，并能站在男孩的立场和角度去理解他说话的内容，使男孩感到他被理解、重视和接纳。

当男孩觉得不公平、不合理的时候，就会哭闹或发脾气，这个时候妈妈要和蔼持续地倾听，亲切地留在孩子身边，温和地抚摩或搂住他，讲几句关心的话。但注意不要说得太多，那样的话会适得其反。例如，“发生这样的事妈妈也很难过”。假如妈妈在此时说得太多，就会凌驾于男孩之上，变成了自己说，而不是听男孩说了。如果妈妈能够倾听男孩的想法，日后想办法引导，而不是企图纠正他的思想，那么男孩会深深地感受到妈妈的关心。男孩把自己的情绪通过发火或哭喊发泄出来后，心情会好很多，会感到轻松和精神焕发。

当男孩感到紧张或孤独时，就会制造一种状况，目的是让妈妈关注他们。一旦妈妈发现并管制他的时候，男孩就会乘机哭闹发脾气，从而想得到更多的关注。如果这个时候，妈妈觉得男孩是无理取闹，忍无可忍甚至打骂男孩，最后势必伤害孩子的心灵。遇到这样的情况，如果妈妈能给男孩几句使他安心的话，并耐心倾听他的话，男孩很快就能摆脱恶劣的心境，情绪放松、明白事理，接受妈妈的意见。

与男孩交流要少说多听

很多男孩会这样抱怨：“妈妈根本不听我说话，只是他们在不停地说，凭什么啊？”倾听男孩说话，重要的是少说多听。一个称职的妈妈，一定要学会聆听男孩说话，用自己对男孩的信任、尊重去促使男孩多说话，让男孩把自己的所思所想都表达出来，这样才能与男孩进行良好的交流和沟通。

王霞有一个上初中的儿子，母子两人的感情很好，总是无话不谈，这让身边的邻居朋友羡慕不已。可是，只有王霞自己知道，为此她做了多少努力。

儿子刚上初中的时候，由于工作原因，王霞的精神非常紧张，跟儿子说话总是没有耐心，稍有不合适就大呼小叫，甚至伸出手来就拍孩子几下。一天，儿子放学回家，比平时晚了一点儿，王霞便劈头盖脸地呵斥："你死哪儿去了？怎么比平时晚？"儿子说："我和小刚一起在小区游乐场玩了一会儿。"王霞依然不依不饶地说："你这样很让人担心知不知道？你知不知道？以后放学就要回家做功课，不许到别处玩。你知道不知道，我为了能让你生活得快乐，我有多辛苦？你知不知道你这样不听话我有多伤心？"本来是一件小事儿，王霞却上纲上线，儿子听了没说话，也没有悔改之意，一转身回自己的房间去了。剩下王霞在客厅里继续唠唠叨叨。

久而久之，王霞发现，儿子的话越来越少了。这个时候王霞意识到自己的说话语气和说话方式出现了问题。但觉得也没什么大不了，自己的儿子嘛，总会理解的。后来王霞发现，儿子愈来愈不听话，经常很晚回家，但是问什么都不说，每天回来就做作业，做完作业就睡觉。她担心儿子出了什么问题，于是去咨询家庭教育专家。专家听了这种情况之后，给王霞开了一个"药方"：与男孩交流时最好多听少说，并教给了她许多倾听孩子心声的技巧。

从此王霞转变了自己的态度，不再对儿子大呼小叫了，很快母子俩的关系又回到了从前。

期中考试后，儿子对王霞说："妈！我这次没考好，觉得很难受。"王霞正在看书，听了之后放下书，坐下来温和地对儿子说："那你愿意跟妈妈说说吗？"儿子看了看王霞，点点头，然后说了很多。说前一段日子太贪玩，而且总跟妈妈赌气，情绪非常差，上课也不能集中精神。王霞听后，先是跟儿子道歉，说自己之前的做法不对，然后先安慰儿子，接着和儿子一起制定了相应的补救措施。和儿子分析完情况，已经是深夜了。儿子感激地看着妈妈，说："妈妈你真好！"那一刻，王霞也感觉很幸福。

倾听男孩的心声，让男孩把内心的真实想法说出来，体会孩子的感受，不但可以增进妈妈与孩子之间的感情，也可以让男孩明白，不管有什么困难和烦恼，都会得到妈妈的体谅和支持。这会让男孩有安全感，而这种安全感可使男孩的创造力和理解力得到全面的发挥。

聪明的妈妈会聆听

妈妈与男孩交流，要少说多听，同时还要注意以下几个问题：

1. 给男孩留下倾诉的机会

在男孩获得成功或者喜悦时，他们很想让妈妈分享他们的好消息或者愉快的心情；当男孩内心经历着恐慌、创伤或失望时，他们也需要妈妈温情的安慰。所以，妈妈不论多忙，都要留些时间给男孩，不要让男孩觉得妈妈由于着急做其他的事，没工夫听他们说话。总之，要给男孩倾诉表达的机会。

2. 对男孩的话题感兴趣

在妈妈眼里，也许男孩所说的话都很幼稚，但是要明白，这是他们成长的过程。妈妈在聆听男孩说话时，一定要对男孩说的话表现出浓厚的兴趣，这样男孩才能感觉到被尊重，才会感到自己是重要的，才愿意打开心扉与妈妈交谈。

3. 集中注意力听男孩说话

妈妈和男孩交流时要选择合适的时间和地点，应该选一个安静的地点，一个不忙的时间，这样才能够做到专心听男孩说话。在这个时间，不要想其他的事，只关心与男孩的交流，哪怕只是短短的几分钟，只要认真倾听了，也能收到良好的沟通效果。

4. 利用自己的行为语言表达热情

妈妈要善于利用自己的行为语言向男孩表示“我在听着呢”“你说的我很感兴趣”“你说的真有意思”。另外，下面几种身体语言也可以起到恰到好处的作用：一是正面面对男孩，这样能够更好地观察男孩的表情；二是用慈爱的目光注视着男孩，让男孩没有心理压力；三是与男孩的距离不要太远，给男孩以安全感。

5. 让男孩把想说的话都说出来

在听男孩说话的过程中，要善用一些鼓励的词，如“不错”“好棒”“真棒”等简短的字词，也可以适时地提一些简单的问题引导男孩。切记不要随便打断男孩的话，让男孩尽情地把想说的话都说出来。

6. 一定要弄清楚男孩所表达的意思

在聆听男孩说话的过程中，有不明白的地方，让男孩解释或说明一下，尽量不要替男孩解释，这样更有助于弄清楚男孩所表达的意思。在解释时，尽可能帮助男孩把自己想说的话准确、清楚地表达出来。

总之，妈妈在倾听男孩说话的时候要肯花时间、有耐性，做个有修养的听众，用心倾听男孩的心声，用心走进男孩的世界，积极发现男孩的优点，发自内心地表扬男孩，鼓励男孩，尝试着不去批评男孩。只要妈妈能耐心地这样做，多了解、多关怀男孩，男孩就会很乐意和妈妈在一起。如此，拥有一个心理健康的男孩并非梦想，男孩也能顺利地迈向成功之路。

倾听男孩心声要有“三心”

观察发现，倾听男孩的心声，实际上要比试图控制并转移他的注意力或强迫他循规蹈矩更容易，也更有益处。男孩哭泣和发脾气的时候会感到自己的世界已经崩溃，此时妈妈静下心来好好听一听他们就会好很多。有些时候，只是听就好了，不提任何要求，相信他会慢慢修整好自己的世界。

妈妈可以定出专门的倾诉时间。对于说惯了的妈妈，开始倾听可能是很困难的，但是为了男孩的健康成长，必须要试着去倾听，男孩的反应就是倾听结果的向导。在倾听男孩的心声的时候，要把握好以下几点：

1. 倾听时要有耐心

妈妈不要因孩子说话不够流畅，或者吐字不清而流露出不耐烦的情绪，同时还要管理好自己的情绪，不生气，少批评，耐心地听孩子把话讲完，不轻易打断孩子说话。特别是男孩发表见解或不高兴的时候，更要耐心倾听，给孩子提供一个表达情感的机会，这样更有助于解决问题。

2. 倾听时要专心

每个孩子都希望自己受到重视，有被尊重的心理需要，讲话的时候也不例外。因此，妈妈在倾听时要精力集中、态度认真，不敷衍孩子的问题，更不要误导孩子。与孩子交流问题尽量看着孩子的眼睛，不要一边谈话一边看手表、抠耳朵、打哈欠等，也不要一边跟孩子说话一边忙着做其他事情，否则会让孩子觉得你心不在焉，对他的话不感兴趣。妈妈或大人不愿意跟孩子交流，孩子当然有话也不想跟妈妈和大人们说。

3. 倾听时要有诚心

妈妈要尊重孩子的发言权，并坦诚地与他们交流。对于孩子来说，妈妈坦率、真诚地倾听并做出回答是令他们高兴的事。否则会产生一种距离感，影响沟通效果。即使不同意孩子的看法也不要轻易否定，或者嘲讽，并适当地站在孩子的立场或角度来看问题。如果确有必要纠正不妥的观点，也要等孩子把话讲完后再阐明自己的观点。

总之，妈妈在倾听孩子心声的过程中，还要学会透过现象看本质。有时候孩子会运用身体语言和情态来表达自己的内心世界，作为妈妈不要忽视这一点。把握孩子的内心世界，有的放矢地引导孩子说话，鼓励孩子表达自己的见解，才能促进问题的顺利解决，帮助孩子顺利走上成长之路。

妈妈，儿子需要你的沟通

在现实生活中，常听到一些做妈妈的感叹：“儿子长大了，越来越不听话了。”其实，这主要是妈妈与男孩缺少沟通所致。在我国，不少家庭受传统家庭教育模式的深远影响，在对待男孩教育的问题上普遍采取的方式是：批评多于表扬，禁止多于提倡，指责多于鼓励，贬低多于欣赏，威胁多于启发，命令多于商量。这样的教育观念和方法，会让孩子觉得自己被忽视、不重要和不被尊重，因此亲子之间不可能产生真正的心灵沟通。

妈妈与男孩的沟通对男孩的成长是非常重要的。

首先，妈妈与男孩不能进行有效的沟通，教育效果必定大打折扣。

如今的家庭教育一般有三种表现：一是无的放矢，表现为家长不了解自己的孩子需要什么，只是一厢情愿地向男孩唠叨；二是误解想法，表现为家长对孩子的问题习惯做出主观判断，没有完全了解孩子的心思就开始教育；三是空洞说教，表现为家长不顾孩子的接受水平，将成人的想法和做事方式强加给孩子，给孩子灌输大道理，或采取教条主义去启发。

其次，妈妈与男孩不能进行有效的沟通，教育权力可能会完全丧失。

许多妈妈不明白甚至完全不理解，为什么有的男孩受到侮辱之后宁可选择自杀，也不愿意把自己的委屈说给自己听。其实很多时候，这些男孩受到欺负不敢向家长述说，而是选择了自杀，主要原因之一就是缺少沟通。男孩犯了错或者受到欺负，他们会觉得如果对妈妈说，除了会受到嘲笑、辱骂、打击外，更多的是被惩罚或被暴打，与其让自己难堪不如选择轻生了之。如果年幼的孩子出现如此想法和行为，可以说是教育的悲哀，也是教育权力的完全丧失。可见，妈妈与男孩之间如果做不到有效沟通，后果是极其严重的。

再次，沟通是减缓男孩学习压力的良方。

为什么男孩不爱学习？男孩喜欢逃学、逃课，出现厌学情绪？很大一部分原因是来自课业的压力和考试的竞争。在竞争日趋激烈的今天，每个家庭的孩子的生活条件和学习环境都得到了很大的改善和提高，可是为什么孩子们却很难开心和快乐？因为繁重的课业，学习负担过重，导致小小年纪就开始承受过大的精神压力。于是一些男孩开始厌学，产生考试恐慌症。在这种情况下，如果妈妈还进一步地给男孩施压，往往难以奏效，如果换一种方式，增强妈妈与孩子之间的理解和良好的沟通，则能够大大缓解孩子的精神压力。

沟通有艺术，与男孩心有灵犀

妈妈与男孩之间需要沟通，需要相互间的了解和谅解，这样才能更融洽地生活。可以说，沟通是做妈妈的都应学会的一门艺术，掌握好这门艺术要做好以下几点：

1. 全神贯注地倾听

很多时候妈妈抱怨自己不了解儿子的想法，对儿子说的话感到诧异，其实原因很简单，没把儿子说的话当回事儿。所以，当儿子向你谈他感兴趣的问题时，妈妈要集中注意力，不要似听非听，或者用其他的理由阻止儿子表达意见。如果正在做十分紧急的事，不妨跟儿子说明，因为得到儿子的谅解也是尊重儿子的表现。

2. 耐心听完

或许妈妈并不主张儿子做某件事，甚至觉得儿子的想法很古怪、可笑或莫名其妙，但也不要阻止儿子的表述，让他把内心的想法说出来，把话说完。即使一开始就不同意儿子的意见，也要耐心听完，充分了解他的看法。对妈妈来说，以交换意见的方式发表自己的看法，更容易沟通。避免唠叨说教，更不可以不考虑儿子的意见而妄加论断。

3. 用尊重的语气说话

用尊重的语气而不是教训的语气发言。尊重男孩会使男孩也尊重你，教训男孩常常带来他们的反感和对立，只会产生相反的效果。

4. 试着让男孩“参政”

家有男孩，不妨让他主动参与家政会议，可以征求他的意见，如果他的意见有很高的参考价值，很合理，或与大人的意见一致，就以他的意见做决定，这样做可以培养男孩的“参政感”和责任感，培养他的领导能力和自豪感。

5. 让男孩学会认识自己，是教育男孩过程中的重要方面

随着男孩年龄的增长，妈妈有必要给他灌输认识自己、肯定自己的自我意识，提高男孩自我认知的能力，这样能培养健全的人格和强大的内心，有利于男孩成长。此外，妈妈还要指导、帮助他们正确认识自己所处年龄阶段的生理、心理特点，正确看待男孩做过的一些幼稚行为、对大人的依赖和认知能力的不足。

总之，妈妈要设身处地地为男孩着想，努力达到与男孩的相互理解，用经验和成熟的思考引导男孩，但不能一味将自己的喜好强加给男孩。

关注男孩心声，解开男孩心结

随着社会的高速发展，人们所承受的压力很大，就连孩子们也有着很大的压力。妈妈应该尽可能地做出努力，每天给男孩多一分关注，让男孩远离因缺乏关注而造成的孤独情绪，别让他们在孤独中成长。

妈妈在关注男孩的成长过程中，不仅要善于与孩子做好语言沟通，还要学会领悟和理解孩子的内心，用心倾听孩子的心理感受。通过男孩的身体语言、情态，弄清话中之话，把握男孩的真实想法，从而进行积极的教育和引导，保证孩子的心灵健康。

上小学一年级的东东跟妈妈抱怨说："我们班上的同学太不听话了，不遵守课堂纪律，老师让我当班长，我不愿意。"妈妈见东东对老师安排的工作表现出抵触情绪，于是就这样开导说："老师选你当班长，这是老师对你的信任呀，老师信任你，说明你有能力做老师的小帮手，当班长还可以锻炼自己，你不应该让老师失望，妈妈相信你能当好班长的，你是最棒的。"

男孩有什么要求，遇到了什么情况，妈妈都要做到了如指掌。因此，妈妈有必要时常听一听男孩的心声，帮男孩解开心结。

教育家经常说，教育要"抓住时机"。孩子的成长历程就像一本书，从童年到少年，从少年到青年，随着书页的增加，孩子也渐渐成长起来。但是妈妈在一页页往后翻的过程中，不一定能够读懂某一阶段的孩子，包括他的心思、想法和愿望等。尤其是在养育男孩时，大人们常常感叹"育儿不易"。妈妈往往会觉得：男孩越大，反而越不了解他了。所以说，教育男孩不要忽视思想教育，也不能忽视心理教育。

孩子的心中装满了大大小小的各种理想和愿望，每一个孩子的愿望都与别的孩子有所不同。在这些意愿中，有宏大的理想，有小的目标，有短期的计划，也有长远的安排，有的孩子喜欢当富翁，有的孩子想当歌星。孩子的愿望有的是合理的，也有的则是异想天开。所以，在看待孩子的愿望时，尤其是对于男孩的未来规划，妈妈要深思熟虑。他们的每一个诉求不一定都是有理有据，每一个愿望也很可能只是个美好的幻想，但是大人们不能阻止孩子的这种憧憬和想象。当向孩子问到“你长大了想干什么”之类的问题时，要真诚地去关心孩子的成长，看看男孩的心里是怎么想的。通过与孩子的心灵交流，妈妈可以帮助他们做一个理想规划，认真梳理、科学分析，看看孩子的想法是否合理，能不能得到满足和实现。再和男孩沟通时，妈妈要尽量引导他们朝着积极向上、求真务实的方向去努力，避免不切实际的幻想。

关注男孩成长的每一个环节、每一个细节、每一个动态，及时做出应对：或支持鼓励，或耐心开导，或坚决制止。

第二篇

不打不骂——培养男孩的正面管教智慧

第5章
尊重男孩，教育男孩从尊重开始

妈妈经常打骂男孩，必然会伤害男孩的童心。不顾情况地对男孩恶语相加，实际上是一种对男孩的摧残，这对男孩的一生将造成很大的影响。

现代家庭提倡自由平等和民主，不能忽视孩子作为家庭中重要成员的重要性。尊重孩子的权利，是营造和谐家庭的重要条件。所以，妈妈在教育男孩时，不妨先和他做朋友，参与到他的游戏中，与男孩建立起一种亲密无间的关系。这样更容易达到预期的效果。

再小的男孩也需要尊重

现代社会，家长们都讲“民主”，有彼此尊重的意识。但在家庭中，对待孩子时，家长却忘记了民主和权利。孩子也是需要平等对待的，也渴望获得尊重和重视，无论是男孩还是女孩。在大多数情况下，男孩更需要被重视和被尊重。然而，有些家长时常对待男孩采取棍棒教育，轻则辱骂，重则大打出手，完全不顾孩子的自尊。在潜在的家长意识里，男孩们是年幼无知的，只有靠骂的方式来提醒他们做了错事，靠打来让孩子长记性。对孩子负有完全的责任让家长们有了权利来指挥他们，命令他们变得听话懂事。

虽然教育子女是家长的责任和权利，但是不能无原则无限度地管教，独断专行、主观片面，站在成年人的立场说教，都是不可取的。家长应该转变传统的教育观念，不能过分看重和滥施自己的权利而忽略了男孩的权利。

每一个孩子来到世间都是用来疼爱的，他的权利应该得到尊重和呵护。即使年龄再小的男孩，父母也不能忽视他的权利，随意呵斥和打骂孩子。

有一天，妈妈发现儿子在自己的屋子里不停地走来走去，垂头丧气，非常替他着急。

她觉得儿子一定遇到了什么难以解决的问题，或是受到了什么挫折，于是想帮助儿子渡过这个难关，但是又不好直接问儿子发生了什么事。

过了不大会儿，儿子出门了。妈妈再也坐不住了，立马想方设法打开了儿子的抽屉，拿出了儿子的日记。可是，当她把日记翻开时，手却抖了一下——原来儿子的日记中夹着一张纸条，上面写着："妈妈，我想您会来偷看我的日记！如果你尊重我，以后请不要这么做！"

家长是否尊重男孩，将对男孩一生的发展起重要作用，值得家长予以特别的重视。孩子再小，也有人权，但在很多家长那里，孩子的诸多权利却常常被忽视。我们常常以那种君臣的心态面对孩子，家长、老师是"皇帝"，孩子是"臣民"，成人永远没有错，孩子却总是错得离谱。男孩在成长的过程里，不应该只是被保护、被限制、被约束、被处罚，应该有被尊重的权利。

按照联合国《儿童权利公约》所说，尊重孩子，就是要尊重孩子的平等权、分享权、体验权以及探索权、独立权。根据《未成年人保护法》规定，这些权利一概受到法律的保护，当然还包括孩子的隐私权。

除此之外，孩子还拥有很多其他权利。因此，教育男孩要真正从人性出发，尊重男孩一切的天赋人权。男孩有权决定自己的事务，在受尊重的环境里成长，才有机会慢慢变得气质非凡。

即使年龄再小的男孩，也都有自尊心，有被尊重的权利。

像尊重成人一样尊重男孩

自尊心是指不甘落后、相信自己不比别人差，并能超过他人的一种情感体验。做妈妈的一定要尊重男孩的自尊心。要保护男孩的自尊心，切忌在众人面前用命令和训斥的口吻和他们说话，对男孩采取冷漠和粗暴的方法都是错误的。

冰冰是个腼腆的小男孩，从小在爷爷奶奶的呵护下长大，过多的保护使得他养成了内向、胆怯的性格。10岁以后来到了父母的身边，为了让冰冰学习能够跟得上，父母想尽办法督促冰冰学习。

一天，冰冰在做数学作业的时候，被一道很简单的题给难住了。妈妈启发了好几次，冰冰还是不会。妈妈生气地骂道：“头脑笨得跟花岗岩似的！”生性敏感的冰冰当场羞愧得无地自容。当天晚上，他做了一个噩梦，看见妈妈气愤地指着他的鼻子，用手指着他的脸骂他。

从此之后，一做数学作业，冰冰就紧张，越紧张越不会做。每次妈妈都毫不留情地加以训斥，冰冰每天晚上做噩梦，最后发展为死活也不学习了，妈妈只得让他在家休学。

当孩子的自尊心受到伤害，就可能耍脾气、任性，不听老师和父母的话，这样的事情在生活中常常发生。而当孩子的自尊心得到了满足，就会高兴、情绪稳定，愿意听从老师和父母，变得爱学习。所以，要满足孩子的自尊心，在平时可以多表扬和鼓励，善于发现男孩的进步，要细心观察男孩的优点，对男孩每一阶段的提高要给予赞赏。

尊重男孩就是爱男孩。包括尊重男孩的感受、人格和潜能等。然而，在生活中很多妈妈不太懂得尊重男孩的重要性，常常忽视男孩的感受，或者强行按照自己的想法给男孩“约法三章”，除了学习，什么活动都不让男孩参加，结果当然适得其反。另外，过度溺爱也不是尊重男孩的表现，有很多妈妈对男孩呵护备至，把他们当小皇帝一样供着，言听计从，这实际上也是对男孩的不尊重，会妨碍男孩的健康成长。妈妈应该给男孩多一点儿自信和自立，让男孩学会面对现实，学会适应环境，这样才能充分发挥潜能，完善自身。相反，妈妈的过度保护，凡事都为男孩包办，不利于男孩成熟成长。

要尊重男孩，就不要贬低、嘲讽和挖苦。一定千万不能对男孩恶语相加，“傻瓜”“废物”“白痴”“弱智”等带侮辱性的语言坚决禁止使用，同时也不要用偏激或绝对的语言去评价孩子，比如“狗改不了吃屎”或“你也就这样了，不会有出息了”等。另外，强迫和命令孩子的话最好少说，如“我说不行就是不行”“闭嘴，这没有你说话的地方”等。对男孩进行威胁的语言很可能会让亲子关系变冷淡，如“躲开，我没有你这样的儿子”“一辈子不回来才好呢”，等等，这些话会让男孩觉得很伤心，严重的则酿成离家出走的后果。

妈妈要像尊重成人一样尊重男孩。尊老爱幼是我们提倡的一种社会公德，实际上，不但要爱幼，而且要尊幼。孩子再小也是独立的人，他也有相对独立的人格，渴望得到别人的尊重。

“放养”男孩，尊重男孩的选择

在中国，大部分家长让男孩从小学这学那，其实并不了解孩子，更多的是为了在男孩身上实现自己曾经没有实现的梦。这种管教男孩、鞭策男孩的方式实际上是爱孩子的一种误区。这样做往往并没有尊重男孩的选择，而是家长本身强烈的占有欲的表现，家长都会觉得，男孩是自己的，就得服从，我让你学什么就得学什么，我要求的目标非达到不可。

在国外，家庭的教育方式就和中国存在着很大的差异。外国的家长和孩子之间，在成长路上多为朋友关系，尤其是男孩18岁之后，就完全“放养”，让男孩自己独立生活，去寻找属于自己的天空。男孩回来看望家长，到餐厅一起用餐时，也常各付各的花费。而在中国家长的眼里，男孩即使长大成人也永远是男孩，像风筝一样，飞得再高再远，家长都不会放开手中的线。其实，不强迫男孩，尊重男孩的选择，适度放手管理，更有利于男孩的成长。

在认识上，妈妈应该做到以下几点：

1. 认识到“成长”不等于“成才”

很多妈妈将男孩的成长与成才相等同，往往忽视成长的过程而直奔成才的目标，甚至认为成才就是考大学。所以，当男孩还很小的时候，就把眼睛盯在了重点小学、重点中学、名牌大学、国外名校等，恨不能一步而跃成为高才生。其实，三百六十行，行行出状元。人也并非只有通过上大学这一条途径，现代社会需要的是多方面、多层次的人才，要做到人尽其才，而不是学历至上。对于男孩来说，在社会上历练成长要更重要得多。如果孩子学习成绩并不出色，也不要苦苦相逼，高中毕业后未能升入理想的大学，走上社会参加工作自食其力，也同样可以成为优秀的劳动者和创业者，成为方方面面的人才、模范。在工作之余自学深造或参加技能培训，同样可以实现自己的人生价值。

2. 要调整自己的期望值

对有能力考取大学的男孩，要鼓励其刻苦学习。在这一过程中应时刻告诫男孩：人首先要学会做人，然后才能成为人才。而对于因各种因素导致无法考取大学的男孩，妈妈应该静心分析一下，根据自己男孩的实际情况选择就业，不可鲁莽心急、草率地放任自流，也不能怨天尤人。妈妈要根据男孩的实际能力调整其期望值，要客观地评价和看待男孩，对于学习力差的男孩，要想有效地帮助男孩提升，一定要先仔细分析其学业成绩差的原因。比如由智力因素造成的成绩不理想，表现为基础差、接受能力差，或由于课文内容深、难，难以理解、消化吸收，因非智力因素的影响而导致的辍学等。

3. 要与老师配合一致

妈妈应多与老师交流，尤其是与男孩的班主任老师配合好，绝不能以为把男孩送入学校就万事大吉。男孩进入学校后，妈妈切不可只关注男孩的学业成绩，也要重视思想品德的教育及言行举止。男孩在学生时代可塑性极大，加上现代社会复杂多变，男孩的心理承受能力并不是很强，遇到挫折和失误如何面对，这些与妈妈的影响和引导密切相关。

老舍先生曾写过一篇题为《文艺与木匠》的文章，其中有这么一段："我有三个小孩。除非他们自己愿意，而且极肯努力，做文艺写家，我决不鼓励他们，因为我看他们做木匠、瓦匠，或做写家，是同样有意义的，没有高低贵贱之别。"男孩的妈妈，反复品味一下这段话吧。

不要为男孩设计成长轨道

可怜天下父母心，父母都希望自己的儿子将来能有出息，因此有的父母从男孩咿呀学语时就为他设计了一幅理想的蓝图，甚至男孩以后要上哪所大学的哪个专业都考虑到了。父母为了实现这一目的，不顾男孩的爱好和理想，强迫男孩按他们设计的轨道发展，如果他有一点儿没有符合他们的意愿，就对男孩的所有努力和成绩加以全盘否定，甚至打骂男孩。

韩冰是个想象力丰富的男孩，平时喜欢写作，他的理想是成为一个大作家。他每天做得最多的事情就是写日记，把生活中所见、所闻、所想都认真地记下来。临近中考的时候，学习生活越来越紧张，可是韩冰依然每天坚持写自己的文章，记录自己喜欢的文字，就这样他的学习成绩在不知不觉之中下降了。

期中考试过后，韩冰的妈妈到学校开家长会，得知韩冰的成绩已经由原来的中上下降到了班里的中下，妈妈很生气。回到家里，她直接奔入韩冰的房间，看到桌子上摆着一摞手写稿，气不打一处来，二话不说就把这些稿子扔在了地上。韩冰看到自己辛辛苦苦写出来的文稿被随便丢到地上，伤心地对妈妈说："你为什么要扔掉我的文稿？"

妈妈愤怒地大骂道："你这个浑小子，每天就知道写文章，写文章能考上重点高中吗？能考上大学吗？你这样下去，一辈子都没有出息！"

韩冰一下子蒙了，没想到自己的理想和追求在妈妈的眼里是这么一文不值。

确实，现代社会竞争越来越激烈，妈妈这种望子成才、追求上进的良好愿望，本来无可厚非。但是为了男孩能有一个好的前途，否定男孩的理想和追求，而给男孩过大的压力，只能让男孩不堪重负，透不过气来。

很多妈妈认为，孩子现在还小，很多事情他都不懂，为他们选择好未来之路对他们有好处。殊不知，虽然男孩年龄小，但是他也有着属于自己的思想，内心有着丰富的情感，有自己的兴趣、志向和理想。如果男孩自己选择的目标，会自觉自愿、积极主动地去努力，因此会学得又快又好，同时还能享受到学习的乐趣。如果妈妈替男孩做出了人生选择，把自己的意愿强加给男孩，让男孩担负起妈妈的愿望，那么男孩就会被压力压得不堪重负。带着压力的学习是痛苦的。妈妈时时处处替孩子包办，会使男孩失去自己的成长空间和独立意识，导致抵触、反叛与对抗的情绪，出现与妈妈关系紧张、厌学等现象，甚至走上歧路。也有些男孩在妈妈的指点下变得反而迷茫，无所适从，精神萎靡，对生活、学习失去信心等，这些都对男孩的心理健康极其不利，甚至可能引发心理障碍与心理疾病。

所以，妈妈千万不要为男孩设计发展的模式，不要让男孩去实现祖辈的理想。其实，每个人都有自己的理想和追求，男孩也不例外。

细心浇灌男孩的“理想之苗”

妈妈该如何尊重男孩的理想和追求呢?

1. 给男孩多点儿时间和空间

妈妈要给男孩足够的成长空间，让他为自己的理想和愿望多做点事儿，让男孩有自己的思想和独立思考的权利，不要让男孩成为按照他人意愿做事的盲从的人，更不要让男孩成为代替妈妈实现未尽理想的工具。妈妈可以根据男孩的具体情况和兴趣，给男孩提出建议，引导男孩找到正确的努力方向。

2. 尊重男孩的独立性

随着男孩一天天长大，他会逐渐形成独立的意识，所以妈妈要尊重男孩的独立性，让男孩充分地发展，而不是把他限制在自己已为他设计好的框子里。否则，他也会像自己一样，在弥补妈妈遗憾的同时，留下自己的遗憾。

3. 真正地支持男孩的理想

建立在对男孩的充分理解和尊重的基础上，真正地支持男孩的理想，才是妈妈明智的选择。了解男孩的心理准备和接受能力，根据个性进行适当的启发和引导，对待男孩要精心呵护，而不是说教和命令，更不是提条件和强迫。

如果男孩的理想与妈妈的意愿产生了很大的偏差，要平静地与男孩沟通，在尊重男孩理想和追求的基础上诚恳商讨，让男孩先理解妈妈的想法，然后再自己做决定。

4. 对男孩的要求不可过高

妈妈在尊重男孩理想和追求的时候，还要注意一些问题：不要在男孩刚刚建立理想时就去打击他，不要施加压力和过多警告，否则会降低男孩的积极性，自暴自弃。

5. 细心浇灌男孩的“理想之苗”

对男孩的理想，妈妈采取不理不睬的态度也是错误的。如果妈妈用这样的态度来对待男孩的“理想之苗”，那么男孩或许永远也不可能树立起稳固的理想。对待男孩的“理想之苗”，妈妈应当要一点点地培养扶持，要细心浇灌、滋润，鼓励男孩树立理想并为理想而努力。

总之，男孩的妈妈要多站在男孩的角度考虑问题，从精神上给男孩以关爱，让他们按照自己的愿望发展，而不要一味地强行让男孩按照自己设计的轨道生活。

讽刺是扼杀男孩自尊心的杀手

不管大人还是小孩，其实都一样，当受到表扬时就心情舒畅，比平时更能发挥才能。若受到了讽刺，就很难鼓起干劲儿。教育男孩也是一样，要多表扬，少讽刺。

上小学的儿子从学校回来，手里拿着一张考试卷，妈妈拿过来一看，是60分，于是，嘲讽道：“家里花那么多钱，你就考这样的成绩，闭着眼睛答的题吧？”自那次以后，这个男孩开始疏远父亲，态度冷漠，对学习也不十分用功了。

讽刺是扼杀男孩自尊心的杀手。考虑到男孩的承受能力，妈妈绝对不要使用讽刺性的语言教育男孩，即便是开玩笑。不管是什么原因使男孩发奋向上了，至少男孩表现积极的时候，妈妈应采取肯定的态度，说些鼓励的话。反之，将极大地刺伤男孩的自尊心。

遗憾的是，有的妈妈却故意说些带污辱性的话，以激励自己的儿子。如“像你这么笨将来怎么能有出息”“看你那德行，我都替你害臊”等。这些讽刺是不能起好作用的，只能把男孩的自尊心一点一点地蚕食掉。每一个男孩都有成长的欲望，“想成为大人”，“想快快长大”。换言之，男孩在大人、比自己优秀的伙伴面前，有一种自愧不如的感觉，感到个儿小、力气弱、知识少……

如果妈妈无视男孩的这种欲望，说他智商低，指责他比实际年龄更幼稚，只能增加他的自愧不如的感觉，只会使男孩感到悲观失望，使他无法从自卑之中摆脱出来。

假如妈妈给自己的男孩贴标签，那么只能使男孩失去自尊和干劲儿，受到很大的打击，以至于无立足之地。

讽刺声中带着轻蔑的成分，无论年纪大小，都能够感受得到。意识到自己成为嘲讽的对象时，都会变得难堪。如果讽刺情况持续下去，男孩很容易变得畏缩、胆怯。即使只是为了别人的一句讽刺，也会让一些男孩倾向于内向，变得沉默。而一旦男孩变得过分谨慎，则不利于良好性格的塑造。事实上，越是害羞自卑的孩子，越容易遭受别的小伙伴的取笑。如果是害羞自卑的小男孩，面对这种处境是很尴尬的，同时也会因为自己笨而深感痛苦，甚至为此付出很大的代价。

别动不动就跟别家的男孩比

有些妈妈喜欢拿自家的男孩与别家的男孩比，他们总以艳羡的口吻对孩子说“你看看某某……”称赞别家的孩子却贬低自家的孩子，这是不少妈妈常陷入的一个教子误区。

强强与龙龙是同班同学，两个男孩从小一起长大，学习成绩都很优秀，可是两位妈妈却经常在私下进行比较。

在6月底的期末考试中，强强考了年级第一，而龙龙却成绩一般。龙龙的妈妈心里很不是滋味，就整天在孩子面前摆出一张冷冰冰的面孔，还趁着假期给龙龙报了英语、数学、物理补习班，让孩子提前学习初三的课程。在学习期间，妈妈不断告诫儿子："龙龙，你必须努力学习，争取下一次考试超过强强！"

从那以后，龙龙被超过强强的命令弄得苦不堪言，学习上稍微一放松就被妈妈劈头盖脸地骂一顿，每次争吵，妈妈的第一句话一定是："你看看人家强强多刻苦。"有时候，妈妈为了让龙龙长记性，不但不让吃晚饭，还把他关在小卧室里"闭门思过"。龙龙觉得很委屈，自尊心严重受到了伤害，不但跟妈妈说话越来越少，学习成绩不见起色，还让本来亲密无间的好朋友强强变成了陌路人。

在现实生活中，大部分妈妈都会随意选择评价标准，盲目比较，对男孩求全责备，导致男孩在变乖听话的同时，也伤了自尊，丧失了个性，丧失了自我。

人生在世，没有两个人完全相同，每个孩子都有各自的天赋、性格，当然每个孩子的能力也千差万别。如果妈妈一味地拿自家的孩子与别家的孩子做比较的话，就容易看不到自家男孩的长处，眼睛里都是男孩的短处，这样教育男孩自然收效甚微。

可以说，爱做比较的妈妈都抱着望子成龙、望女成凤的心态，但是一面做着比较一面批评打击的做法，从根本上说，并不能增强男孩的积极性，反而会慢慢毁掉男孩的自尊心和自信心。要知道，要想让男孩在成长之路上动力十足，妈妈就要不断地肯定孩子，而不是拿孩子的短处去比别家孩子的长处。否则会让男孩失去自信，导致一生碌碌无为。

喜欢拿自己家孩子与别家孩子做比较，实际上是对自己家孩子的不自信。而孩子不仅需要自信，更需要来自妈妈的信任、赞赏和支持。相信男孩，就是尊重男孩。

妈妈会欣赏，男孩更优秀

要尊重男孩，妈妈就不要总拿男孩跟别的男孩进行比较，要多欣赏自己的男孩。具体来说，要做好以下几点：

1. 在对待孩子时要保持一颗平常心

每一个男孩都是平等的，妈妈应该从内心深处打消拿自家男孩与别家的男孩比较的想法，也不要用别的孩子做例子来给自己的孩子施压。用一颗平常心来对待男孩的优秀和不足，男孩获得进步则多一些鼓励，表现退步则多一些赏识，让男孩的自信和热情保持下去。

2. 要承认男孩间的差异

妈妈喜欢在孩子之间做比较，比学习，比条件，比才艺，比能力，总拿自己孩子的短处跟别人家的孩子的长处相比。这样做是愚蠢的。实际上，男孩之间是存在差异的，有的男孩聪明淘气，有的男孩天性敦厚，妈妈应当接受并承认男孩之间的差异，学会取长补短，放大孩子的优点，缩小孩子的差距。当妈妈看到自己的孩子不如别人的孩子聪明、懂事、讨人喜欢时，不要着急，也不要打骂孩子不争气，而是要采取正确的态度，根据自己家孩子的特点进行教育。每个孩子都有闪光点，妈妈应该多看到孩子好的方面。

3. 要看到男孩的进步

男孩的妈妈应该学会全面地看问题。比较有两种：一种是横向比；一种是纵向比。作为妈妈，不仅要横向地看到男孩和别人的差距，更要纵向地看男孩与从前相比取得了哪些进步。另外，妈妈也不能用学习上的进步来牺牲男孩的成长，盲目地比较学习成绩的结果是会使男孩的自尊心受到伤害，甚至是扭曲。

4. 要尊重男孩的天性

妈妈要尊重男孩的天性，不要盲目跟风，别人家的男孩学什么，就让自己的男孩也学什么，别人家的男孩考上北大，回家就逼迫着孩子非清华不考，这样的做法都是偏激的。其实，自己家的男孩表现得如何，具备什么样的条件，妈妈最清楚不过，只有选择适合男孩的发展道路，按照男孩的天性去培养他，才是真正地了解孩子。

5. 要注意培养男孩的个性

男孩的妈妈应该认识到，每个孩子都有自己独特的个性，所以不要盲目地和其他孩子进行攀比。别人的优点固然值得借鉴，但更重要的是培养男孩的个性。

总之，无论自家的孩子如何，妈妈都应该用欣赏的眼光来看待，要鼓励男孩在生命的交响乐中演奏出属于自己的乐章，让男孩的潜能得到充分的发挥，妈妈的支持和赞赏是男孩自信最大的动力和源泉，也有助于男孩把握好自己的人生方向，从而顺利实现人生价值。

尊重男孩隐私，拉近亲子距离

隐私，是每个人藏在心里，不愿意告诉他人的秘密。成年人都会有自己的隐私，孩子也会有自己的隐私。女孩有自己的小心事小秘密，男孩也会有。

强强已经上初二了。有一天，他在上学的路上走着走着，突然想起忘带了一本练习册，于是就急忙往家跑。当他一头闯进屋时，正巧看到妈妈从自己的书房里出来，流露出一副不自然的神色。强强走进书房去拿练习册，可是眼前的一幕让他惊呆了：只见书桌的抽屉全部敞开着，日记本、同学们送的生日礼物及贺卡等全都胡乱地堆在桌子上。

强强非常生气，他转身质问妈妈：“你为什么翻我的抽屉，随便动我的东西？”

谁知妈妈更生气，反问道："看你日记怎么了？你看你都记的什么？还喜欢那个谁谁谁，你这么大的小屁孩，知道什么叫喜欢！"

强强愤怒地看着妈妈，头也不回地夺门而出。

很多家长都和故事中的强强妈妈一样，与自己家的孩子进行着"隐私"保卫战。面对孩子的隐私问题，处理得当，则家庭关系融洽；反之，进行激烈的交锋，很可能就会导致亲子关系破裂。

男孩成长到了一定年龄，会有独立的强烈愿望，想拥有自己的隐私，渴望被尊重，这是所有男孩在成长阶段都会形成的一个心理过程，他们渴望独立和自尊。随着年龄的增长，男孩对家长的依赖逐渐减少，增强独立意识、自主意识。同时，随着对社会的深入了解，生活领域的扩大，知识信息的增多，他们的内心会变得敏感，感情变得细腻，内心会产生许多想法，而这些想法又愿意深藏内心，不愿意对别人敞开心扉，这样就形成了男孩独有的隐私。即使他们想把自己的看法和见解对父母说，但出于与成年人间的代沟，或者欲言又止，也只好将自己的秘密和内心的感受都写进日记里。

当男孩有了自己的小秘密时，如果妈妈采取强硬和蛮横的手段，想方设法去查看男孩的日记、偷听男孩的电话等，而对男孩的感受置之不理，不顾男孩的隐私和自尊，就会带来许多负面的影响，甚至严重阻碍家庭的和谐。而男孩得知自己的隐私受到侵犯，自己的小秘密被公布于众，很容易做出极端的行为，并且把自己的心紧紧锁闭起来，拒绝一切交流。一旦发展到这种程度，妈妈再想了解男孩，就会变得非常棘手。

尊重男孩的隐私权，给男孩一个自由的空间，这样做并非放任自流，而是对男孩的尊重，对男孩的隐私给予充分的保护和积极的引导。

为人父母者，如果想把自己的男孩培养成为高素质的人，那么首先要做一个尊重男孩的人。

第6章

跨越代沟，放下架子与男孩做朋友

在有些妈妈的心目中，孩子就是孩子，妈妈要维护自己的权威，如果跟孩子嬉笑打闹就会失去权威，丢掉面子，在这种心态下，妈妈的意志代替了孩子的意愿，如果出现分歧，妈妈就用权威进行压制。久而久之，冲突就会越来越多。其实男孩的妈妈，完全可以放下架子，跨越代沟，跟男孩做朋友。

抚平代沟，与男孩做朋友

如果孩子信任父母，一定会把心中的秘密告诉父母；若是两代人之间存在所谓的“代沟”，男孩当然就会形成“自我保护”的心理防御机制，必然要设法隐藏自己的内心。

男孩一旦出了问题，有些妈妈就急于纠正，甚至打骂男孩。无论内心多么关心男孩，其实都是失职的父母，因为他既没有做到相信自己的孩子，也没能让孩子相信自己。

妈妈与男孩的相互信任是成功进行家庭教育的重要因素。有关教育专家的家庭调查表明，男孩对妈妈有特殊的信任，他们往往把妈妈看成是自己学习上的启蒙老师，德行上的模范和榜样，生活上的参谋，感情上的好朋友、知音。同时，男孩也特别希望能获得妈妈的信任，他们认为，只有来自妈妈的信任，才让自己觉得最踏实、最可靠。妈妈的信任意味着动力、重视和鼓励，这是真正促进男孩心灵成长的动力。

妈妈充分信任男孩，才能感染男孩、激励男孩；充分信任男孩，才能使男孩的潜能得到最充分的展现。妈妈对男孩的信任，能够激发出男孩内心的动力，让男孩体会到成功的快乐和失败的忧伤。妈妈充满信任的目光和言语，可以让男孩重振旗鼓，奋勇拼搏，脚踏实地地走向成功，实现他心中的理想。

许多普通的、不为老师和家长看好的男孩，他们的潜能表现在日常生活的细微之处，做妈妈的一定要对他们充满信心，坚信只要是生命就能绽放灿烂的花朵，并耐心地帮助男孩挖掘出那闪烁着独特光芒的潜质，让它成为打开男孩生命潜能的金钥匙。

总之，妈妈和男孩之间应该建立起朋友关系，像挚友一样相互信任、相互平等、相互尊重。在生活上，男孩要依靠妈妈来抚养自己，更需要阅历丰富、愿意倾听并能够给予自己忠告和帮助的朋友帮助自己。如果妈妈现在还没有和自己家的男孩建立起平等信任的朋友关系，那么从现在起，双方坐到一起，进行一场开诚布公、推心置腹的沟通和交流。

在亲子沟通中，妈妈和男孩间就可以把彼此的想法告诉对方，这样就会使亲子关系更近一步，有利于消除隔阂、跨越代沟。其实，妈妈应该同男孩做朋友，与孩子交往其实是一件乐趣无穷、非常开心的事。

放下权威，向男孩敞开心扉

有些妈妈在男孩面前总是高高在上，摆出一副绝对权威的姿态和气势，用家长的尊严来让孩子变得听话。这样做只会让妈妈与男孩心灵之间的距离越来越远，亲子之间的关系疏远了，一方面妈妈不能及时了解男孩的心理，另一方面男孩也不能从妈妈那里学习到更多的知识和人生经验，只是在害怕妈妈的打骂和谨小慎微中胆怯地成长。

妈妈不向男孩透露自己的内心世界，却要求男孩能够向妈妈吐露一切，这种不平等的关系，更是亲子沟通的一道屏障。

要想和男孩交朋友，就要放下妈妈的权威，向男孩敞开心扉。只有向男孩敞开自己的心扉，才能得到男孩的认同，从而促进亲子关系的发展，建立良好的亲子沟通关系。有些妈妈却坚持自己的权威不容侵犯。若男孩“不听话”“不乖”，就是漠视他们的命令或者是忤逆他们的权威。这会使他们感觉权威地位的动摇，因而他们就会采取非常手段以巩固自己的地位。即使他们自己做错事，也不愿向男孩道歉。

当男孩关切地问“妈妈，你为什么不高兴啊？是不是工作上有了麻烦”的时候，就应该认真地考虑一下，是否应该敞开心扉跟男孩谈一谈。如果只是搪塞敷衍地说“没什么，很好”或“不关你的事，别烦我了”，那就等于是将男孩对自己的关心推开。

妈妈真诚地向男孩敞开心扉，表现了对男孩的尊重和信赖。为人妈妈者，若能在男孩面前以一种轻松的方式让男孩接受自己的不完美，承认自己的错误，不仅会让男孩觉得自己与妈妈更亲近，从而加深亲子之间的感情，而且能把一种坦然、放松的处世态度传达给男孩。

向男孩敞开心扉，要把握6条

不打不骂教育男孩，就要向男孩敞开心扉。妈妈如何向男孩敞开自己的心扉呢？

1. 要和男孩分享自己的喜怒哀乐

分享快乐，快乐就会加倍；分担痛苦，痛苦就会减半。妈妈和男孩的关系是世界上最亲密的关系，更应该一起分享喜怒哀乐。妈妈向男孩敞开自己的心扉，分享喜怒哀乐，那么男孩就能感觉到妈妈对他的信任和尊重，就会更加尊敬妈妈，向妈妈敞开心扉。

2. 让男孩了解自己的状况

很多妈妈埋怨现在的男孩花钱大手大脚、不知道量入为出、自私自利等，但是妈妈却从来不会把工作、生活的艰辛告知男孩，因为男孩不知道妈妈是如何辛勤工作的，所以就不会把金钱与工作紧密地联系起来。妈妈若能挤出一点儿时间来陪陪男孩，和男孩聊聊工作中的酸甜苦辣，谈谈成功与失败的体验，对男孩是很有益的。

3. 告诉男孩一点儿你的小秘密

要想拉近与男孩的距离，就要讲究沟通的技巧。将自己的隐私或秘密告诉男孩一点儿，这不是一件很丢面子的事情，而是一件拉近彼此距离的好事。男孩如果觉得自己的妈妈愿意跟自己分享隐私和秘密，便会更加信任妈妈，妈妈也就能更容易地走进男孩的内心。

4. 让男孩知道你对他的期望

妈妈对男孩的期望不能过高，过高了会对男孩造成压力和伤害。应该从男孩的实际情况出发，对男孩确立合理的期待。妈妈应该让男孩知道对他的具体期待是什么，最好能够让男孩理解这种期待，明白这些期待并不过分。妈妈如果能够做到这些，那么男孩定能从妈妈的期待中获得前进的动力，定能不让妈妈失望。

5. 妈妈要多找一些机会和男孩一起活动

比如和男孩一起打篮球、一起去郊游，在这些活动中和男孩沟通交流。如果你以“儿子，让我们来谈谈”开始你们的谈话，那么结果往往是说话的只有你一个人，交流不会很好地进行下去。而如果在一些合适机会的活动中在不经意间说出自己的看法，沟通就会更加顺畅。

6. 控制自己的反应

在向男孩敞开心扉的过程中，可能不是那么顺利，有很多令妈妈不高兴或失望的事情发生，妈妈必须很好地控制自己的情绪。直接提出问题，男孩可能会反感，间接婉转的做法也许会收到更好的效果。

总之，妈妈只有真诚地向男孩敞开自己的心扉，才能引起男孩感情上的共鸣，从而与男孩建立起一种相互信任的关系，使亲子关系融洽起来。

从平等的姿态与男孩谈心

谈心是与男孩最直接的沟通方式。男孩的思想、心事和烦恼都可以通过谈心来了解，没有比语言交流更简便直接的沟通方式，男孩的内心感受从他的言谈中就可以表现出来。妈妈与男孩谈心，没必要在指定时间或日期内完成，那样会让男孩显得拘谨、不自然，从而更容易导致沉默和出现沟通不畅的尴尬。可以选择在同男孩一起游玩、看电视、吃饭的时候，与男孩聊聊天，问一问班级里、学校里发生了什么有趣的事，和同学之间关系好不好，同学家里发生了什么事，老师对你们怎么样，你们班的同学谁学习最好等。聊天时，妈妈还要善于倾听男孩的叙述，了解他的观点。

事实上，每当妈妈在和男孩聊这些话题时，男孩是非常高兴向别人特别是妈妈讲的。男孩心直口快，往往不假思索地把他感兴趣的问题说出来。即使是处于青春期的男孩，心思敏感，有些事情不愿跟妈妈讲，但是如果妈妈以平等的态度关心和对待他，他也会把妈妈当作朋友，敞开心扉。

穆尼尔·纳素夫说：“父母应从孩子的言谈中结合家庭情况，引导他。父母的耳朵永远俯在孩子的心灵上，他们的智慧火花应该永远照耀着孩子的前进之路。”通过和男孩谈心，妈妈能够了解到男孩的一些观点和想法，了解到他的希望、打算、目标和行为。如果男孩的想法和做法正确，妈妈要加以赞扬，并鼓励男孩勇敢地去做。而对于男孩认识上的误区，妈妈应和男孩一起分析，帮助他做出正确的选择。如果男孩在认识或行为上犯了错误，妈妈要慎重对待，并且客观地做出判断和评价。切忌用训斥、打骂的办法来解决问题。盲目的打骂会让男孩减少倾诉的勇气，如果不让男孩辩解，时间长了就很难让男孩再向妈妈敞开心扉，讲实话、讲心里话。耐心宽容、平心静气地摆事实、讲道理，讲明问题的严重性和危害所在，才能使男孩心服口服，从而改过自新。与男孩多谈心，不但容易解决问题，也会让男孩对妈妈心存感激。

妈妈与男孩以平等的姿态谈心、交流，等于帮助男孩创造了一个广阔的了解成人、了解社会的窗口。通过和妈妈的交流，男孩会向妈妈探究大人的内心世界，会参与家庭中的经济、生活，他会了解到妈妈的工作情况、对生活的规划和人生志向等，这一切都将有利于男孩增长知识和社会经验，增进对妈妈、对社会的了解。

总之，妈妈与男孩平等相待，男孩也会做到平等待人，学会宽以待人，养成优秀品质，加速心理成长。

给予男孩“参政议政”的机会

当男孩到了青春期，依然有不少家长总习惯于把男孩当作“三岁的孩子”，嫌他不懂事，不让男孩参与各种活动，在家长眼里，十四五岁的男孩完全还没有长大，不能算“大人”，因此男孩在家中依然要被照顾。家中的事情，特别是比较大的事情，男孩很少有参与的机会，家长也更不会去和他商量。

实际上，青春期男孩在生理上和心理上都发生了不同的变化。他意识到自己已经逐渐成熟，会将自己看作家庭中的重要成员，强烈地希望家长把他当作大人看待，愿意有更多的机会参与成人活动，同时责任感、义务感和尊严感也都在不断增强。对家庭中负有责任和义务、为家庭的建设贡献自己的力量是他们非常愿意做的事。

因此，作为家长，要及时察觉孩子的成长和心理变化。对待青春期男孩，不能再像对待不懂事的小男孩那样，这个年龄段的男孩更需要的是尊重，渴望被理解，有积极的参与意识，希望自己在家庭中不可忽视。家长应有意识地引导男孩参与家庭生活，做家长的小助手，共同管理好家庭。不妨和男孩商量一些家庭中的大事，比如家庭经济的开支情况、生活用品的花销情况以及工作和生活上的某些问题，都可以让男孩多加了解。

在和男孩一起参议中，可以鼓励男孩说出自己的意见和看法，甚至给男孩一些权力，让他学会独自处理某些问题和事情。利用假期，让男孩自己当家，孩子说不定就会明白持家的意义和滋味，通过亲身实践增长人生阅历和生活经验。

这样做有许多好处：一方面有助于培养男孩的社会责任感和义务感，学会关心他人；另一方面可以锻炼男孩的独立生活能力，有助于克服任性和娇惯。让男孩参与家庭事务，能够创造和谐的家庭气氛，同时家长和孩子在互相尊重和关爱下，齐心协力创造幸福的家庭生活。

两代人之间的沟通多多益善

在现代社会，家长和孩子之间是民主、平等的关系，孩子说得对的，家长就应给予支持。况且，做家长的必须明白，自己的年龄比孩子大，经历比孩子多，经验比孩子丰富。但真理不见得都在家长这边，有时也在孩子一边，在真理面前应当人人平等，谁说得对，有道理，就可以按照谁的意见去做。

常言说："敬人者，人恒敬之。"妈妈能放下架子，认真听取、虚心接受孩子的规劝，孩子会更加尊重妈妈。

建军上三年级的时候，他的体育课总是不及格，于是对体育运动丧失了信心。

开始时妈妈总是责备他："瞧你，长得结结实实，可一点儿用都没有，真是个笨熊！"建军听了低头不说话。

妈妈又说："妈妈上二年级的时候，跳高跳远全年级第一。妈妈那个时候可风光啦，上台拿奖的时候，照相机的闪光灯闪个不停，就像你在电视上看到的一样。妈妈的照片还上了光荣榜……"

建军一听，妈妈的光荣对于自己如何摆脱目前的困境却于事无补。于是对妈妈说："妈妈，我想……"

妈妈正沉浸在美好的回忆中，见建军插话，张口就说："闭嘴，这里没有你说话的份儿！"建军本想跟妈妈探讨一下如何提高自己的体育水平，见妈妈根本不给机会，于是只好闭嘴，任凭体育成绩越来越差！

假如妈妈真想用自己过去的经历说服男孩，最好告诉男孩自己的那些"辉煌"是如何创造的。这样，男孩反而会虚心倾听妈妈的教导，对妈妈产生一种亲近感。

妈妈与男孩真诚地探讨，能平等地讨论问题，就等于在妈妈与孩子之间架起了一座沟通思想感情的桥梁。与孩子做好沟通，即使孩子的意见与妈妈的不一致，也必定大大改善亲子关系，增强亲子感情。孩子在争论和发表意见的过程中，同时也会增强自尊心、自信心和上进心，会更加谨慎自己的言行，严于律己，自觉地按照妈妈所期望的那样自我要求。对妈妈来说，教育男孩的过程，也是一个自我学习的过程，所以说，妈妈接受孩子的建议和批评，对孩子自身的成长是有益的。

总之，男孩渴求平等，请妈妈不要对他说"这里没有你说话的地方"。对这种不容置疑的话，当然男孩会产生逆反心理。比较聪明的男孩就会回敬一句："我是家里的一员，怎么就没有我说话的地方了！"最终，妈妈的说法很可能只会引起男孩反感，却不具有任何的说服力。

再忙也要陪孩子说说话

很多妈妈感叹，与男孩沟通太难。妈妈与男孩出现沟通危机，如果说是因为妈妈忙，那完全是大人在给自己找借口。其实，和男孩沟通一点儿也不难。妈妈只要注重男孩的生理和心理变化，加强与男孩沟通的技巧，就可以拥有和谐的亲子关系。家庭教育与学校教育不同，它更多地体现在生活和实践中，教给男孩做人、做事的道理和方法，丰富生活经验，增强社会历练。好妈妈胜过好老师，妈妈是孩子的第一任老师，因此与男孩沟通时，要淡化学校教育的色彩。

在现实生活中，家庭教育学校化现象很普遍。很多妈妈认为，孩子到学校的任务就是学习，特别是男孩，在学习上他们更加严格要求。在学校里，男孩被老师管，回到家里，妈妈仍然催促和逼迫着男孩学习、学习再学习，男孩自然会很反感，表现出厌学情绪。

随着工作节奏的不断加快，竞争压力日益增大，许多妈妈不得不将更多的时间和精力投入到工作中，致使他们无暇顾及，甚至忽视了对男孩，尤其是处于青春期的男孩的教育和指导，这已成为当今普遍存在的一种社会现象。

经常有妈妈向教育专家咨询：和男孩每天沟通多长时间比较合适？如果家庭教育规定出时间，那样就太刻板了，和男孩沟通不是学校上课，家庭教育要融入日常生活中，应随时随地、自然而然。

再忙的妈妈，每天都该抽出一点儿时间来和男孩做些沟通。

错了，就向儿子道个歉

一些妈妈肤浅地认为，调皮的男孩犯了错误就该打，才会使男孩变得听话，也更能体现出妈妈的权威。这是一种教子误区。经常打骂孩子的后果是加大男孩与妈妈之间的情感距离，影响亲子沟通与交流。虽然指责和打骂能让男孩在表面上屈服于妈妈，而内心却会产生更加强烈的逆反心。聪明的妈妈会选择另一种教育方式，比如与男孩真诚交流，他们和男孩交朋友、与男孩共同讨论家庭问题，这样男孩在家庭中就会觉得自己是重要的一员，感受到自己的家庭责任，从而不仅乐于分担家庭义务，也从心底敬重妈妈。

遗憾的是有些妈妈比较“独裁”，即使做错了什么，也不会解释道歉。有的妈妈认为，自己向孩子道歉是“不合道理”的，担心在男孩面前丢面子，而丢了面子就等于丢了威信，所以即使有过错的妈妈也很少向男孩道歉，这是为了时刻在男孩心目中保持一种不可侵犯的威严与权威。

妈妈不可能保证在男孩面前永远不犯错误，可以说，每个妈妈在男孩面前都会有丢面子的经历，关键是怎样在男孩面前挽回面子，重新树立威信。其实妈妈学会向男孩道歉，并非是一件丢面子的事，而恰恰相反，这正是家长敢于面对错误、严于律己的表现，从某种意义上说，向男孩道歉也是妈妈在男孩面前重塑威信、加强与男孩的关系的一个好办法。

妈妈权威的“黄金时代”是在男孩幼年时期，长大后的男孩则会对这种权威置若罔闻，他会用一种挑剔的目光、独立的思维去判断，把妈妈与其他社会上的人群进行分析比较。因此说确立、维护妈妈的威信，需要赢得男孩发自真心的尊重和信赖。

妈妈做错了事情就应该向男孩道歉，这也是做人的一个最基本的原则。妈妈要想教育男孩做到这一点，自己首先以身作则。因此，妈妈在男孩面前犯了错误，比如批评不当，惩罚过重，或言语不当，都应主动向男孩道歉，这样不但会让男孩更加信任妈妈，而且也绝不用担心会降低在男孩心目中的威信。作为妈妈，首先应该明白，妈妈在家庭教育中的权威是以对男孩的关怀和爱为基础的，在爱孩子的基础上再做出严格、合理的要求。这样既会使男孩感到妈妈和蔼可亲，又会被妈妈的权威所征服，从而会发自内心地敬佩妈妈。

第7章

态度温和，千万别跟男孩来硬的

我们都知道“态度决定一切”，妈妈对男孩的态度非常重要，在妈妈的态度影响下男孩建立起自己对生活的看法。用粗暴的方式打骂男孩，只能让男孩离自己越来越远。妈妈要永远以温和的态度对待男孩。任何时候，温和的鼓励、赞美远远比斥责和讥讽来得有效得多。

跟男孩说话语气别太强硬

没有哪一位妈妈想要让男孩伤心，也没有哪一位妈妈暗下决心“今天我就是要让儿子下不来台”，然而，生活中，真的会出现这样的现象：由于妈妈语气不当，导致男孩下不来台。

男孩放学后兴冲冲地跑回家，家里来了几位客人，男孩向客人问完好后跟妈妈说：“妈妈，今天我们学校发生了一件事儿！”

妈妈：“什么事？”

男孩：“我们班今天发期中考试的成绩了。”

妈妈：“哦！”

男孩：“妈妈你猜我数学考了多少分？”

“你说说！”妈妈漫不经心地说。

男孩：“我数学考了99分！”

妈妈：“哦，那语文呢？”

男孩小声地：“语文，80分！”

妈妈："那你那么高兴干什么？语文80分你觉得有什么值得高兴的吗？赶紧回屋学习去，别在这儿嚷嚷个不停，没看家里有客人吗？"

男孩："算了，我也多余跟你说，反正你也没兴趣，我回屋了！"

很多妈妈不会与男孩进行有效的交流，往往在不知不觉中就用一些男孩不喜欢的语气，说一些违背自己本意的话，结果和男孩产生了不必要的冲突。

有很多妈妈，在动怒的时候往往口无遮拦。她们觉得，自己管教男孩，打一顿或者骂几句是完全正常的，妈妈管孩子是天经地义。可是，她们却没意识到自己在批评男孩时不注意说话方式，粗鲁地吼叫和叫骂，可能会给孩子造成严重不良的后果。

有些话是妈妈绝对不能说出口的。例如："滚！别在我身边麻烦我！""你以为你是谁，你是我生的！""废物，简直一无是处！""你知不知道你自己很讨厌！""你能不能安静一会儿，这一天跟个猴子似的！"用这样的语气跟男孩说话，用这样的字眼评价男孩，很可能会让他一下子失去自尊和自信，觉得自己真的没用，一无是处，是个人见人厌的坏孩子。

小朋友们不喜欢自己，妈妈认为自己是个累赘，男孩的内心就会变得越来越失落、惶恐和无所适从。一旦压抑的情绪积累起来，就可能会愤怒地"火山爆发"，后果不堪设想。

妈妈应先问问男孩的意见

家长要把男孩当作家庭中的一员，有问题要跟男孩商量，尊重男孩的发言权，这是十分必要的。

李刚和王海是从小玩到大的朋友，现在上初中三年级。两个孩子的家庭生活水平差不多，都属于中等偏下。面对同样的境况，两个男孩的表现却截然不同。

王海喜欢穿名牌，追赶潮流，沉迷网游，迟到早退，缺课逃课。

王海之所以会这样，源于他妈妈的思想，他妈妈小时候吃过很多苦，如今的生活也很艰辛，所以，她很希望儿子快乐，给儿子下了死命令：你什么也不用管，只要你吃好喝好玩好就行！

王海的妈妈经常语重心长地跟别人说："儿子是全家的希望，再苦再累也不能让儿子觉得委屈，不能让他来承受生活压力。所以，我们从不在儿子面前抱怨挣钱太辛苦和受到太多的委屈，他需要的，我们会尽量满足，只要他快乐就行。"

而李刚却和王海大有不同，年纪不大但是成熟很多，而且成绩越来越好。

原来李刚的妈妈很注重跟儿子的沟通，对于并不富裕的家庭生活，也从来不向儿子隐瞒。遇到问题或者要做什么决定的时候，甚至跟儿子商量应该怎么办。李刚的妈妈说："我们生活不富裕，儿子是家庭成员，很多事需要他的参与。儿子也很乐意参与进来，甚至主动提出照顾奶奶和搞好学习的任务。"

可是，许多妈妈在对一些重要的事情做决定时，往往不让男孩参与，剥夺了男孩发言的权利。

在很多妈妈眼中，"大人的事孩子少管"。其实，在家庭中，有很多事完全可以让男孩也参与讨论的，当涉及有关男孩的事情时，妈妈应该先问问男孩的意见，听听他的看法再做出决定。不要以为男孩小，什么也不懂，更不要以为男孩是你的，你就可以随便对与他相关的事做出决定。

学会与男孩商量，尊重其发言权

做妈妈的，如果你还在抱怨男孩不理解你，老跟你作对，那么就先想想自己是否在理解和尊重男孩的基础上与男孩商量过了。

1. 与男孩商量，征询男孩的意见

“你现在不想睡觉吗？明早你能够按时起床上学吗？”

“你又要这么多钱做什么？给一半可以吗？”

“把旧文具盒扔掉买新的不在我们这个月的消费计划里，怎么办？”

“这件事爸爸妈妈想听听你的意思。”

“儿子，这是个严重的问题，咱们商量一下看怎么解决好。”

……

遇事和孩子一起商量，而不是发号施令、利用自己的权威而使男孩服从，只有这样，才会让家庭更加和睦，氛围更和谐。平等地对待男孩，将男孩当作家庭中的重要成员，认真考虑男孩的想法、意见和建议，尊重男孩，有助于培养男孩对家庭的责任感，让男孩尽快地走向成熟。商量不是迁就，也不是妥协，而是妈妈与男孩对话、沟通、相互了解的最佳途径。妈妈如果喜欢遇事和孩子商量，那么孩子遇到问题也同样喜欢找妈妈商量，而不是固执地唱反调和自作主张。

2. 尊重男孩的每一个意愿和想法，给男孩一个自主决定的机会

如果要解决的问题或者要做的决定关系到男孩的话，就要征得男孩的同意，让男孩有选择的机会并且在尊重男孩的基础上给予引导，这也是民主家庭中妈妈应当为男孩负起的一个责任。

现在的妈妈都希望自己的男孩多才多艺，成为一个优秀的男孩。那么，如果让男孩学，一定要仔细观察，与男孩商量之后，再选择一种比较适合男孩性情及兴趣的才艺。千万不要让他一下子接触太多，或强迫他学习不感兴趣的东西，破坏了他学习的信心和欲望。

3. 在决定之前，不妨先听听男孩的意愿和想法

即使要商量的事情跟男孩没有太大的关系，也一定要让男孩参与进来。

事实上，孩子作为家庭的重要成员，即使他年龄再小，也应该让他多了解一些关于自己以及家里的事情，有权参与家庭事件的讨论与决定。

做个态度温和的“暖妈妈”

有些妈妈总是想，孩子是自己的，想怎么教育就怎么教育，不听话了骂几句，太过分了打几下，这都没什么。其实妈妈对男孩的态度不仅影响男孩智力发展和学习，也会影响男孩的行为和道德发展、人格的发展以及其他能力。

男孩的社会适应能力、人际交往能力、独立自主能力等，无不是在童年时代奠定基础的，妈妈对待男孩的态度，对男孩在这些方面能力的形成有巨大影响。妈妈是用温和的态度鼓励男孩去和其他孩子交往，还是限制男孩的交往；妈妈是有意让男孩经受挫折锻炼，还是过度地保护起来，不让男孩受一点儿苦；当男孩遇到挫折时，妈妈是帮助、鼓励男孩，还是讽刺、嘲笑、忽视男孩等，都将对男孩造成重大的影响。

妈妈对男孩持有消极粗暴的态度，就会影响男孩的行为向不良或不健康的方面发展；妈妈对男孩持有积极温和的态度，就会影响男孩的行为向健康的方面发展。只有妈妈温和地对待男孩，给孩子多一点儿鼓励和帮助，男孩才可以尽快尽早地适应社会，学会客观地评价自己，建立起较好的自我意向，树立自信心，同时也锻炼和培养了独立自主能力和其他能力，从而为一生的发展奠定良好的基础。

所以，妈妈要永远用温和的态度对待男孩，别让男孩在粗暴的环境中成长。当发现男孩犯了错时，妈妈要注意控制自己的情绪，从男孩的角度出发，用温和的态度对男孩讲清楚问题的后果，让男孩认识自己的错误。

当然，必要时妈妈还可以用温和的语气对男孩进行适当的批评。

总之，妈妈需要用温和的态度对待自己男孩。当妈妈为男孩的错误烦恼时，不妨静下心来，和男孩一起分析，认真地帮助他改正错误。记住，只有用温和的态度对待男孩，男孩才能更健康茁壮地成长。

管好自己的情绪，才能管好男孩

很多妈妈也想用温和的态度对待男孩，但往往控制不住自己的情绪，不知道自己该怎样才能做到。其实，以温和的态度对待男孩并不难，妈妈可以从以下几个方面来尝试一下：

1. 消极情绪，统统扫除

妈妈应该注意自己日常生活中的情绪对男孩的影响。不要在男孩面前表现出消极的情绪，那样也会使男孩处在一种不和谐的家庭环境中，受到妈妈的消极情绪的影响而导致男孩的情绪也发生变化。

2. 控制情绪，平衡心态

当男孩犯了错误，做出一些令妈妈难以接受的行为时，有些妈妈因过于激动，难以控制自己的情绪，不由分说地训斥或粗暴地对男孩打骂一通，完全不给男孩申辩和解释的机会。的确，男孩在妈妈的威吓下会暂时地听话、服从，但这却不是教育和说服男孩的最佳办法。粗暴的威吓手段会渐渐地使妈妈无法控制局面，容易让男孩受到惊吓，不利于情绪的稳定和心理发育。长期如此，男孩就会有错也不敢向妈妈说，学会隐瞒、撒谎，甚至千方百计地逃避妈妈的斥骂。在妈妈的影响下，男孩甚至会用威吓的方式去对待其他人。

3. 先消消气，再张开口

妈妈一气之下打骂男孩，自己也是情绪激动，着急上火，与其大动肝火不如试一试“冷处理”法。当因为男孩不听话而生气时，先不要着急管教，而是先让自己的心情得以平静，等到心平气和，或许就会想出更适宜的教育之道。同样，当男孩情绪不稳定的时候，也不适宜进行教育，应该等男孩平静下来，再用温和的态度说服他。粗暴的教育是不能解决问题的，冷静客观地处理，以理服人，才能让男孩顺从。

4. 是非分明，态度温和

在妈妈和男孩谈话的过程中，如果男孩的意见和妈妈有冲突，妈妈千万不要失去理智地冲男孩发脾气、反对，应该冷静地分析一下男孩的意见是否合理。如果是合理的，就给予支持；如果不合理，妈妈可以坐下来和男孩认真商讨，温和地帮男孩分析。一味地否定男孩的意见，会挫伤男孩的积极性，造成男孩性格孤僻。

不要以命令的口气压制男孩

妈妈切勿一厢情愿地为男孩的事情自作主张，不要把自己的意愿和需要当作男孩的意愿和需要。妈妈要记住男孩不是傀儡，而是一个独立的人。

琪琪的学习成绩很好，而且还是班干部，各方面表现都很优秀，在学校里是同学们的榜样。琪琪深知作为一个班干部，做每一件事情都要起到带头作用，所以无论是学习还是纪律方面，他都能做出很好的表率。老师常常夸奖琪琪是个“以身作则”的好学生干部。

这天，琪琪的学校号召大家义务献血，为了让同学们踊跃响应，老师就先给学生干部做思想工作，希望由各班的学生干部先加入献血的行列。

琪琪回到家里，把这件事和妈妈说了，希望得到妈妈的支持。可是，琪琪刚把话说完，妈妈就大声地拒绝了："不行！你怎么能去随便献血，你知道要吃多少营养品，你的血才能补回来吗？"

琪琪向妈妈解释道："其实，正常人献一些血是不影响健康的。"

妈妈立刻反驳道："你怎么知道？你还在长身体的时候，绝不能献血。知道吗？"

琪琪还在和妈妈辩解道："老师希望班干部起带头作用，我可不能成为后进分子。"

妈妈不容争辩："后进就后进，你就和老师说你贫血。别和我争了，你是我生的，我说了算！"

琪琪无可奈何地回到了自己的房间。

在生活中，很多家长都像故事里面的妈妈一样，面对男孩的问题不能给出合理充分的理由时，为了让男孩打消念头，便使出最后的绝招："你是我生的，我说了算。"在这种强权教育下，男孩能够做的只是接受家长的指令，然后去执行就可以了。长期如此，男孩的独立精神、自主意识都成了妈妈意志的附庸。

美国精神病学家威廉·哥德法勃曾经说过："教育男孩最重要的，是要把男孩当成与自己平等的人，给他们以无限的关爱。"无数事实也表明，妈妈以居高临下的命令姿态来跟男孩说话，反而会使男孩产生逆反心理。只有妈妈转变姿态，不用命令的口气跟男孩说话了，才有可能让男孩感受到平等。

不能拿男孩当出气筒

教育专家指出：无论什么人，受激励而改过，是很容易的；受责骂而改过，是不大容易的。而小男孩尤其喜欢听好话，更不喜欢听恶言。大多数做妈妈的看见小男孩玩脏的东西，就会立马跑去把脏东西夺过来，而且还要骂男孩，甚至于还要打他。其结果，小男孩改过的少，而怨恨妈妈的多，即使不怨恨妈妈，至少也一定不喜欢妈妈了！

所以，用粗暴命令的方式对待男孩，容易形成男孩与妈妈之间的对立，不利于男孩发展。

命令的口气只能让妈妈的教育行动难以留下回旋余地。例如：妈妈命令男孩去睡觉，偏偏男孩是置若罔闻，只管玩自己的，而妈妈一时也拿他没办法。这样次数多了，男孩就觉得不听妈妈的命令也没什么，那下次也就更不会听了。如果妈妈明白男孩的心理，这样对男孩说："呀，这东西真好玩啊！可惜时间不早了，乖男孩应去睡觉了。要不你再玩五分钟，就去睡觉，好吗？"这样既夸男孩乖，又是用征询的口气同他说话，男孩感到受到了尊重，也许到不了五分钟就乖乖地睡觉去了。而且这样为妈妈留下了余地，即使男孩暂时不听话，也不至于激得妈妈为了自己的威严而去与男孩大动肝火。但妈妈一旦向男孩发出了命令，那就一定得让男孩服从，不然不利于以后的教育。

对男孩使用命令的口气不利于男孩人格的发展。妈妈老用命令的方式将男孩支配来支配去，男孩处于被动服从的地位，时间长了，就会形成退缩的性格，依赖性强，缺乏主动性，也有可能走上另一个极端，男孩经常与妈妈顶嘴，逆反心理增强，走入社会后也会具有反社会性。

所以，妈妈对男孩一定要注意说话的语气，千万不要用命令的方式，而且要避免拿孩子当出气筒。

有的妈妈在外面遇到不顺心的事，回到家里也拿孩子出气。这不仅会造成妈妈与子女之间的情感危机，还会给孩子的人格正常发展带来不良影响。所以，妈妈应该加强自我修养，不论在工作中或其他方面，遇到有不顺心的事时都要冷静，不要轻易在孩子面前流露出来，更不能把孩子当出气筒，把自己不愉快的情绪发泄到孩子身上。

总之，教育男孩不是一件简单的事情，需要花很多的心思。在平日里要注意自己的言行，不能拿男孩当出气筒，也不能用命令的口气跟男孩说话，这样才能保证男孩身心健康成长。

妈妈要掌握与男孩交谈的艺术

作为妈妈，要想让男孩听话，收到良好的教育效果，必须学会与男孩沟通，注意自己的说话方式和语气。具体可以采用以下方式：

1. 循循善诱，加深亲子感情

妈妈与男孩沟通，可以先从男孩关心和感兴趣的话题开始进行交谈，当然，如果妈妈和男孩的兴趣相同或相近，那么沟通起来会更加顺畅。妈妈与男孩以兴趣为话题交谈最容易沟通，也便于妈妈掌握男孩的内心想法和思想动向。

2. 平等地交流，尊重男孩的人格，温和地商量和讨论

让男孩有发言的机会，用平等的语气而不是发号施令，用尊重的态度而不是威吓逼迫，这样男孩会自愿地表达自己的观点，积极参与交谈。

3. 动之以情，晓之以理，才能让男孩心服口服

妈妈不赞成男孩的意见，应跟男孩耐心地解释原因，说明道理，使男孩理解。当男孩犯错误，要帮助男孩分析原因，指出可能造成的危害。

4. 在与男孩交谈时，妈妈要控制自己的情绪

妈妈不能因为自己心情好就纵容男孩，放低要求标准，偏袒和过度保护男孩；也不能因为自己心情不佳或被男孩顶撞而大发雷霆，对男孩拳脚相加。有些问题男孩不一定能很快理解和接受，需要妈妈耐心地帮助男孩慢慢认识。

总之，妈妈只有掌握了与男孩交谈的艺术，注意自己的说话方式，在教育男孩的过程中就会事半功倍。

第8章 不怒不气，在气头上时试着冷处理

妈妈总想保护男孩，以免他们失望、受挫或与别人发生冲突，但妈妈不能将他们永远置于自己的保护之下。妈妈能够做的就是帮助他们理解并处理不愉快经历的感受。通过与妈妈共同分担不愉快的感受，男孩将会减少伤害和压力，同时也逐渐增强了对自己情绪的控制能力。在面对挑战和日常生活中的失意时，男孩将会做出较好的选择。

开个发泄口，让男孩喊出来

每个人都有情绪，男孩也是如此，他们的心理承受能力差，也不懂用大道理来开解自己，要他们很快调整心态，做到豁然开朗似乎有些苛求。最直接的方法就是让其将情绪发泄出来，这对他们的身心都有好处。

李可乐原本是开开心心地和妈妈一起参加这个儿童活动的，走在路上，李可乐还在和妈妈热烈地讨论如果主持人让他上台表演节目，他要不要参加的问题。妈妈表示，如果是让他上台表演舞蹈，就一定会支持他，因为李可乐跳舞跳得特别棒。

活动现场有许多小朋友，当主持人邀请小朋友上台表演唱歌时，所有的孩子都举起了手。李可乐也要举手，却被妈妈拦住了。“等一下，先让别的小朋友表演吧，”妈妈说，“等下你再上去。”李可乐嘟着嘴不吭声了。

“看，那是我班里的丽丽小朋友。”李可乐指着舞台上的一个小朋

友说，“她在唱歌了。”过了一会儿，丽丽唱完歌，抱着主办单位送给她的奖品，高高兴兴地跑了下去。紧接着，主持人又让小朋友们上台玩游戏，可妈妈又没有让李可乐上台。接下来是讲故事，妈妈还是没有让李可乐上台……

活动结束前的最后一个节目，是小朋友们的舞蹈比赛。可是，就在即将开始舞蹈比赛时，下起了大雨。由于活动是露天的，人们一哄而散。妈妈抱起李可乐，跑进附近的屋子里躲雨。

进屋里之后，李可乐就开始埋怨妈妈。妈妈也很生气，于是冲着李可乐喊道：“你赶紧闭嘴，你再不闭嘴，我打你，你信不信？”李可乐满肚子委屈，但是见妈妈发这么大的火，紧紧地闭着嘴，不吭声了，但是接连好几天，李可乐都没有露出过笑容。妈妈发现，虽然李可乐的确变得听话了，却经常发呆，这是以前从来没有过的。

男孩在与妈妈或者小朋友发生矛盾时，都会产生各种情绪，如生气、不满、大哭大闹等。这时妈妈千万不要一味地压抑男孩，应该让其有机会宣泄出来，否则，男孩长期受到压抑，情绪得不到宣泄，有可能导致身体和心理上出现问题。

尽管有时他们的方式有些过激，妈妈也应该给予充分的理解。妈妈所需要做的不是阻止他们，更不是大发雷霆或使用暴力，而是让他们懂得，发泄自己的情绪不能拿别人当出气筒，也不能失去理智，应该适可而止。

妈妈如何教会男孩“发泄”

当男孩情绪平复后，你会发现他比以前更懂事了，还会为自己的过激行为感到惭愧，并对你的宽容心存感激。反之，如果一味地采用疾风暴雨式的“批评加检查”，遏制他发泄，效果会适得其反。具体妈妈如何教会男孩发泄呢？

1. 让男孩把委屈都说出来

妈妈要告诉男孩把委屈说出来。告诉男孩有什么委屈不想告诉别人，但憋在心里又觉得不舒服的，可以通过写日记的方法把委屈写出来，这样心里就会感到轻松一些；也可以学会向人倾诉，把自己的委屈向好朋友、好伙伴倾诉，有时自己的倾诉也许并不一定能得到别人的帮助，但倾诉过后自己的心情会变得坦荡舒畅；还可以找一个没人的地方大声喊叫来发泄内心的积郁；当然也可以找一些自己喜欢的运动让自己出一身大汗来放松自己的心情。

2. 在家里布置“发泄角”

实验证明，对于孩子，首先是用粗笔涂鸦的方式来消解愤怒的效果最好，其次是投掷小飞镖或者投篮。对于女孩来说，可以专门在家中辟一块“涂鸦角”，买块纤维板，让孩子张贴涂鸦作品。对于男孩来说，投掷飞镖或是练习跑步投篮，都可以是宣泄情绪的好方法。那些被老师和妈妈批评受委屈的男孩，大多通过掷飞镖的方式来发泄愤怒。

3. 晨练时鼓励男孩奔跑或大叫

如果妈妈发现男孩经常闷闷不乐，情绪抑郁，先不要急着追问他“到底发生了什么事？”此时可以佯作不知，然后带他去户外晨练，或者在空旷的操场上锻炼跑步，或者和男孩一起登山。在跑步或登山的过程中，家长可以不时地大喊一声，然后对男孩说，“当妈妈感到不高兴的时候，就会来到这里大喊上几声，就会觉得心情特别舒畅；当感到身体疲惫的时候，就会来这里跑步、爬山，这样身体就会觉得轻松多了。怎么样，孩子，你愿意陪妈妈一起跑步吗？或者咱们一起爬到对面的小山上，在山顶上大喊几声，感觉非常棒。”这样相信每个孩子听了之后都会欣然同意的。于是，在跑步或登山过程中，孩子就会在家长的陪同下不知不觉地将心中的苦闷宣泄出来，一般在这种交流状态下，男孩也会主动跟妈妈提起他不愉快的原因。同时，男孩也学会了一种有效的缓解抑郁情绪的方法，在以后心情不好时会主动地寻求方法解脱。

4. 男孩发泄过后记得要拥抱他

不管对男孩造成困扰的是不是妈妈，作为妈妈，一定要鼓励男孩，给男孩一个温暖的拥抱，告诉他："我会站在你这一边。我相信你能走出来。""虽然我们很气愤，但是令我们感觉温暖的事一样也很多。"发泄加拥抱能令男孩感受到抚爱与亲情，鼓励男孩变得乐观积极，从而学会调控自身情绪。

总之，当发现男孩情绪不对的时候，妈妈千万不要横加指责，或者刨根问底，否则可能会陷入争执的深渊；而是要想办法为男孩的心理减负，让男孩把需要发泄的都发泄出来，这样才能健康快乐地成长。

暗示教育，育子细无声

暗示教育对男孩是一种十分有效的教育方式，而且男孩更乐于接受、更喜欢这种形式的教育。暗示是一种"无声胜有声""润物细无声"的教育。

王建今年9岁了，和一般的男孩不太一样。王建身上出现了许多令妈妈头痛的行为，例如：旷课、贪玩、一意孤行、自私、偷窃、撒谎等。妈妈多次训斥，与之争执，也没收到好的效果。邻居们见了王建都直摇头。

妈妈担心王建有智力低下的问题，带他看了七八家医院，也做了很多检查。结果测定，王建智力水平完全正常，根本不存在智力低下的问题。

妈妈又向相关教育专家咨询，教育专家分析，王建之所以会出现诸多不听话的行为，很大程度上是王建妈妈长期对王建采用不良的教育方式所致。

专家建议王建妈妈深刻地反省自己的教育方式，示意她使用良性暗示法，对王建悄悄开始实施教育。

对一句话、一个动作、一个眼神，王建妈妈都会深思熟虑，都力争给予王建正面积极的暗示。经过半年多的暗示教育，王建就像变了个人一样，身上诸多不听话的行为完全不见了。现在走在大街上，很多邻居都对王建竖起了大拇指。

世界著名教育家苏霍姆林斯基说："任何一种教育现象，孩子在其中越少感觉到教育者的意图，它的教育效果越大。"妈妈在对待男孩的教育方式上，应去掉那些让人不快的"要求""命令""必须"等词汇，而通过"暗示"的形式来进行教育。

巧妙暗示，让男孩收起坏毛病

暗示教育主要有以下几种形式，妈妈在教育男孩的过程中，要了解好、运用好。

1. 眼神是一种无声的语言

眼神暗示就是用眼睛把要说的话、要表达的态度暗示出来。吃过晚饭，妈妈给刚子讲故事。讲着讲着，刚子的双手搞起了小动作。妈妈没有停下来，不过他用眼睛紧盯着儿子的小手。不一会儿，刚子"醒"了过来，双手安静了。眼神是一种无声的语言，它比有声的语言能更细腻、更清晰地表达感情。

2. 表情比眼神表现得更明确

人的表情能够传达多种信息，比如肯定、同意、可以、不能、不该等。家里来了客人，林林有了小伙伴，高兴得忘乎所以，发起"疯"

来。他一会儿狂笑，一会儿尖叫，连妈妈不满的眼神也视而不见，于是妈妈皱起了眉头。这下，林林总算看到了，声音也降低了不少。

3. 言语暗示让男孩心领神会

既然是“暗示”，就是不要用言语直接表态。小贵早上起床后从不叠被，妈妈提醒过几次，但效果不理想。一次，妈妈告诉小贵，今天遇到楼下的妈妈说小刚真乖，每天总是自己把被褥打理得整整齐齐。小贵听后表面上不以为然，但渐渐地学会了自己动手叠被。

当要表扬或批评男孩时，妈妈要采取一种迂回的方法，把自己的观点巧妙地“点”出来，让男孩心领神会，在一种柔和的气氛中接受教育。如讲故事、打比喻、做比较等。

4. 用身体语言把想法表达出来

妈妈可以用体态语言把自己的想法表露出来，从而达到教育男孩的目的。周末，晚上9点多了，罗强还坐在电视机前。妈妈一言不发，却站起来把男孩床上的被子铺开，自己也停下手中的事情，回房休息了。妈妈的动作暗示提醒了罗强，他马上也走进了自己的房间。

5. 暗示男孩向榜样学习

图图跟妈妈逛商场，看到玩具熊就想要，但家里已经有好几个了，妈妈不给买，图图就抱着妈妈的腿，蹲在地上哭。妈妈指着旁边一个跟图图差不多大的小男孩说：“你看那个小弟弟，比你年龄还小，他多乖啊！多听话啊！”图图一看旁边的小男孩真的很乖，也就不再哭闹了。

一个小朋友哭，许多小朋友会随同一起哭起来，这时用暗示的方法可以让男孩停止哭泣。妈妈只需对不哭的男孩表示出赞赏，哭的男孩就会向不哭的男孩学习而停止哭闹。

6. 情景暗示建立氛围

情景暗示主要建立在一种氛围的基础上，妈妈关键要把握好适当的情景氛围。当妈妈在写作时，金金跑到妈妈桌前又叫又跳，妈妈怎么厉声制止都未见效果。后来有人教了金金妈妈一个方法，就是每当金金再闹的时候，妈妈就蹑手蹑脚进屋，小声对金金说咱们到外面玩，这样，金金每次都马上跟着妈妈出来了。实践证明，情景暗示，对男孩都是相当有效的。

总之，暗示对男孩起着很大的作用，在不知不觉中从侧面去影响男孩，比单纯的表扬或批评更有效。面对不听话的男孩，巧妙使用暗示教育法，必定能收到良好的教育效果。

换位思考，拉近心灵距离

在生活中，很多妈妈总是以为男孩什么也不懂，对待男孩就像是上级对下级，处理问题永远都是从自己的角度出发，丝毫不顾及男孩的想法。这样做，不但不会得到男孩的认同，还会引起男孩的反感，破坏妈妈的形象，且达不到预期的教育效果。

晨晨放学后很不高兴，向妈妈抱怨老师当着全班同学的面大声批评他。

妈妈听完，根本不考虑孩子言语中的委屈，用质问的口气说：“老师为什么要批评你？你是不是做什么坏事了？”

晨晨听到妈妈这样说，瞪着妈妈，很生气地说：“我什么也没干，老师是没事找事。”

“不会吧？老师不会无缘无故地斥责学生。再说，老师怎么不去批评别人？偏偏批评的是你？”

晨晨重重地坐在椅子上，更加不开心了。

妈妈继续问道：“那么这个问题，你打算如何处理呢？”

晨晨很倔强地说了一句：“不处理！我真后悔跟你说这件事情！”

妈妈意识到情况不妙，如果继续问下去，两个人一定会争执起来，这样一来，什么问题也解决不了。

于是，妈妈悄悄改变了她的态度，平复了一下自己的情绪，用一种友好的语调对儿子说："我想你当时是很尴尬的，因为老师当着全班那么多同学的面儿批评你，让你无地自容。"

晨晨没有想到妈妈的态度突然会改变，有些怀疑地看了妈妈一眼。

妈妈接着讲："其实类似的事情我也遇到过。记得我念小学五年级的时候，在考场上，我的铅笔用完了，我站起来借了一支铅笔，老师大声地批评了我，让我很下不了台，感到十分尴尬，也很气愤，和你这次的感觉一样。"

晨晨开始轻松了，也对妈妈的事情感兴趣了，并打开了话匣子："真的？和我的情况几乎完全一样啊！我也只是在上课时借一支铅笔，因为我的铅笔不够用了。我觉得老师为这么简单的事情教训我，真是太不公平了！"

"是这样。现在咱们来考虑以后怎样去避免这种情况。你能不能想出办法，今后避免这种尴尬的局面呢？"

"我可以多准备一支铅笔，或者向老师说出我的问题，让老师帮忙想办法解决，就可以避免这种情况了……"

"这个主意不错。"妈妈和晨晨愉快地交谈着。

妈妈和男孩之间不是主人与奴隶的关系，而是一种平等、尊重、关心和信任的友谊关系。妈妈要尊重与理解男孩，要能站在男孩的角度来看待问题，这样才能避免争执，才能赢得男孩的信任。

妈妈要学会站在男孩的角度去看问题，具体应该做到以下几点：

（1）真诚进行沟通。与男孩交流的过程中，一定要真诚。妈妈真诚与否，男孩是能感觉到的。妈妈应真诚地向男孩敞开自己的心扉，想什么，感受什么，尽量都让男孩知道。

（2）放弃大人的成见。大人的世界和男孩的世界是不一样的，如果妈妈硬要用大人世界的要求来对待男孩，势必会发生许多亲子关系上的问题和不愉快。因此，妈妈应该学会放下自己的成见，试着用“男孩世界”的眼光来了解和认识男孩。

（3）学会换位思考。站在不同的角度就会有不同的立场，处于不同的立场就会产生不同的观念。作为妈妈应该学会换位思考，当男孩遇到问题和烦恼时，能够迅速从男孩的位置和角度来看待问题、分析问题，这样才能有效地解决问题。换位思考是一种快速拉近妈妈和男孩心灵距离的有效方法。

因势利导，引导男孩“出格”行为

男孩处于发育的青春过渡时期，情绪起伏不定，容易冲动，做出偏激的事情，而思想和行为“出格”也是经常发生的。

男孩产生“出格”思想和行为，实质上是他们心理上对于常规的“突破”。当他们从心理上有了“突破”的想法，就变得不再像过去那样听话、顺从，而是表现出叛逆行为。具有“出格”思想和行为的男孩敢于打破常规，不因循守旧，敢于对传统观念发起冲击，他们追求个性，喜欢接受新事物，喜欢求新求变，即便“钻牛角尖”或失之偏颇，也坚持走自己的路。

现代社会充满着竞争，从小培养男孩“出格”的思维，有利于形成开拓、进取的个性。

一个合格的妈妈应该能够正确认识和对待男孩的“出格”，并积极引导男孩，使其朝着健康方向发展。

应该如何因势利导对待男孩的“出格”行为呢？

1. 鼓励男孩的“出格”思维

妈妈要知道，男孩的一些“出格”思想，其实是对于自己生理和心理成熟的一种尝试性反映。男孩的想法独特，观点新奇，思维出格，并不是意味着学坏了，而是男孩心理成熟的反映。

2. 正确应对男孩的“出格”

妈妈发现男孩的“出格”行为时，的确需要表明态度，但要特别注意方式方法。妈妈应该平等地与男孩对话，禁止粗暴，伤害男孩的感情，更不可激发男孩的逆反心理。

妈妈可以多倾听男孩的心声，少干预男孩的想法。

与男孩沟通，最好由爸爸出面处理问题，这样会更默契。比如，爸爸可以坐在男孩身边与他谈心，主动找男孩聊聊心事，当男孩遇到困惑时，爸爸可以将自己在这方面的一些经验和体会跟男孩分享。

3. 用沟通交流走入男孩的心扉

交流、沟通是走进男孩心灵的最好方法。面对思维“出格”的男孩，最重要的是和他们进行良好的沟通，给予积极正面的引导。每个妈妈都应该提高自己和男孩交流沟通的能力，真诚地走进男孩的心扉，摸透男孩的想法，从而选择具有针对性的、高效的教育方法。

总之，妈妈一定要敢于接受男孩的思维“出格”，因势利导，引导男孩走出精彩的人生。

听话不是标准，顶嘴不是罪过

教师或家长在教育男孩时，经常说的话莫过于“听话”二字，如“要听老师的话”“听话才是好儿子”“不听话就不是好学生”，等等。久而久之，“听话”便成了好学生、好男孩的标准。那些喜欢顶嘴的男孩，被老师和家长判定为不是好孩子。

毋庸置疑，要求孩子听话并非有错，然而，为了提高孩子的自主性和创造力，片面强调听话，则会影响和限制他们的健康发展。

男孩敢与妈妈顶嘴，也并非只是因孩子有错，有时也是妈妈的教育方式不对造成的。妈妈应当反思一下自己，是不是说话态度不能让孩子所接受，同时还要有一颗包容的心，学会体谅孩子。因为现在的男孩在家中比较娇惯，很有个性，往往爱跟大人顶嘴，发泄自己的不良情绪。从另一个角度来看，顶嘴和反驳妈妈，也说明男孩正在提高判断是非的能力。

生活中有的男孩犯了错误，试图找出理由为自己辩护，其目的无非是为求得妈妈对自己的谅解，这种心理很正常，也是男孩鼓足了勇气才这样做的。如果妈妈武断地加以“狙击”，男孩会认为妈妈不相信自己。对妈妈的这种“蛮横”做法，男孩虽不敢言，但心里不服，以后男孩即便有更充足的理由也不会再申辩了。男孩一旦形成了这样一种心理定式，妈妈的批评他就根本无法接受，把训斥全当耳边风。

大约到了小学高年级和中学阶段，男孩开始进入比较逆反的青春期。这时的男孩会变得越来越不听话，自我意识和独立性逐步增强，不喜欢被动地接受妈妈的吩咐和安排，遇事愿意自己独立思考和判断，希望凡事由自己做主。如果不能满足自己的要求，就会感到失望或者进行反抗，而发生顶嘴。

中国的家长普遍认为听话的男孩就是好男孩，不听话爱顶嘴的男孩就是坏男孩，这种思想在我们的文化中有几千年的历史沉淀，所谓“君君臣臣，父父子子”。“听话”也是中国家长对男孩讲得次数最多的、在教育男孩时使用频率最高的词，男孩在家里被时时教训要听家长的话，男孩上幼儿园后，就被叮咛要听老师的话，男孩上学了也要被嘱咐要听老师的话。

总之，听话的男孩总是招人疼、惹人爱的男孩，不听话的男孩总是招人嫌、惹人烦的男孩。

妈妈往往刻意要求男孩对自己的无条件顺从。一些妈妈觉得自己绝对正确、无所不晓、无所不能，自己过的桥比男孩走的路还多，男孩当然要无条件地接受自己的教诲，于是，当男孩与妈妈出现分歧时，妈妈经常武断地表态“你错了”“你这样不对”；当男孩想对某件事做个说明时，便会遭到妈妈更严厉的训斥：“不许顶嘴！”“还嘴硬？”；更有一些缺乏耐性的妈妈，十分反感男孩顶嘴，当男孩向妈妈的权威发出挑战时，盛怒之下男孩免不了受到妈妈的一顿打骂。

实际上，顶嘴意味着男孩的心理在成长，说明他已经开始有了自己的喜好：喜欢什么，不喜欢什么；说明他已经开始有了自己的判断：什么是对的，什么是不对的；说明他已经开始有了自己的见解：应当怎么做，不应当怎么做。当男孩年龄尚小且自理能力较差的时候，让男孩按大人的指示去做是可以的，但当男孩逐渐长大以后，再总是用“听话”去教育男孩和要求男孩，就显得有些偏颇了。

冷静理智地对待男孩的顶嘴

其实，男孩顶嘴比不说话反抗要好得多。因为顶嘴可使妈妈更容易了解男孩。

男孩顶嘴，说明他有自己的见解，而且敢于表达和坚持自己的见解，如果妈妈这时能够听取和采纳男孩的正确的意见，男孩就会感觉到自己是有能力的、是有价值的，这对他的自信心的提高大有裨益；相反，如果总是用“听话”两个字去教育男孩，只能养成男孩唯唯诺诺的性格。

男孩顶嘴通常发生在妈妈的批评不得法、男孩不服气时，男孩没做错事而受到妈妈的冤枉时，男孩不想马上去做的事、可妈妈硬逼着他去做时，或者大人心情不好拿男孩出气时。其实这些都反映了妈妈在教育男孩时的方式方法有问题，妈妈正好可以从男孩的不满情绪和顶嘴的表现中反思一下自己的做法，从而来改变和提高自己。

男孩的顶嘴也是一种心理宣泄，这是男孩缓解心理压力，保持心理平衡的一种方式。如果男孩心里对大人的不恰当的所作所为不敢怒、不敢言，许多委屈都憋在肚里，男孩的心理压力就会非常大，久而久之就会产生忧郁、头痛、精神不振、懦弱等不良心理反应。

但是顶嘴不是解决问题的好方式，一旦习惯成自然，也不利于男孩的成长，甚至会影响长大成人后的人际关系的和睦。所以作为妈妈仍然要做好引导工作。

作为妈妈，无论男孩犯了多大的错，都要理性对待，不要急躁，先要问清事情的来龙去脉，再决定解决方法。在家庭教育中，要赏罚严明，不翻旧账，讲明道理，才会在男孩心里树立威信。

男孩总是在妈妈行为的耳濡目染下成长的，他们会模仿大人的言行。如果妈妈尊重他人，和蔼待人，那么男孩也一定会很少与人顶嘴，性格上也会更加谦和。

即便男孩狡辩，反驳妈妈，妈妈也要耐心听他们把话讲完，然后对男孩不合理的意见因势利导，帮助他们认识到自己的错误并得到改正。如果给男孩一个将功补过的机会来弥补过错，他们最乐于接受，也增强了家庭的和睦关系。

总之，听话不是衡量男孩好坏的标准，男孩顶嘴也不是罪不可赦的恶习。教育男孩，妈妈们应该认可男孩在心理上的成长，积极努力去理解男孩的想法，采用不同于过去的方式帮助和指导男孩，而不是一味地抱怨“男孩为什么不听话”，或者采取“高压政策”使男孩屈服。

第9章
不吼不骂，责备男孩讲求艺术和策略

妈妈要尽量少批评男孩，不得不批评的情况下也要讲究批评的艺术。在批评男孩的时候，妈妈时刻记住一点，自己的批评是为了让男孩知道，做什么样的事会带来什么样的后果，而不是为了伤害他、打击他，否则就会给男孩造成心理阴影。

批评和惩罚绝非教育良策

男孩因为淘气，经常受到妈妈的惩罚。妈妈的惩罚方式主要有体罚、辱骂、斥责和各种形式的鄙视及轻蔑态度。

这些惩罚只是左右男孩行为的一种教育方式，只能给男孩提供一种消极的信息——那样做不对，而没有清楚地告诉男孩怎样做才是对的。所以说，妈妈平时采用的批评和惩罚，并不是帮助男孩改正错误的有效途径。

如果男孩经常不断地遭受惩罚，就会渐渐地感觉到迷茫，无所适从，缺乏主见和判断力。他们会在反省和自责中猜测，妈妈到底要求他们怎么做。实际上，无论妈妈采用什么样的惩罚方式，主要的目的都是为了使男孩认识到自身的错误，不让他们重蹈覆辙。但结果往往却是男孩并未意识到自己的错误行为会产生怎样的后果，会造成什么样的危害，而是对惩罚充满了畏惧，或者力图讨妈妈欢心。但是他最终还是不清楚怎样做才是对的。

如果男孩在学校经常受到老师的惩罚，那么他很可能渐渐失去学习兴趣，变得讨厌上学、讨厌老师和同学，最终产生弃学的念头。这对男孩是不利的。每个男孩都有强烈的自尊心，即便受到惩罚之后，也都有一种羞辱感、内疚感，内心会产生焦虑、困惑、恼怒、害怕甚至产生报复的念头。此时如果老师和妈妈能够给予积极的正面引导，多和男孩沟通，并帮助男孩一起改正错误，那么就会将男孩从不良的情感中拯救出来。

妈妈不妨回忆一下自己工作的情形，或许会有所启发。如果你的上司一味对你批评训斥，而不加以指导和鼓励，那么，你要多久才能平复心里的怨恨呢？人们总是喜欢听赞扬和肯定，在表扬中做事会更高效、更积极。如果每天听到的都是责骂、嘲弄，无论大人还是孩子都会感到厌烦，也不可能静下心来工作和学习。

有的妈妈惩罚男孩完全不顾方式、方法，只顾宣泄自己的愤怒，殊不知自己的气是出了，结果男孩的心灵却受到了伤害。妈妈打骂男孩，发泄心中的怒气和失望是可以理解的。但是只用打骂来消除心中怨气，并非良策，这说明妈妈的教育方法是存在问题的。

当然，养育男孩常常是欢乐与忧虑并存、烦恼与幸福共生。现实一点儿来说，妈妈如果从不对男孩严厉一些，男孩犯了错误也不管不问，这也是对子女教育不负责任的表现之一。如果要略施惩罚，也要讲究技巧，当然绝对不可打骂。

妈妈必须认识到惩罚对改变男孩的行为只有有限的作用。男孩确实应该知道妈妈禁止什么、反对什么，什么事情有危险性，但他们也应清楚地知道，妈妈鼓励他们做什么，以便努力使自己的行为符合妈妈的要求和社会的道德准则。

对男孩过错采取自然惩罚法

对男孩的过错采取自然惩罚的方法更好。所谓自然惩罚，就是让男孩自己体验他的不良行为所导致的后果。一般来说，实施自然惩罚可以采用两种不同的途径：

1. 让男孩体验他的不良行为所带来的必然后果

如男孩弄坏了家里的电灯，不要急于换上一个新的，而是让男孩体验一下身处漆黑房间的感觉，让他学会珍惜生活用品；如果男孩不吃早餐，你不必劝食，中午饿的时候，也不提供零食，让他体验不吃早餐的滋味。让男孩亲自品尝他的行为带来的苦果比空头说教更有效。所以，男孩打碎了灯泡，与其费尽口舌地给他讲解灯泡的作用，保护灯泡的意义，却不如让他亲身感受晚上没有光亮给人带来的不便；男孩早上不吃饭，与其苦口婆心地央求，告诉他不吃早餐的危害性，不如让他饿回肚子，使他学会珍视自己的健康。反之，如果男孩打碎了灯泡，你马上换上一个新的，或男孩不吃早餐，怕他饿着，中午之前总是尽可能多地给他提供零食，那样，他就很难改掉坏习惯。

2. 妈妈的决断合乎逻辑，使男孩从中学习有效方法

这种方式多用于五六岁的男孩。家庭教育中经常会遇到这样一种情形：让男孩看一会儿书，但是他不是学习而是在书上乱涂乱画。此时家长可以不动声色地把书从他手中拿过来，等一会儿，如果他央求看书的时候，再还给他。如果他拿到书后还是不好好看，再从他手中把书拿回，如果男孩想得到书，他自然会专心地看书并且好好地保护。

男孩拿着蛋糕不吃，却把蛋糕弄碎、弄脏，这时妈妈可以马上从他的手中夺回蛋糕；男孩拿着玩具不玩，反而到处乱摔，妈妈也可以毫不客气地夺回玩具。同时家长可以告诉男孩，为什么不让他吃蛋糕或玩玩具，当男孩意识到自己的行为不对的时候，他以后就不会浪费食物、弄坏玩具了。

实践证明，自然惩罚能够帮助男孩学到更多。当男孩受到自然“惩罚”后，会不知不觉地从中领悟出一些道理，比如明白了对和错，懂得了怎样表现让大人高兴，怎样表现让大人生气等。自然惩罚与平常的惩罚不同。自然惩罚是以教育为目的的一种特殊的教育手段。

怎样管教“明知故犯”的男孩

妈妈打骂男孩的一个重要原因就是男孩经常明知故犯。当妈妈明确地告诉男孩不要做这种事后，男孩经常是采取一副“我偏偏要做”的态度。这种行为最使妈妈十分恼火、费解，不懂男孩为什么要这样做。

男孩之所以会明知故犯，主要有四种原因：一是渴望引起妈妈的注意；二是任性；三是用明知故犯的方法满足“报复”心理；四是放弃努力。

也就是说，男孩明知故犯，是为了想获得或放弃一种归属感，或因未得到满足而发泄不满。比如，妈妈提醒男孩做功课，男孩明明答应却不做功课，这种做法可能是为了得到妈妈的注意，也可能是任性的表现，向妈妈示意“我的功课我做主”。

妈妈只有弄清楚和掌握男孩明知故犯的动机，才能对症下药，选择用最恰当、最有效的教育方法。

5岁的明明每天光想着玩，不想洗澡，每次妈妈催促他洗完澡再继续玩，可明明总是答应洗澡，却不肯放下手里的玩具。这让妈妈既着急又拿他没办法，好说歹说让明明乖乖洗澡，结果一转身又不见了人影。妈妈气得满屋子找，后来在一个小角落里看见了明明，他拿着汽车玩具冲着妈妈做鬼脸，就是不肯洗澡。

其实，男孩喜欢明知故犯，大多数只是想和妈妈较量一下，看看“我明知道那么做不对却偏要去做”，会引起妈妈什么样的反应。就像故事中的明明，尽管答应洗澡但就是不洗，还拿玩具跟妈妈“示威”，让妈妈无可奈何。那么，生活中怎样解决类似故事中这种母子之间陷入僵局的事呢？

当男孩不肯洗澡时，家长千万不能用粗暴的打骂方式，硬将男孩抱入澡盆中。男孩不洗澡和妈妈僵持不下，可以先放下洗澡这件事，用其他办法转移男孩的注意力。等男孩情绪得到缓和，紧张的心理放松后，再心平气和地跟男孩讲洗澡对健康的益处等道理。当男孩听进去并认识到自己的错处时，就会愿意跟随家长去洗澡。如果男孩开始答应好洗澡，来到洗澡间却改变主意时，家长可以采取冷处理的方法，即放好洗澡水后而不去理他，让他僵等下去，直到男孩觉得无趣。只有让男孩养成按时洗澡的习惯，并且感觉到洗澡是一件快乐的事，他才会主动要求洗澡。在男孩和家长的较量过程中，家长不能妥协，也不要像大臣屈服皇帝一样地顺从男孩，否则更纵容了男孩明知故犯的坏脾气。他甚至会以此为乐，和妈妈兜圈子、做游戏。家长先控制好自己的情绪，再想办法扭转男孩的情绪，这是需要技巧的。此外，与男孩交流时，说话语气、引导技巧、面部表情等也都应该注意。

面对明知故犯的男孩，妈妈要学会及时恰当地“抓紧”和“放手”，既不能纵容，又要仔细观察并给予男孩适当的帮助，从而让男孩变得听话，自愿主动地改正错误。

即使男孩总是明知故犯，也不要训斥和打骂。训斥、打骂男孩毕竟是非理性的活动，对男孩的学习与其他几乎没有一点儿帮助。如要妈妈把它作为一条有效的法则长期使用，将有害男孩的身心健康，影响男孩活泼、健康地发展。

无休止的唠叨只会让男孩厌烦

现实生活中，爱唠叨的父母确实不少，特别是一些妈妈。大多数男孩都不喜欢听妈妈唠叨，有的会说妈妈得了“嘀咕病”，更有的与妈妈顶撞，闹得大家心里都不愉快。

佳桐不知从什么时候开始，爱上了看课外书。放学回家就迫不及待地拿出课外书津津有味地读起来。

妈妈过来了，一看见佳桐手上的课外书，就有些生气地说：“还看，还看，还不写作业！”佳桐赶紧回答：“看完这篇就写，也就10分钟。”

“10分钟，这可是你说的。”妈妈离开了不到3分钟，又过来了，说：“快看完了吗？不快点儿写作业，又要写到半夜了。”佳桐心里有点儿烦，没有理她，继续看课外书。

佳桐听见妈妈继续在客厅里抱怨：“人家的孩子都是一回家就写作业，这孩子倒好，总是拿着没用的书看，作业写到半夜，时间不够了就胡乱应付，这成绩能好吗？”

佳桐听着越来越烦，妈妈不停地唠叨，课外书是看不下去了，佳桐开始写作业，不到10分钟，就有种写不下去的感觉，满脑子都是妈妈唠叨的话语。

这位妈妈太心急了，她不停地唠叨使佳桐产生了深深的挫败感，终于超过了佳桐所能忍受的限度，使佳桐的内疚感消失，代之以厌烦和逆反心理。

从男孩角度来说，假若唠叨成了每日必奏曲，唠叨就毫无意义；假若挨骂变成家常便饭，久而久之，男孩便会对任何的责骂都感到无动于衷，同时也会因此而丧失了自信心，甚至连说话都表达不清楚，而父母的责骂与劝告也会变得毫无效果。没有耐心的父母，常常会嫌男孩做事不仅慢吞吞，还做不好，由于看不顺眼，便不停地唠叨。唠唠叨叨地骂男孩，会使男孩不愿意接近父母，父母也会觉得这男孩不可爱。

爱唠叨的妈妈请闭一闭嘴

爱唠叨的妈妈要好好想一想，孩子为什么讨厌你们唠叨呢？妈妈要做出怎样的改变呢？

1. 正确把握男孩的心理状态

一般情况下，男孩的心理状态会不同程度地有所暴露。妈妈这时就要善于把平时对男孩的了解与男孩在谈话中的外部表现联系起来，细心地观察男孩的神情、言语、注意力和习惯动作的变化等，从而准确地把握住男孩的心理状态。

2. 以行动代替说教

当男孩怠惰、不专心读书，妈妈说教无效时，妈妈不妨停止语言的劝诫，改为行动处罚，施以适当的处分，让他反省自己的过失。如果妈妈看到男孩有悔意，就不要再过多加以指责，受过处分之后，男孩会改进的。妈妈还是少唠叨为妙，因为唠叨大多时候不是在教育男孩，而是家长在为自己的辛劳找平衡。

3. 对男孩的批评不能超过限度

对待男孩犯的错，只批评一次。切忌抓住孩子的小错误不放，如果想要提醒男孩加深印象和记住教训，可以换个角度、换种说法。这样，男孩就不会因无休止的批评和指责而心生厌烦、逆反情绪。

总之，妈妈关心男孩的一切都属正常，但如果经常在他们身旁督促，或喋喋不休，将提醒和劝告变成了干扰男孩的情绪，其结果就会适得其反。

避免对男孩进行“言语伤害”

很多妈妈都有过这样的经历，在男孩不听话、屡教不改，或者不认真读书、完不成作业时，气急了就会骂道：“你一点儿用都没有！”“你将来也就这样了，怎么养出来你这么个废物！”殊不知妈妈一时的气话，却对男孩造成终身的伤害，因为它截断了男孩对自己将来的希望和美好的憧憬。一个认为自己没有前途的男孩他将来能好吗？

提起对男孩的伤害事件，人们首先想到的是被人抢劫、勒索、欺负、性侵害以及被妈妈或教师体罚等。男孩们受到的“软”伤害常常被人忽视，如软性的“言语伤害”。“中国少年儿童平安行动”近年曾公布了一项内容为“你认为最急迫需要解决的校园伤害”的专项调查，结果显示：81.45%的被访小学生认为校园“言语伤害”是最亟须解决的问题。

美国一权威机构对1万名0～10岁的男孩进行跟踪调查，最后发现，对幼小心灵伤害最大的是来自妈妈的“言语伤害”。这种情况在我国也较为普遍。

5岁的轩轩不小心把杯子碰倒在地，妈妈气急败坏地说：“你怎么这么蠢，真是个笨蛋、傻瓜，一点儿用都没有……”

轩轩贪玩，不好好练琴的时候，气得妈妈经常说：“儿子，爸爸妈妈多不容易，挣钱给你买钢琴，还付学费，你一点儿不争气，一点儿都不像其他小孩那么乖、那么聪明。你不好好练琴怎么对得起我们？”

经常遭受言语中伤的男孩容易形成偏执的性格，甚至长大后出现人格障碍，严重的则心灵扭曲，难以适应社会。所以，为了男孩的健康成长，妈妈要注意自己的批评方式，要警惕言语不当可能对男孩造成的严重伤害。

妈妈不要认为批评孩子就可以无所顾忌，要知道男孩的心灵比较脆弱和敏感，几句过头话很有可能会伤害到男孩的自尊，口不择言地刺激男孩、讥讽男孩甚至贬低男孩，都会对男孩的心理造成严重伤害。妈妈应该意识到，伤害孩子的心灵要比打骂体罚更严重。

妈妈是男孩的第一任老师，也是和男孩最默契的“知己”，所以无论如何，都不要在情感上疏远男孩，用过分的言辞伤害男孩，只有这样才会让亲子间的距离更近，亲情更深。

让男孩学会自我反省

自我反省能力是一种内在人格智力，是认识自我、完善自我、不断进步的前提条件。提高自我反省的能力，就能客观地评价自己，有一个正确的自我认知，从而了解自己的优缺点，自尊、自律，有计划地规划人生。平常多进行自我反省，遇到困难和挫折时，就能够及时调整自己的情绪，积极进取，寻找渡过难关、走向成功的办法。在现代家庭中，家长可以从小培养男孩的自我反省能力，在错误中学会积累经验和教训，从而悔过自新，少犯错误。因为男孩年龄较小，还不能对自己有足够的认识，缺乏判断力，自我反省的内在人格智力还处于萌芽阶段，需要妈妈给予正确引导。

妈妈给小雨买了两条美丽的小金鱼，小雨十分喜欢，把小金鱼放在玻璃缸里，每天看它们在水中游来游去。

有一天，小雨突发奇想，想看看小金鱼离开水的样子。于是，他把小金鱼从水中捞出来，放在地板上，看小金鱼痛苦地挣扎。小雨觉得很好玩。

“小雨，你在干什么！鱼会死的，赶快把它们放到水里。”妈妈大声呵斥。

可是小雨对妈妈的呵斥置若罔闻。

外婆也看到了这一情况，她没有像小雨妈妈那样斥责小雨，而是和蔼地对小雨说："如果你口渴时不给你水喝，你会怎样呢？"

"当然很难受啦。"小雨不假思索地说，因为他有过口渴难耐的经历。

"你口渴时喝不到水会觉得很难受，可是你把小金鱼从水里抓出来丢到地上，它们喝不到水，不是也很难受吗？鱼是不能离开水的，它比人类更需要水，一旦离开水，很快就会死的。你看它们拼命挣扎的样子，多难受啊。"外婆说道。

小雨不作声了。沉思了片刻，对外婆说："外婆，我错了，我以后再不把金鱼丢到地上玩了。"说着便把金鱼放回了鱼缸中。

男孩到了一定年龄都会有一定的判断能力，可以简单地判断好坏，并且也有一定的自尊心和羞耻感。如果他们知道自己做了错事，也一定会感到羞愧，只是不同的男孩羞愧的程度不同而已，关键在于怎样启发他们的自尊心、羞耻感，使他们反省，下决心改正。会自我反省的男孩，能够反思自己的言行，能置身事外地观察自我的状态，因此，能换位体会别人的感受。

多用"良言"，禁用"恶语"

妈妈要避免对男孩的"言语伤害"，关键要注意以下几点：

1. 认识到"言语伤害"的严重程度，在思想上高度重视

那些轻易否定男孩的妈妈，只想在男孩面前树立权威，却忽略了男孩需要的尊重，交流的结果可想而知。引导男孩进行深入思索可以使男孩看到妈妈的"深度"，从而产生敬佩之情。

2. 言语中不要带有不良情绪

妈妈要以积极的心态对待男孩。只有妈妈乐观地对待男孩，男孩才会给妈妈以乐观的回报。有些妈妈每一句话中都包含着不良情绪："他们数学老师很坏""他爸爸也不管""当时别听他们班主任的话好了"……感觉事情很糟，处处不顺，而且这都是别人的责任。这种不良的情绪会传染，男孩会在妈妈的潜移默化中变得消极起来，并形成外归因的思维方式，这对男孩的成长非常不利。

3. 不要说男孩没出息

"没出息！"这句话出自妈妈口中的频率是相当高的。这句带着强烈贬损意味的话，不知刺伤了多少男孩的心。男孩虽然小，也有自尊心，在男孩的成长道路上，需要来自妈妈的肯定和赞扬。即使是批评，也应当入情入理，让男孩心服口服，千万不要说男孩没出息。尤其是在"恨铁不成钢"或气急的种种情况下，更要保持理智，控制好情绪，努力做到和风细雨、循循善诱。

4. 避免言语中的消极心理

暗示心理学研究已经证实，长期的不良心理暗示可以导致男孩认知思维层面的偏离，进而引起相应的心理和行为改变。因为男孩对自身状况缺少判断能力，潜意识里很容易认同妈妈的这些消极说法，妈妈说得多了，往往会弄假成真。

5. 在男孩失落时支持他

男孩毕竟还很弱小，在他们的人生中会遇到很多难题，妈妈应该尽可能地帮助和支持他们。每个人都会有失落的时候，每个人都会有失去信心的时候，只有让男孩充满信心，他们才能在未来的人生中面对一切挑战，才会拥有幸福的人生。每当男孩痛苦和失落时，做妈妈的不要忘记对他说："你一定行的，我相信你。"任何人都有成功，也有失败，而且失败往往比成功更多。男孩失败了，妈妈绝不能说"我就知道你不行"之类的话，而是要多加鼓励，帮助他们从失败中走出来。如用"我相信你可以做得更好"使男孩有更努力的动机，用"没关系，慢慢来，尽力而为”帮助男孩调整焦虑、紧张的情绪，等等。

总之，妈妈若要让男孩变得听话懂事，就要用科学的教育方法，多给男孩一点儿关爱，在说话上多用“良言”，禁用“恶语”，不要伤害孩子的自尊心，不要因为批评不当酿成苦果而得不偿失。所以，从现在开始，妈妈们请改变一下自己的批评教育方式吧。

不要让批评扼杀男孩的梦想

在英国的亚皮丹博物馆中，有两幅藏画格外引人注目。其中一幅是人体骨骼图，另一幅是人体血液循环图。说起这两幅藏画，里面有着一个引人入胜的故事。

从前，有一个名叫麦克劳德的英国小男孩，从小好奇心特别强，对什么事情都十分感兴趣，凡事总喜欢刨根问底，直到找到答案才罢休。有一天，小麦克劳德突发奇想，想看看小狗的内脏是什么样的。于是，他和几个小伙伴偷偷地套住一只小狗，然后将其宰杀掉，把小狗的内脏一个一个地分出来仔细观察。这只小狗正是校长十分钟爱的宠物狗。校长得知此事，非常生气，他觉得这个调皮的小学生实在太不像话了，如果不对他严加惩罚，以后会干出更加出格的事来。

但是，该怎么惩罚小麦克劳德呢？校长冥思苦想，决定采用这样一个处罚办法：罚麦克劳德画一幅人体骨骼图和一幅人体血液循环图。聪明的小麦克劳德意识到自己犯了大错，甘愿接受处罚，并决心改正错误。于是，他认认真真、仔仔细细地画好两幅图，交给了校长。校长看到小麦克劳德画得非常出色，大为惊诧，又看到他对错误的行为诚恳地道歉，就对杀狗之事不予追究了。校长的处理方法是巧妙的，既使小麦克劳德认识到了自己的错误，又保护了他的好奇心，同时还让他有了一次学习生理知识的机会。后来，小麦克劳德长大后果真成了一位著名的医学家，研究发明了专治糖尿病的胰岛素治疗方法，并荣获诺贝尔生理学及医学奖。

校长对小麦克劳德杀狗事件的处理对我们颇有启发。如果当初这位校长对麦克劳德进行了简单粗暴的严厉训斥，通知家长让他赔偿，那就有可能改变了小麦克劳德的人生和命运。麦克劳德身上闪光的探索欲、好奇心将被淹没，很有可能后来他就不会成为有名的解剖学家和医学家。相比之下，许多妈妈和老师，对男孩错误的处理，往往简单生硬，不善于保护男孩的积极性，甚至做出扼杀他们好奇心的蠢事。

有一位老作家曾经说过："淘气的男孩是好的，调皮的女孩是巧的。"淘气是男孩的天性，是好奇心驱使下的行为，是儿童认识世界、探索世界的起点和动力，妈妈们对他们创造性思维的萌芽，应加以保护和引导。即使出点儿小毛病、捅点儿小乱子，也应适当地表现出宽容和谅解，要循循善诱、充分说理，小心翼翼地保护男孩心灵上的"闪光点"，给他们以广阔的自由天地。

妈妈批评男孩要有策略技巧

当男孩犯有过错时，妈妈往往一味责备男孩，甚至打骂男孩，一点儿批评技巧都不讲，结果往往事与愿违。那么，妈妈批评男孩时，应注意掌握哪些技巧呢?

1. 用"低而有力"的声音

妈妈应以低于平常说话的声音批评男孩，"低而有力"的声音，会引起男孩的注意，也容易使男孩注意倾听妈妈说的话。很明显，这种低声的"冷处理"，往往比大声训斥的效果要好。

2. 适时保持沉默

男孩一旦做错了事，总担心妈妈会责备他，如果正如他所想的，男孩反而会有一种“如释重负”的感觉，对批评和自己所犯过错也就不以为然了。相反，如果妈妈保持沉默，男孩反而会感到心理紧张、不自在，从而反省自己的错误。

3. 进行心理暗示引导

男孩犯有过失，如果妈妈能心平气和地启发男孩，不直接批评他的过失，男孩会很快明白妈妈的用意，愿意接受妈妈的批评和教育，而且这样做也保护了男孩的自尊心。

4. 帮助男孩换位思考

当男孩惹了麻烦遭到妈妈的责骂时，往往会把责任推到他人身上，以逃避妈妈的责骂。此时最有效的方法，就是当男孩强辩是别人的过错、跟自己没关系时，就回敬他一句“如果你是那个人，你会怎么解释”，这就会使男孩换位思考：如果自己是别人，该说些什么？这会使大部分男孩发现自己也有过错，并会促使他反省自己把所有责任转嫁于人的错误。

总之，批评是教育男孩不可缺少的重要方法之一，如何批评男孩是一门艺术。恰当地批评男孩可以帮助他们改正错误，达到预期的教育目的，否则，就会造成男孩的逆反心理，收到相反的效果。

第10章
多些夸奖，对男孩实施“大拇指教育”

英国著名的哲学家和教育思想家约翰·洛克早在300年前就提出：“打骂式的管教，所养成的只会是‘奴隶式’的孩子。”无论男孩多么顽皮，妈妈都应该经常夸奖男孩。妈妈如何夸奖男孩是一门学问，学会正确夸奖男孩，才能让夸奖起到应有的效果。

发现和放大男孩的优点

妈妈应该善于发现男孩的优点，给男孩多一份自信，充分发挥其正面、有效的教育作用。面对男孩，妈妈如能用放大镜发现和看待他的优点、闪光点，并真心地赞扬他，那么当男孩有了不良行为时，妈妈积极地引导并帮助男孩改正，可以使男孩重拾自信，迈向成功。面对“坏”男孩，更需要竭力去寻找他的闪光点，哪怕是沙里淘金，哪怕那些闪光点微不足道，妈妈都需要出自真心地去赞扬、鼓励和引导他。

小龙是个聪明且调皮的男孩，经常惹是生非，麻烦不断，让大人们感到头疼。

这一天，妈妈下班回家，刚一进门就听到小龙的爸爸正在生气地指责小龙：“书桌没收拾好就跑出去玩！说你多少次了，你怎么老是爱摆个烂摊子啊？”

爸爸越说越生气，把小龙所有的毛病全都指出来，任性、脾气倔、贪吃、懒惰等。小龙两手使劲儿捂住耳朵，一声不吭。

小龙站在一边，一脸的满不在乎，不服气地嘟着嘴。妈妈见状赶紧过来缓和僵局，温和地说道："小龙身上是存在缺点，再说他这么大了能分清对错是非，他自己也知道自己做得不对。但是他也有优点的啊！小龙爱劳动，喜欢主动帮助朋友。做事情很认真，学本领最快，头脑很聪明呢。"

小龙本来以为妈妈也会批评自己，谁知被妈妈这么一说，竟然有些不好意思了。

从此之后，小龙果然改掉了很多"坏毛病"。

对待任何一个男孩，往往是表扬越多，优点越多，相反，训斥越多，毛病越多。

美国成功学励志专家拿破仑·希尔曾经说过："每个孩子都有许多优点，而父母却反而总是盯着孩子的缺点，认为只有管好孩子的缺点，才能让孩子更好地成长。其实，这样做就像蹩脚的工匠，是不可能造出完美的瓷器的。"

每一个渐渐长大的男孩，如果享受妈妈的爱和关怀，他会认为自己是可爱的，会感觉到自己是最幸福的宝贝，会因为自己生命的存在而感到骄傲。假若经常受到妈妈的斥责、奚落，那他就会觉得犹如被利剪截断双翅的天使，从此萎靡不振。

别一味给男孩贴"负标签"

在一次家长会上，幼儿园的老师对一位妈妈说："你的儿子有多动症，在板凳上连3分钟都坐不住，你最好带他去医院看一看。"回家的路上，儿子问妈妈，老师都说了些什么。妈妈想起老师的话，难过得差点儿流下泪来，因为全班30位小朋友，只有她的儿子表现最差。然而她还是微笑着告诉儿子："老师表扬你了，说你原来在板凳上坐不了1分钟，现在能坐3分钟了。全班只有你进步最快。"儿子高兴地说："我明天还能多坐好几分钟呢。"果然，这个男孩渐渐地改掉了上课喜欢乱动的毛病。这完全得益于这位妈妈的夸奖。

你参加过孩子的家长会吗？你是怎样参加家长会的？你从家长会回来会和上面的这位妈妈一样，无论他表现出色抑或平平，都能微笑着面对你的孩子吗？

和男孩沟通，要先让男孩感到你很可亲，让他感到妈妈是关心自己的、爱护自己的，而不是为了训斥才和自己沟通的。亲子沟通的主要原则是先处理情绪，后解决问题。

心理学认为："人的潜意识只接受有实质性意义的信息。"比如初学开车的人都有过这样的体验，教练越是强调"别碰标杆"，结果车子就会不偏不倚，正撞标杆。这是因为在我们的潜意识里，只记住了"碰标杆"这个信息，而忽视了"别"这个信息。

在家庭教育上，很多妈妈都灌输给孩子一些负面信息，旨在帮助男孩牢记教训，避免再犯同类的错误，结果却事与愿违。越是叮嘱男孩不该做的事，男孩往往会不由自主地去做。比如，男孩做错了一点儿小事，家长就训斥他丢人、笨蛋、没出息。结果男孩的精神高度紧张，内心胆怯，反而更容易做错事了。有个男孩无意间对妈妈撒了谎，这位妈妈不由分说地将男孩关在门外，还声明"不要他了"。妈妈这样做也许出发点是想让男孩从此记住，撒谎是不对的，如果再撒谎的话，就要接受这种拒之门外的惩罚。结果，伤心的男孩真的以为妈妈不要他了，竟离家出走了。

所以，妈妈千万不要给男孩贴上"负标签"。抚养男孩，做好亲子沟通，妈妈就要改变自己的观念和片面的看法，客观地看待孩子的行为，以使沟通变得非常轻松。因为，有阳光的妈妈，才会有阳光的男孩。

妈妈的肯定是男孩成长的营养

有位专家经常和孩子的家长说男孩的成长过程中至少需要千百次的肯定，他们的反应大多是很惊讶地“哇”一声，然后问专家“是表扬男孩千百次吗”，专家回答道：你可以一直这样理解，不过肯定男孩比表扬男孩更进一步，它要求家长不管在任何场合都用心体会男孩的感受，关注男孩，认同男孩。

培养成功和幸福的男孩的关键之一，是让男孩有高度的自信心，使其不会因为一时的成败或行为表现而动摇自己的价值观和人生目标。帮助男孩建立起良好的自我形象，让男孩学会自我认知，也是现代教育的责任。教育男孩做一个自律自爱的人，做一个充满自信的人。在男孩的成长过程中，妈妈无私的爱和赞赏肯定的目光，是男孩成长最好的精神营养。

鼓励男孩多做自我肯定，并不意味着应该让他“滥用”自我肯定。不要鼓励男孩在任何时候、任何情况下都使用自我肯定。自我肯定要把握尺度，讲究分寸，过度的自我肯定不是自信，而是自负的表现。男孩一旦养成了自负自傲的性格，就会成为唯我独尊的小霸王。

在肯定男孩方面，妈妈应该怎么做?

1. 坚定不移地信任男孩

妈妈要认可男孩独立自主的能力和独立意志，肯定男孩的天赋和优点，善于发现和挖掘男孩无限的成长潜力。始终坚定不移地信任男孩，认可他、赞赏他、鼓励他，必要时指出他在行为上需要改进的地方，有助于男孩建立积极的自我形象。

2. 帮助男孩正视错误

男孩很可能会因犯错误遭受批评而感到前途渺茫，失去了进取的动力和积极性。此时妈妈应该告诉他，对待批评的最好办法便是承认错误并改正。当男孩主动承认了错误时，妈妈可以鼓励男孩说：“承认错误也是需要很大的勇气的，你能做到，所以你做了一件了不起的事。”

3. 鼓励男孩多做自我肯定

孩子的意志总是脆弱和摇摆不定的，对男孩来说，他心中的自我肯定更需要不断强化。强化男孩自我肯定的方法有很多。如妈妈可让男孩为自己记一本“功劳簿”，让男孩每周花几分钟时间写出自己的“功劳”，并告诉男孩，所谓“功劳”，并不一定非得是了不起的成就，任何小小的进步以及为这种进步所付出的任何小小努力，都可以记下来，用来勉励自己。妈妈还可以教男孩学会以自我激励的方法不断肯定自己，赞扬自己，当男孩畏惧困难时，妈妈可以让他为自己鼓劲儿：“来吧，小朋友，你可是一个勇敢的好男孩，再努力一次，相信你一定能够战胜失败！”

总之，每个男孩都有让人值得骄傲的地方，千万不要光看着他的缺点，给他贴满“负标签”，要多肯定男孩，而且要让男孩觉得：妈妈对他的赞赏完全是诚恳的，而不是应付的、客套的，更不应该是虚伪的、做作的。

赏识，是送给孩子最好的奖励

每一位妈妈都应该赏识自己的孩子，对他的努力给予最热情的支持和鼓励。不要因为孩子的不聪明而气馁，而应该尊重他、鼓励他。

国外的一所小学曾给孩子们做过一次心理实验：将全班学生分成“蓝眼睛组”和“棕眼睛组”两队。然后校长对学生们说：“最近有一项科学报告证实，蓝眼睛的孩子比棕眼睛的孩子头脑更聪明，长大后更容易取得成就。”

大约过了一周，测试结果发现，“棕眼睛组”的学生学习成绩跟原来相比，有了明显的下降，而“蓝眼睛组”的学生学习成绩比以往有了显著的提高。这时，校长又对全班宣布，原来上次是自己弄错了，是棕眼睛的孩子比蓝眼睛的孩子更聪明。很快测试结果发现，“棕眼睛”的学生学习成绩又迅速上升，而“蓝眼睛”的学生学习成绩则逐渐下降。

上面事例说明了心理暗示对一个人的影响。心理暗示可分为“良性暗示”和“负面暗示”。妈妈多给孩子一些良性暗示，随时随地当男孩的啦啦队员，给予高声喝彩，可以让男孩更加自信，学习更有动力。

用欣赏的眼光看待男孩，随时随地准备为男孩喝彩，是现代妈妈送给男孩最好的礼物。妈妈若期望男孩成人、成才、成功，最佳的办法就是：永远做男孩的欣赏者，培养男孩的自信，欣赏男孩的才华。

一帆上幼儿园的时候总比其他的小朋友思维慢半拍，爸爸妈妈曾为此感到非常担心，害怕儿子以后学习会跟不上。后来，一帆上小学了，爸爸妈妈就不断地鼓励他，经常夸奖他“一定能行”“一帆是最棒的”。正当爸爸妈妈为儿子的智商担忧时，一帆却带回了一张100分的试卷。

“你竟然考了100分？”妈妈非常吃惊，简直不敢相信这是一帆的成绩。

“当然，我考了100！”一帆自豪地对妈妈说。

“一帆真棒，那能告诉妈妈你是怎么考出这么好的成绩的吗？”妈妈问道。

“虽然老师讲课的内容我经常听不太懂，但是我会利用课余时间去问老师。当下课同学们都出去玩的时候，我就拿着不懂的题目让老师再给我讲一遍，这样，慢慢地，我就全懂了！做作业之前，我先把老师讲的课再复习一遍，这样遇到曾经不会做的题，现在也就会做了。这次考试的那些题目都是以前老师给我讲过的，我又经过复习，所以都会做，当然能考100分了。”一帆高兴地对妈妈说。

听了一帆的话，妈妈很为努力学习的儿子感到自豪。是啊，即使孩子比不上别人聪明，但通过勤奋努力，一样不比别人差。

赏识男孩，是妈妈给孩子最好的奖励。妈妈可以告诉男孩，成功与失败并不是绝对的，同样聪明和笨拙也没有衡量的标准，只不过在某一方面进行比较时，有的孩子表现得比较突出而已。有时，成功只是比失败多了一点点，只要刻苦努力，就是进步。就像故事中一帆的妈妈，虽然看到自己的男孩的不足，但没有忘记鼓励和赏识，并为男孩的刻苦努力、积极进取的好学品质而感到由衷的欣慰。

作为妈妈，应该赏识男孩，对他们的努力给予最热情的支持和鼓励。不要因为自己男孩的不聪明而气馁，而应该尊重男孩、多鼓励男孩。很多情况下，妈妈应该故意淡忘男孩的聪明与否，而重视男孩的努力，并把这种理念传递给男孩，让他们感觉到只有努力才能获得妈妈的认可和夸奖。

随时随地给男孩以高声喝彩

有个男孩对一个问题一直想不通：为什么他的同桌想考第一名就真的考了第一名，而自己想考第一名却才考了全班第二十一名，回家后他问妈妈：“我是不是比别人笨？我觉得我和他一样听老师的话，一样认真地做作业，可是，为什么我总比他落后？”

妈妈带男孩来到海边的沙滩上。妈妈指着前面对儿子说：“你看那些在海边争食的鸟儿，当海浪打来的时候，小灰雀总能迅速地起飞，它们拍打两三下翅膀就升入了天空；而海鸥总显得非常笨拙，它们从沙滩飞入天空总需要很长时间，然而，真正能飞越大海横过大洋的还是它们。”

后来，儿子再也不担心自己的名次了，也再没有人追问他小学时成绩排第几名，因为后来，他已经以全校第一名的成绩考入了清华大学。

这位妈妈的回答多么令人佩服：当海浪打来的时候，只有笨拙的海鸥才能真正飞越大海横过大洋。这给男孩的是鼓励和欣赏，而不是迁就和姑息。

有时候，也许男孩的努力没有达到要求，但是其间所付出的努力和收获却是宝贵的。例如一道比较难的数学题，男孩通过冥思苦想，终于想出了解答方法。当他运算的时候，却因为马虎，算错了一个数字，最后导致整个题目的答案算错了。这时，妈妈首先该怎么做？是训斥男孩算错了，还是表扬男孩找到了解题的方法？许多妈妈可能会首先想到前者，他们只看到男孩把结果弄错了，而没有看到做事过程中男孩的努力与收获。所以，每当妈妈觉得男孩错了，想骂他、打他的时候，一定要从另一面去“发现”男孩。

总之，男孩需要妈妈的鼓励，需要妈妈的掌声，需要妈妈为他骄傲，妈妈的肯定胜过其他一切。男孩的心灵像干涸的小苗，渴望被肯定，渴望得到积极的评价，所以妈妈要准备好随时随地为男孩喝彩。

在外人面前多多表扬男孩

一位妈妈在与邻居聊天的时候说：“你家妞妞真可爱、真乖，不像我家乐乐吵吵闹闹，只会淘气，让人心烦。”

在一旁的乐乐听见了怯生生地说：“妈妈我乖。”

不料妈妈却大声说：“乖什么乖，就知道淘气，烦人，一边去！”

过了几天，大家发现乐乐变得不再像往常一样活泼可爱了，乐乐每次看到妈妈下班回来，就躲在椅子后面。

妈妈说："乐乐过来，妈妈亲亲！"

乐乐小心翼翼地走到妈妈身边，亲亲妈妈后，竟然冒出一句："妈妈我乖，你别心烦。"

所有在场的人听了都大吃一惊。

每一个孩子最不喜欢的就是当着别人的面被批评和训斥。因为在众人面前，男孩的自尊心更加强烈，此时妈妈如果忽视了这一点，认为在任何场合管教自己的男孩都是理所应当的，却不知这已经严重伤害了男孩敏感而脆弱的心灵。

有些妈妈在众人面前很在意自己的自尊和面子，却忽视了孩子的自尊心。当孩子犯错误或惹是生非，家长就觉得颜面尽失，对男孩非打即骂，而当众指责孩子的不是时，则完全不考虑孩子的感受。就算男孩受了委屈，也不以为然，认为小孩子说几句、打几下没关系。其实，这种做法非常不明智，因为这不但不能激励男孩，反而会给男孩造成心灵上的创伤，让男孩产生怨恨、敌视的心理，造成亲子关系的紧张。

所以，平日里对男孩要多表扬、多鼓励，少批评、少责骂。如果妈妈尝试着当着外人的面表扬男孩，会使男孩产生成功感和荣誉感，增强男孩学习和做事的信心。

善于当着外人的面表扬和尊重男孩，这会让男孩充分感觉到妈妈对他的重视和欣赏，不但会增进亲子间的感情，也会给男孩带来无穷的力量和信心。

妈妈在表扬别人家男孩的同时，其实也是让别人来表扬自家的男孩。每个男孩都希望得到外人的夸奖，有时这比妈妈的表扬更能激发男孩的上进心。

在外人面前表扬自家的男孩时，有以下几点需要注意：

（1）表扬男孩的态度必须是认真和真诚的。不能在外人面前夸大地炫耀和吹捧自家的男孩，更不要不切实际地吹嘘。

（2）表扬男孩必须有根有据，不能随心所欲。妈妈要根据男孩的实际情况而实事求是地表扬，不能纯粹为了表扬而表扬，否则容易让男孩滋长骄傲自满之心。

（3）表扬男孩必须适可而止，讲究分寸，太多的甜言蜜语会让男孩反感。要知道，表扬的话并非越多越好，习惯了听表扬话的男孩很可能会接受不了哪怕很小的批评。

总之，男孩也爱面子。他们对于表扬是极其敏感的，在幼年时期就已表现得十分明显。他们觉得获得夸赞是被人看得起的标志，尤其是得到妈妈的当众夸奖，更会让他们感到莫大的快乐和满足。所以，当跟外人说起自家的男孩时，不管男孩是否在场，都不妨多说几句赞赏男孩的话。

夸奖男孩一定要到位

正如马卡连柯所言：生活中的每一件小事，每一次随便的闲聊，每一个平常的举止，每一个不经意的眼神——在父母的不知不觉中，都可能对孩子产生重要的影响。

一位来自白宫的著名人士写道：

小时候，有一天妈妈拿出几个苹果分给我们吃。我和弟弟都争着要其中最大的那个红苹果。妈妈把那个苹果举在手中，说：“这个最大的红苹果最好吃，谁都想得到它。很好，现在让我们来进行除草比赛，谁干得最快最好，谁就可以得到它。”于是，兄弟三人比赛除草，结果我赢得了那个最大的红苹果，妈妈还夸奖了我一番。我非常感谢妈妈，她让我明白了只有付出才能收获的道理。

日本的一项研究表明，经常受到家长夸奖和很少受到家长夸奖的男孩，前者成才率比后者高5倍！

许多家长和教师都知道，如果夸奖男孩的表现好，那么男孩下一次就会表现更好。比如，今天夸男孩的手洗得干净，字写得有进步，背课文的速度快，那么第二天他的手会洗得更干净、字写得更好，也更愿意背课文。如果夸男孩听话、讲礼貌，那么以后他会变得更加懂事、讲礼貌。当男孩受到大人的夸奖时，不仅心情愉悦，而且懂得了大人的心思和愿望，从而会以更出色的表现让大人高兴、顺心。

所以，夸奖是让男孩听话的最有效的方法。每天不忘夸奖男孩，管教男孩会更轻松如意。

每天夸男孩并不难，难的是夸奖到位并让男孩接受和感到高兴。夸奖到位，妈妈和男孩都欢喜顺心；夸大其词，男孩就会感到是受了欺骗，起不到激励作用。如果夸错了，那反而会引起不良的后果。男孩会把错的当成对的，即使以后妈妈想更改过来都很难，因为他心中的是非标准会因妈妈的错夸而混淆了。因此，妈妈要时刻关注男孩的每一点细微的进步、每一个小小的闪光点，及时给予夸奖和鼓励，让男孩产生成就感和自豪感。

妈妈赞美男孩的艺术技巧

作为妈妈，应多关注男孩努力的过程。如果你细心观察男孩的行为过程，你会发现其中的许多美妙之处。

如男孩在绘画时的专注神情、玩玩具时表现出的丰富想象力、游戏中的相互协作、表演时的乐观真诚等，无一不是值得妈妈欣赏的。所以，平日里要注意多赞美男孩。

当然，赞美也要讲艺术。赞美的艺术性还需要通过一定的技巧来体现，下面的几个方法不妨一试：

1. 赞美必须是由衷的

妈妈有时对男孩兴高采烈送过来的作品连看都不看，就随口说："好，好，不错。"这种敷衍式的反应会让男孩感到很扫兴，只会挫伤男孩的自信心，男孩不可能从中得到愉快的体验的。

2. 赞美应该是具体的

对男孩的赞美要具体、明了，最好是多鼓励男孩努力的过程，这种有针对性的赞美会让男孩明白什么地方做得好。通过对男孩努力过程的赞美，还可以很自然地将努力的过程与结果联系起来，让他们懂得是努力促成了成功。

3. 赞美不能太过泛滥

由于溺爱，有些妈妈无原则地对男孩的种种行为加以赞美，使得男孩是非不清、骄横跋扈。男孩如果按妈妈的要求去做了并做得很好，就应该及时赞美。如果做了不对的事情，即使男孩哭闹、耍赖皮也千万不要迁就他、说好话，否则，赞美就会失去原有的积极意义。

男孩经过努力做出了成绩或者做完了应当做的事情，都应该得到赞美。但在日常生活中，注意不要重复称赞某件事情，当男孩养成良好的习惯后，就可以适当减少对男孩这一方面的赞美。

4. 赞美应是及时的

及时的赞美会让男孩很快获得积极的情感体验，而这种体验能更好地促进男孩下一步的努力。如果男孩做完某件事之后或正在进行中，就给以适当的赞美和鼓励的话，那么男孩做事的完成效果会更好。如果一时忘记了，就应该设法补上去。

总之，妈妈要掌握一定的技巧，学习赞美的艺术。要想让男孩生活在和谐、温暖、相互信任、相互赞美的氛围中，使男孩养成健康向上的心理，能积极主动地面对生活中的种种问题，从而使男孩的人生旅途充满笑声、掌声，充满着决心和信心，那就要学会做赞美男孩的妈妈，让你的赞美成为承接男孩昨天的成绩与明天的进步的加油站。赞美其实是一种艺术的体现，妈妈要想演绎好这门艺术，必须要有一双善于发现的眼睛。

第11章
把握尺度，可以宽容但不能纵容

现在许多的年轻妈妈，高兴时对男孩不管不问，不高兴时又格外严厉，没有一个始终如一的规矩，这种朝令夕改的做法会给男孩幼小的心灵造成紧张和混乱的阴影，从而人为地制造教育男孩的障碍。要教育好男孩，妈妈必须有一个明确的是非观念，把握好尺度。

不要揪着男孩的过失不放

男孩再调皮捣蛋，也会知道自己犯错是不对的。妈妈要客观理智地去解决这个问题，再生气也不能说出有损男孩人格的话来。践踏男孩人格尊严的做法只能让男孩越来越沮丧，陷入自卑的境地，可能会自暴自弃，破罐子破摔。

在妈妈的眼里，小军实在太不争气了。他不但学习成绩差，永远都是班级里“垫底”的，而且经常惹是生非、打架斗殴，动不动就欺负同学。妈妈经常被老师叫到学校。可是，妈妈的打骂根本对他没起到一点儿作用，小军没有一点儿悔改的意思。妈妈为此头痛极了，觉得这样下去，儿子的前途一定要毁了。

一天，校长又给小军的妈妈打了电话，让他马上去学校。小军妈妈火急火燎地赶到学校，才知道小军又闯祸了，把班里的一个男生打得满脸都是伤。现在那个男生还躺在医院里，男生的家长还在气头上，一定要将小军送到派出所去。小军的妈妈跟男生家长说了半天的好话，赔了半天的笑脸，只差磕头求饶了，最终答应赔偿医疗费、营养费和精神损失费后，人家才同意不予追究。这边的问题刚解决好，学校的处理出来了，小军被开除了学籍。妈妈找校长求情，但校长铁了心，无论如何也不要这个学生了。

妈妈心情沮丧地带着小军回了家。刚到家，妈妈就关起门，二话不说对小军又打又骂。最后对小军说："你太不争气了，养你还不如养条狗！"

小军本来觉得今天闯的祸大了，妈妈一直在低三下四地为自己求情，所以对于妈妈对自己的暴打，他认为也是自己咎由自取，一直都不吭声。

从此以后，只要小军有一点儿过错，妈妈就会旧事重提，而且把新犯的小错无限放大，揪着不放。有一天，妈妈骂小军："我养你这么费劲儿，还不如养一条狗呢！"小军眼泪实在忍不住，流了出来，对妈妈吼道："我就是连狗都不如！你整天这样骂我！你什么时候把我当人看了？"妈妈听到这句话愣住了。

像小军这样的男孩，的确令人头痛。妈妈生气暴怒也是完全可以理解的，但是作为男孩的妈妈，不应该揪着男孩的错误不放。当男孩因为犯错误被周边所有人都放弃的时候，妈妈不应该放弃。

其实，男孩犯错是很正常的。面对犯错误的男孩，如果妈妈的教育方式不当，不分青红皂白地批评、责骂、惩罚，不但不能让男孩有悔改之意，相反会使男孩更加胆怯、退缩，更有甚者形成性格叛逆以及爱攻击别人等不良心理。所以，妈妈要包容男孩的过失，以平静的心态对待男孩所犯的错误，这才是最好的教育男孩的方法。

改变挑剔的眼光，悦纳男孩的缺点

5岁的冰冰已经上幼儿园了，他最不喜欢上的课就是手工课，因为老师要求做的功课他每次都完不成，无论是剪贴画还是给小动物们涂颜色，冰冰总是笨手笨脚的，每次比赛也都是落在别的小朋友后面。冰冰非常苦恼，回家问妈妈，妈妈对他说："虽然你不如别的小朋友手巧，但是却比别的小朋友唱歌好啊，那些小朋友也有不如你的地方，你也有很多他们没有的优点。再说了，妈妈小时候还不如你呢，虽然你现在做不好手工，但长大了我相信你会变得很棒。"

妈妈的话让冰冰有了信心，他笑着骄傲地说："对啊，我虽然手工不如别的小朋友做得漂亮，但是我唱歌比他们好听，我还会给他们讲故事呢。"

"金无足赤，人无完人。"世界上没有十全十美的人，何况是正在成长的男孩。当男孩感到自卑时，妈妈可以鼓励男孩，每个男孩都有自己的优点和缺点，都有自己的潜能和天赋，或许在自己看来是缺点的方面，在别人眼里正是优点。所以，每个男孩都有自己的闪光点，都有值得让别人羡慕和让自己骄傲的地方。在一定的条件下，缺点也能够转变成为优点。

所以，男孩有缺点并不可怕，可怕的是不能正视自己的缺点，不愿意改正和弥补自身的不足。每个男孩的能力都是因人而异的，他们总会在一些方面表现得不如别人，比如数学头脑超常，但语文一塌糊涂；唱歌好，但跳舞差；动手能力强，但思维反应慢等。这时候，面对孩子的缺点和不足，妈妈不能轻视甚至嘲笑他们，否则会导致男孩更加自卑，甚至自暴自弃。

男孩的可塑性是很强的。可以说，不论男孩有什么样的缺点和不足，都是可以纠正过来的。

男孩或多或少都会存在一些缺点和不足，程度也是千差万别。对于具有明显生理缺陷的男孩，妈妈更应该多加赏识和鼓励，增添孩子生活的自信和勇气。有时候，家长不妨运用一些善意的谎言，让男孩忽略自己的缺点，抹平心中的自卑，走向积极阳光的一面。

面对有缺点的男孩，妈妈要给予安慰和鼓励，树立男孩的自信心，帮助男孩弥补不足。而对于男孩的优点和长处，妈妈要善于挖掘和发现，扬长避短，帮助男孩创造人生的辉煌。

表扬男孩要适度，不能无上限

适当的表扬有利于男孩树立自信心，但有些妈妈过分表扬男孩，使男孩患上了“表扬依赖症”，只喜欢听表扬，不喜欢被批评。一旦受到批评，尽管只是善意的批评，也会不高兴，流露出不满、愤怒甚至抵触的情绪。

张女士听说对男孩要实施大拇指教育，所以，为了让儿子在各方面都有很好的表现，就不断地对儿子进行表扬。在家里，无论儿子做了什么事情，哪怕他只做了一些微不足道的小事或者是取得了芝麻大点儿的成绩，张女士也要及时地对儿子大加表扬一番。在和儿子下棋、玩扑克或者做游戏时，都要故意输给他，而且还不停地给予热情的表扬，“你真棒”“你真聪明”，等等，什么最好听，什么最让儿子高兴就说什么。当然，在张女士的不断表扬下，儿子的表现也着实进步了不少。

但是时间长了，张女士发现，如果她和丈夫不及时表扬儿子或者说表扬不能让儿子满意，儿子就会非常不高兴，甚至发脾气。令人担忧的是，习惯了表扬的儿子，根本无法接受他们一点点善意的批评。有时候，当他在学习上或者是在生活中有做得不好的地方，张女士耐心地提醒她，也会惹得他生气。后来听老师说，他在学校里也如此。明明是他粗心做错了题，老师点名提醒他，结果他的反应却异乎寻常的激烈。

俗话说，“人无完人”，“良药苦口利于病，忠言逆耳利于行”。事实上，只习惯于妈妈表扬的男孩，往往缺少自我意识，他们做一点儿小事都希望得到表扬，否则就不做。

每个人都喜欢得到别人的肯定和表扬，孩子更是如此。适当的表扬，有利于男孩的成长，表扬对男孩是否积极热情、是否充满自信起着非常重要的作用。适当的表扬能够正面引导男孩朝着良好的方向发展。所以，平时妈妈要多表扬男孩，对男孩的行为表示肯定和赞赏，比如时常夸奖孩子“你真棒”要比重复的说教更有效。妈妈可以多留意男孩的举动，深入地了解男孩内心深处的想法以及情感变化，适时地表扬男孩。表扬男孩并非难事，关键是妈妈是否意识到表扬的意义和重要性。

惯子如杀子，过分要求要说“不”

男孩成长变化得很快，假如只是一味顺从男孩，男孩就会以为妈妈会满足他的所有要求，认为妈妈可能有些怕他，所以想怎样就怎样，有时甚至会根本无视妈妈的存在。处处以自我为中心，变得自私、无理。下面是一对母子晚餐前的对话。

“儿子，吃饭了。”

“今天吃什么？”

“蛋炒饭。”

“妈妈，我要出去吃麦当劳。”儿子大叫。

“为什么？”

“我不喜欢吃你做的蛋炒饭。我现在就要去，走啊，快点儿。”

“不行，儿子，我太累了。明天再去吧。”

“现在就去！”儿子跺起脚来。

“儿子，我今天太累了。我刚打扫了房间，又做了饭，实在太累了。以后有机会妈妈再带你去吃麦当劳好吗？”

“我现在就要去，现在！”

妈妈继续跟男孩商量，可男孩根本不听，接着又哭、又叫、又喊。

最后妈妈屈服了，带他去吃麦当劳。

原来，这个小男孩生活在一个单亲家庭，他从小就没有爸爸，由妈妈一个人带。没有爸爸的男孩在妈妈眼里是很可怜的，为了补偿这个没有爸爸疼爱的儿子，妈妈总是男孩要什么就给什么。甚至有些无理的要求妈妈也总是一味满足，这使男孩渐渐地感到有求必应、随要随到的乐趣，就总是不停地向妈妈要这要那，如果妈妈对男孩的一些无理要求给予拒绝，男孩就会大发脾气。

苏联教育家马卡连柯早就指出：“人们时常说，我是母亲，我是父亲，一切都让给孩子，为他牺牲一切，甚至牺牲自己的幸福，这恐怕是父母送给孩子的最可怕的礼物了。这种可怕的礼物可以这样来比方：如果你想毒死你的孩子，你就给他吃一剂足量的你个人的幸福，这样他就可以被毒死。”这句话或许对父母的爱是一种伤害，但它的确一针见血地道出了“惯子如杀子”的深刻内涵。

所以，真爱男孩，就不要满足男孩不合理的要求。迁就和顺从男孩的不合理要求，实际上是助长他们“自我为中心”的不良意识。这种自我意识的无限膨胀，容易使男孩变得自私自利，完全不懂得对妈妈的感激，认为一切都是理所当然的。

6招应对男孩不合理要求

对于男孩的不合理要求，妈妈要勇于拒绝，但是如果妈妈生硬粗暴地拒绝，则会引得男孩大哭大闹。如何应对和拒绝男孩的不合理要求呢？教育专家建议妈妈从以下几方面来做。

1. 答应的承诺要兑现

妈妈对男孩许诺就要兑现，不能失信于孩子；对男孩不合理的要求要坚持自己的原则，不能因为个人情绪的左右而纵容男孩，也不能因为觉得是小事而迁就男孩。

2. 给出合理解释

在拒绝男孩的不合理要求的时候，一定要让男孩明白为什么不能这么做。比如，不买奢侈品或者多余的玩具，是因为要保证男孩上学的费用和全家的支出，是因为“虚荣”“奢侈”对人是有害的。满足男孩所有合理的要求是妈妈的爱和责任，拒绝不合理的要求也是妈妈的爱和责任。

3. 转移男孩的注意力

面对男孩的固执任性，妈妈除了可以直接跟男孩讲清禁止他胡闹的理由外，还可以用转移注意力的方法让他忘掉自己提出的不合理的要求。将他的注意力引到别的事情上，使他在不知不觉中放弃原来的行为或愿望。例如男孩执意要玩小刀，这时家长如果跟他说玩刀很危险，恐怕男孩不肯听，而要是跟男孩抢夺，更容易发生危险。这时不如通过其他一些有趣的事情来转移男孩的注意力，比如对男孩说：“我们放下小刀出去玩遥控汽车好不好？”男孩可能会被新玩具立即吸引，从而丢下刀子。

4. 实施冷处理的方法

如果男孩哭闹不止，父对他的哭闹行为可以不理睬，不哄劝，做自己的事，这样就会让男孩觉得哭闹这种办法已经不管用了，只有乖乖听话。

反之，如果妈妈一遇到男孩哭闹就心软妥协，只会让男孩越发任性。

5. 不迁就，不打骂

每当哭闹任性时，如果妈妈总是迁就男孩，男孩更会变本加厉，愈闹愈凶，这样就会逐渐养成霸道、蛮不讲理的坏习惯。当然遇到这样的情况，家长打骂男孩泄愤的收效往往不大，只能慢慢引导，让男孩明白，不能这样做。

6. 对男孩的无理要求，要狠心说“不”

妈妈应该学会狠下心来对男孩的无理要求“冷漠”视之，因为过多的“不忍”会纵容男孩更加肆无忌惮，如果态度坚决地对男孩的不合理要求表示拒绝，那么男孩就很少再提各种要求了。

总之，妈妈要让男孩明白，这个世界并非可以为所欲为的，应该学会控制自己的欲望。一个不曾被拒绝过的男孩长大后是经不住挫折考验的，为了男孩的幸福，妈妈应施以理智的爱，学会对男孩说“不”，坚定地拒绝男孩的不合理要求。

家有“小霸王”，妈妈如何管

“我儿子简直是小霸王，不如他意就大哭大闹，最后只能我们妥协。”“我儿子就像一头蛮牛，年纪小小却很有自己的主意，拗起来，十头牛都拉不动。”生活中，“霸道”的男孩总是让妈妈伤透脑筋。

作为妈妈，都要进行管教，不能让男孩一味“称霸”，否则将来他要吃大苦头。那么，面对家里的小霸王，妈妈应该如何教育呢？

1. 向教育专家们学习经验和方法

每一位男孩的性格都与众不同，因此妈妈纠正男孩的霸道行为也要因人而异。如果妈妈们能与教育专家密切联合，与学校老师多沟通，掌握教子经验，将能在教导男孩时更得心应手。

2. 设身处地为男孩着想

当男孩霸道无理时，妈妈应先站在孩子的立场想一想，了解他的心情和内心想法。对男孩的霸道行为，不能过于迎合或敷衍，应当适时地予以制止与纠正。当男孩有好的行为表现时，要多鼓励和肯定，男孩一旦受到肯定，就会提高做事的积极性，认为怎样做才是对的；而当男孩霸道无理时，家长要帮助他纠正不合理的要求，让男孩知道什么是不可以做的。

3. 以理服人，让男孩做个通情达理的人

有些妈妈一味地抱怨男孩霸道、不讲理，却从来没有想过，自己是否给过男孩一个申辩的机会。妈妈要学着每一件事情都要和男孩讲道理，让男孩慢慢了解和接受。如果男孩年纪小，不懂得大道理，妈妈也不要批评孩子，也不要把自己的想法强加给孩子。随着男孩身心的成长，会慢慢地领悟其中的道理，变得通情达理。千万不要因为男孩霸道，家长更不讲理，误导男孩。

4. 确立原则，并坚持执行

妈妈可以和男孩共同确立言行规范，让男孩学会在原则和规则下做人做事。当原则确定后，妈妈和孩子都要坚持执行，不可轻易妥协，也不能放任男孩。比如，碰到会伤害男孩的危险情况时（触摸电源、热水等危险物品），妈妈应用强硬的手段禁止这种行为，然后告诉男孩行为的危险性，这样男孩就会严格遵守行为规范。

总之，家有小霸王，妈妈要特别注意，不能一味地迁就，更不能以霸治霸，用强制的手段粗暴地对待男孩。说到底，霸道的男孩因只顾自己，不会考虑别人，如果不予以及时地纠正，霸道的行为会显得更为强烈。男孩在成长过程中，难免会出现这种问题或者那种问题，妈妈唯有及时发现、用心解决，才能保证男孩健康成长！

左手爱孩子，右手立规矩

教育专家指出：制定家规来规范男孩的行为，是预防男孩不听话的一种有效方法。妈妈要注意以下几点。

1. 制定家规源于妈妈的爱

大多数成年人的不良行为习惯都源于童年时期没有很好的管教。如果一个人在童年时没有养成好习惯，没有形成健全的人格，将给未来的成长埋下许多隐患。所以，现代教育家庭制定家规是有必要的，妈妈用一些言行规范约束男孩，让他从小就明确是非曲直，学会判断优劣，以免误入歧途。妈妈要让男孩明白，制定家规不是为了惩罚他，而是让他感受到这是源于妈妈的爱，要让男孩有安全感，不要因为家规的严苛让男孩产生抵触心理，觉得妈妈只有严厉而没有慈爱。在严格按照家规办事时，妈妈可以在坚持原则的基础上给男孩多一点儿宽慰和爱抚，在他情绪低落或者反抗时，妈妈要耐心地与男孩沟通，千万不要只为了树立威严而忽视男孩的心理感受。

2. 妈妈以身作则守家规

妈妈必须让男孩明白，自由放任是成不了大器的，只有接受并遵守一些规则，才能赢得他人的尊重，才能使他朝着健康快乐的方向发展。妈妈可以耐心地告诉男孩，制定家规的意义和作用，用家规来约束和限制他的一些言行，并不意味着他失去了自由，严格按家规执行，会使妈妈更好地把握教育的尺度，使他真正理解制定家规是为了让自己更好地成长和进步。家规不仅需要男孩遵守，妈妈也要严格遵守，以身作则。比如，要让男孩养成合理的饮食和作息规律，妈妈就先要做到举止规范，不挑食、不浪费，按时就寝等。要让男孩懂礼貌，妈妈就要以礼相待。

3. 家规尽量要简单

家规要言简意赅，便于执行和遵守。一般来说，三条左右比较合适，家规表述尽量多用正面语言。当男孩严格遵守家规并获得进步时，妈妈可以适当地给予奖励，当然如果男孩犯规，同样也要按规则处罚，以便让男孩把规则牢记在心。

4. 家规教育要坚持

对男孩进行家规教育，不能凭着自己的主观意志和情绪，一时冲动就开始说教，一时忙碌就无暇顾及，心情好了就对男孩自由放任，心情不好就对男孩指责痛批，这都是不正确的教育方式。当然，妈妈更不能自己先做出有违家规的事。家规教育需要家长和孩子双方共同遵守并长期坚持下去，不要频繁地更改家规，也不要因男孩遵守了某项规则就忽视了对他的教育。家规教育的效果在于坚持。

总之，家规制定后，一定要严格执行，定期总结。同时，还要改善家庭的软环境，家庭成员之间要互相尊重、互相关心。

不溺爱不意味着可以打骂

当然，不溺爱男孩，并不代表没有爱和无原则的苛求。比如，在男孩生日时，妈妈可以多满足孩子一个的愿望；或者在某些特定的情况下，满足男孩梦寐以求的心愿。关键的问题在于，妈妈要让男孩知道，每一次的“特殊优待”都有着特别的原因。

不溺爱男孩并不意味着可以打骂男孩。据美国的一项问卷调查显示，有7%的妈妈认为打骂是管教男孩的最佳方式，有40%的妈妈觉得打骂之后，男孩的表现还是一样。有经验的妈妈会发现，打骂一开始的确会收到立竿见影的效果，可是长久下来，男孩并没有变得比较好，有的甚至更坏了，尤其是只用打骂这一种方式来管教男孩，更是效果奇差。

因为打骂只会使男孩不再在你的面前表现出你不喜欢的一面，并非真的改正了错误，而是躲到你背后，在你看不到的地方继续淘气、继续学坏。打骂只是让他学会了逃避被打，而没有学会什么是应该、什么是不应该的是非善恶观念。如此一来，你还觉得拿出棍子打男孩是很管用的管教方式吗？而且即使男孩真的犯错，他也不会心甘情愿被打，他的内心会充满怨恨和不满，并会渐渐失去自尊、自爱和自信，同时他更学会了用打人来解决问题的模式。

那么，难道妈妈就只能眼睁睁地看男孩犯错，任他为所欲为了吗？不，我们只是说打骂不是唯一的管教方式，不要用体罚来解决问题，因为那样做的效果只是暂时的、表面的而已。男孩犯了错误是要受到适当的处罚的。

妈妈要拿捏好爱男孩的分寸

妈妈爱自己的男孩，这是人之常情，但是要拿捏好爱男孩的分寸。它对男孩的健康成长起着很大的促进作用。

1. 爱男孩要有理智

也就是说，在爱男孩的过程中，要能自觉地控制自己的感情，克制那些无益的激情和冲动。苏联著名教育家马卡连柯在《妈妈必读》一书中的序言有这样一段话：“子女固然由于妈妈方面的爱的不足而感受痛苦，可是，他们也会由于那种过分洋溢的伟大的爱的感觉而腐化堕落。理智应当成为家庭教育中常备的节制器，否则男孩们就要在妈妈最好的动机下养成最坏的缺点和行为了。”这段话讲得十分深刻。

然而，有些相对年轻的妈妈，在对待男孩上，往往把握不好爱的分寸。他们对待男孩常常是毫无原则，过分溺爱，有的妈妈对男孩姑息迁就，自由放任；有的妈妈只会千方百计满足男孩的吃穿住，却从不关心男孩的心理发展和思想情绪的变化。以上这些做法很容易会把男孩惯坏、宠坏。这种爱是不理智的，是有害的。

2. 爱男孩要严格要求

爱男孩就要严格要求男孩，这也是爱男孩的一种体现。俗话说“爱之深，责之切”，意思就是说，正是出于对男孩深切的爱，所以才对他严格要求。所以，妈妈应该学会理智地爱孩子，要做到“严”中有“爱”，“爱”中有“严”。当然，严格要求孩子并不是对男孩进行训斥、打骂，而是要做到以理服人，态度耐心，循循善诱地说服男孩。

平日里，妈妈对男孩严格要求是很有必要的，因为男孩往往缺乏经验，有时还是非界限不清，而且对自己的情感和行为往往也不善于独立控制。如果妈妈对他不严格要求，他往往还不能主动地、自觉地学习和按道德标准来行动。因而，这就更需要妈妈对男孩的思想和行为有严格的要求，使他养成良好的思想和行为习惯。仅有爱不见得能教育和培养出优秀的男孩来，只有把爱和严格要求结合起来，效果才会更好。

3. 爱男孩不意味着不管

采取“暂时的隔离”的处罚方式，可以使男孩真正地改过向善，又不留下后遗症。“暂时的隔离”就是在男孩犯错时让他暂时不和别人接触，让他坐在角落的一张椅子上，以“一岁一分钟”为原则。不过，切不可把男孩关进厕所或单独留在一个房间里，那会造成男孩的恐惧心理，影响极坏。处罚的同时要让男孩明白自己做错了什么，因为男孩如果不明白自己为何受罚，那么处罚就没有意义了。

总之，妈妈爱男孩一定要把握理智、严格、适当的原则，千万不要溺爱姑息男孩、过分地迁就男孩与宠爱男孩。爱男孩要拿捏好分寸。只有这样，才能把男孩培养成为有良好个性品行的优秀人才。

第三篇

不打不骂——培养最了不起的精英男孩

第12章
好品德，让男孩一生绽放光彩

男孩就像小树苗，妈妈和老师就是园丁，树苗在长成大树之前要经过许多次的修剪，不修剪或者修剪得不及时，就长不好，不能成材。小幼苗只有进行不断的修理、培育，让他们在风雨中锻炼自己，明天才能长成参天大树！

妈妈应重视男孩早期的品德教育，既要抓得早，又要抓得严；既要纠正男孩的不良思想和行为，又要让男孩明白一定的道理，逐渐掌握是非、善恶的标准。

男孩品德培养要从小开始

有的妈妈对纠正男孩的不良品行和错误思想重视不够，觉得男孩年纪小，长大懂事后自然会变好。其实这种“树大自然直，人大自然好”的教子观念危害极为严重。

培养男孩的品德，就要从小开始。男孩年龄小，可塑性极强，模仿能力强，是妈妈培养良好品德的好时机。可是如果妈妈的教育不合理，男孩就很容易形成一些不良的思想和行为习惯，而此时妈妈又不注意帮助男孩及时纠正，这将会给以后的教育带来几倍、几十倍的困难，严重危害男孩的健康成长。

比如，男孩常常把一些小画书、小玩具之类的小东西拿回家，这些东西有的是别人送的，有的是自己捡的，有的是拿别人的。虽然男孩知识少，不知道拿别人的东西是一种不道德的行为，但妈妈如果对此不闻不问，不及时纠正，就会养成男孩拿别人东西的习惯。今天的小偷小摸很可能发展成明天的江洋大盗，常言说得好“小偷针，大偷金”，说的就是这个道理。

妈妈要想培养男孩的良好品德，就绝不能姑息男孩的任何细小错误行为，要坚决把男孩的不良思想和错误行为消灭在萌芽状态。妈妈要及时让男孩认识到拿别人的东西是错误的，使男孩产生一种过失感、内疚感、羞耻感，认识到拿别人的东西是一种不光彩的行为。

育人和育树是同样的道理，人们不是常说“十年树木，百年树人”吗？但是有些妈妈却只相信那些歪理。

常常听到有些妈妈说：“那个首富谁谁谁，就是初中毕业，所以男孩不必要求那么高，长大了自然就好了。”抱有这种观点的妈妈是目光短浅的，我们目前所处的时代是充满竞争的时代，将来的人没有充分的实力就会遭到淘汰。

也有一些妈妈这样认为：“这么小的男孩懂得个啥！再大一点儿教育不是更好吗？”持这种观点的人比那些干脆不教育男孩的妈妈要好得多。但是，这也是一个认识的误区。从教育观点看，三四岁的男孩是教育开始的最佳年龄。常言说得好：“三岁看大，七岁看老。”所以，教育男孩应该从他刚刚懂事时就开始。特别是当男孩思想品德方面出现了某种不好的苗头时，要引起注意，他们的小脑瓜已经开始有复杂的思维活动了。如果“以恶小而为之”，原谅男孩，等“树大自然直”，让一种不好的思想和习惯在男孩身上积成恶习，这岂不是妈妈的过失？

“冰冻三尺，非一日之寒。”男孩良好的品德和行为习惯的形成不是一朝一夕的事情，它需要妈妈长期、精心地培养。在妈妈的严格要求下，男孩会逐渐明确好与坏、是与非的界限，提高自己的认识，克制自己的错误思想，规范自己的行为，从小养成良好的行为习惯和道德品质。

玉不琢不成器，把男孩雕刻成璞玉

人的行为是受意识支配的，世界观的形成是从小一点一滴积累的。男孩的品德要从小慢慢培养，绝不是像一些人说的那样“树大自然直”，认为不管男孩如今怎么样，长大了自然就会变好的。男孩的行为习惯、意志品质、思想道德都要从小加以培养。

由于对男孩的品行发展的忽视而酿成的悲剧在现实生活中总会上演，父母们都应该警惕了，对于男孩品行的培养，千万不能忽视。

某校初中一年级的班主任家访时发现有一男生就在家的地上睡觉，原来这名男生的父母经常外出打麻将，根本不管男孩的生活。后来由于父母疏于管教，这个男生渐渐地回家次数越来越少，在外面交上了不三不四的朋友，最后走上了犯罪的道路，这个时候他的父母才开始反省自己，但是已经晚了。

有的家庭父母离异，男孩得不到及时有效的教育，有的父母是个体户，无暇顾及男孩，这些特殊的环境都会在男孩的心灵上重重地打上家庭的烙印。那些整天忙着赚钱的父母，很少关心男孩的成长。也许因为自己有钱，就给男孩买很多高档的玩具，给男孩雇保姆、请家教，但是这些都不能代替父母的爱和教育。

俗话说：玉不琢，不成器。男孩就像是一块未曾雕刻的璞玉，如果父母能够精雕细琢，他就会成为一件很美的艺术品。反之，若采取放任自流的态度，男孩也就不可能成为一件人见人爱的“工艺品”。

在这里，对那些忽视男孩品德的妈妈要多说几句，爱子是人的天性，但作为妈妈要有理智、有目的地表达对男孩的爱，而不能只是沉溺于本能的爱，要选择适当的表达爱的方式。当然，这个尺度很难拿捏。如果我们在塑造一件雕塑，将要完工时，发现雕塑不理想，我们可以弃之重塑一件新的作品，而对男孩的塑造却只有一次。所以，妈妈要不断反思自己对男孩怎样做才能让男孩有一个好品德。

男孩的身心发展是一个完整的统一过程，不能割裂开来，不能孤立地逐个培养，也不能先培养这一方面后培养那一方面。妈妈要树立整体的观念，克服片面发展的思想，从体、智、德、美几方面综合培养，促进男孩的健康、和谐发展，为男孩以后的全面发展打好基础，为成才铺平道路。

少灌输给男孩不吃亏的思想

一位教育专家曾经在一所幼儿园做过调查，专家问一个男孩："你玩得好好的，有个小朋友不小心把你碰倒了，你怎么办？"这个男孩脱口而出："我就用脚踹他！"其他57.1%的男孩也都是同样的心态：不能吃亏，要把吃的亏赶紧找回来！有些回答更让人心惊肉跳："打他屁股""叫警察抓走他""用鞭子抽他""让大灰狼把他吃了"，等等。

虽然不是所有的男孩都如此缺乏同情心、缺乏爱心，不能容忍别人，甚至对人有些残酷，但是却提醒我们，教育孩子做个有爱心的人多么重要。如果这些男孩长大成人后仍然有以上这种心态，生活在一个自私、残酷，没有爱、同情心、没有正义的世界里，将是多么可悲。

如今妈妈不断向男孩灌输不吃亏思想，跟现在的家庭结构有很大的关系。过去是一母同胞弟兄多个，家庭中自然形成了兄弟姐妹相互关心、相互照顾的局面，养成了关心、照顾他人的品质。如今的孩子大部分都是独生子女，妈妈疼爱孩子，都怕自己的孩子在外面吃亏。妈妈疼爱孩子的心情可以理解，但是，这种时不时地向男孩灌输不能吃亏的思想，很容易使男孩斤斤计较，事事从个人利益出发。几个男孩在一起玩时，总有个别男孩，他们不是置身游戏的快乐之中，而是总是比别人多玩几次，多享受几回，一旦没能达到自己的心愿就开始发脾气，和同伴们赌气。本来很愉快的游戏，闹得自己一肚子气。

妈妈灌输给男孩不吃亏的思想容易使男孩变得孤僻。如今的男孩都是独生子女，他们在家里找不到同龄人的共同语言和游戏的伙伴，只有和其他家庭的子女才能实现“互惠”。孩提时期，孩子最大的心理需求就是和同龄人在一起。因为同龄人有着平等的能力、智力，有共同语言，他们在一起很容易相互学到知识和智慧，从而带来各自的心理满足。

所以，做什么都讲究不吃亏的男孩，在集体中会受到排斥、孤立。他们只能独自待在家里，感受孤独，也学不到同龄人的知识和智慧，显得比同龄人幼稚。

妈妈千万不能教给男孩不能吃亏的思想。一旦灌输给男孩不吃亏的思想，将使男孩将来难以适应社会。一个人的价值可以用他对社会的贡献大小来衡量，只讲索取，不讲奉献，是我们这个社会所不提倡且人人反对的。人们往往不愿意与这种人协作，这种人也难以在社会生活或工作中找到一席之地。

总之，为男孩的将来考虑，要培养男孩乐于奉献、甘于奉献、关心他人的道德品质。如今都是独生子女，幼时家中无人需要他们关照，而将来的社会，几乎全部由独生子女组成，要想让男孩融入社会，就要有意识地补上这堂“关怀”课，让男孩试着吃点儿亏。

培育男孩诚实守信的珍贵品格

诚实守信是人类的美德，也是情商培养中最重要的必修课。诚实守信是男孩的立身之本。但是，有的男孩比较顽皮，爱撒谎，有时可以编出一套套谎言来骗父母、骗老师、骗同学。有的则弄虚作假，考试会作弊。

妈妈要从小就灌输男孩做人要诚实守信的品格，这样进入社会之后，才会赢得更多人的敬仰和尊重。不诚实的品性将会直接影响男孩的成长，对妈妈来说，在男孩心灵中播下诚实守信的种子是非常必要的。具体要注意以下方面：

1. 给男孩树立诚实守信的榜样

“人无信不立”，为了培养男孩的诚实守信习惯，在日常生活中，妈妈对待男孩一定要诚实守信，不要说话不算话。有位妈妈经常警告男孩，如果撒谎，就用针把他的嘴缝起来。有人问这位妈妈：“如果男孩真的撒谎了，你真会缝上他的嘴吗？”显然，这位妈妈对男孩说的话本身就是不现实的，用这种方式来教导男孩不要撒谎是非常不可取的。

要纠正男孩不守信用的坏习惯，妈妈首先要做到言行一致，首先要诚实守信。以诚实守信培养诚实守信，其道理是不言自明的。

2. 对男孩进行诚实守信的品质教育

妈妈要教育男孩答应别人的事一定要兑现，如果经过再三努力仍没有做到，就应该诚恳地向对方说明原因，并表示歉意。而且要教育男孩在答应别人之前一定要慎重考虑，认真考虑自己有没有能力做到，要量力而行。如果自己没有能力做到，就不要轻易答应。如果自己有能力做到，也应该留有余地，不要轻易夸下海口。这样，男孩在答应别人时，就会有章可循，起到一定的规范作用。

对男孩进行诚实守信品质教育，妈妈可以借助实例、故事的形式讲给男孩听，让男孩明白诚实守信对一个人来说是非常重要的。

3. 满足男孩的合理需要

男孩不诚实守信，爱撒谎，大部分是出于某种精神需要或物质需要没有得到满足，为了实现自己的愿望，他会想各种办法。如果妈妈对男孩合理的需要表示反对，男孩就会用撒谎的方式来满足自己的需要。

对男孩提出的合理要求要尽量满足，如一时无法满足，必须向男孩说明理由。如果对男孩的愿望与要求不分青红皂白地一律不予理睬或一味拒绝，就容易使他说谎或背着妈妈干坏事。妈妈应该认真分析男孩的需要，尽量满足其合理的部分。

4. 及时纠正男孩的不诚实行为

男孩的不诚实行为主要指说谎和私拿他人或集体的东西，对这些行为要及时纠正。

男孩说谎，妈妈往往很生气："这么小就开始说谎！长大了还得了！"妈妈为男孩的不诚实担心是有道理的，但仅此还不够，应该找出男孩说谎的原因，并帮助他们改正。如果不及时改正，男孩长大成人之后，很可能做出害人又害己的事来，后果不堪设想。

总之，诚实守信是男孩将来的立身之本，妈妈应该加强对男孩诚实守信品质的教育，从小就教育男孩诚实守信用、负责任。告诉男孩，一个言而无信的人，是没有人愿意和他合作的。

培养文明礼貌的好少年

许多妈妈由于忽视了对男孩的个人修养教育，致使男孩不讲文明礼貌。也许男孩口中飞出的污言秽语没有任何针对性，似乎也未给任何人造成心灵上的伤害，但脏话毕竟刺耳，会破坏一个人的形象，同时也会妨碍正常的人际交往。试想，谁会喜欢和一个不讲礼貌的男孩一起玩呢？

培养男孩文明礼貌的习惯，妈妈可以从以下几个方面入手：

1. 为男孩树立文明礼貌的榜样

古话说得好："己正而后能正人。"作为妈妈，若要让男孩礼貌待人，首先自己要做出表率。妈妈对男孩的影响最直接、最深刻，妈妈的身教是对男孩最生动、最实际的教育。妈妈应充分利用家里来客的有利时机提醒男孩，给男孩示范，使男孩在亲身体验和实践中理解文明、礼貌、热情的含义。通过妈妈的行为潜移默化地影响男孩，使男孩在耳濡目染的环境中逐步形成礼貌待人的品德。

2. 明确对男孩说出期望和要求

妈妈应该和男孩多谈心，明确告诉男孩希望他能成为一个有教养的好男孩。告诉男孩哪些言行是文明礼貌的，哪些言行是粗鲁无礼的，让男孩明白文明礼貌的重要性。

3. 要帮助男孩掌握必要的文明礼貌常识

文明礼貌常识包括两方面的内容：语言和行为。

文明礼貌语言要求不说粗俗的话，日常用语包括“您好”“早上好”“见到您非常高兴”“欢迎光临”“晚安”“再见”“欢迎再来”“对不起”“没关系”“谢谢”“请”等。

文明礼貌行为包括交往行为和环境行为两种。

交往行为包括见面或分手时打招呼、握手，与人交谈时眼神、体态和表情要体现出对对方的尊重。与别人说话的时候要用眼睛看着对方，这也是一种礼仪，如果与别人说话眼睛却看着旁边，这是一种不礼貌的行为。

文明礼貌的环境行为要求遵守公共秩序和社会公德，如：爱护公共卫生，不随地吐痰，不乱扔纸屑果皮；穿着朴素大方整洁，头发干净整齐；不打架骂人；待人态度热情和蔼；遵守交通规则；乘车时主动购票，给老、幼、病、残、孕妇及师长让座，不争抢座位；购物时按顺序；爱护公共设施、文物古迹；观看演出和比赛时不起哄，做文明观众；等等。

4. 发现问题就立即解决

培养男孩讲文明、有礼貌是一个循序渐进的过程，妈妈不能要求男孩在一夜之间就变得彬彬有礼。当妈妈发现自己的男孩不习惯用敬语时，应立即加以矫正，直到男孩养成了说敬语的好习惯为止。妈妈切不要把男孩的许多问题都集中起来，试图突击解决。正确的做法应该是发现一个问题就立即解决。

5. 讲清道理，少斥责

男孩的自律性比较差，即便是那些乖男孩也会有不乖、不讲文明礼貌的时候。当妈妈发现男孩说脏话或者行为粗鲁无礼时，一定不要仅仅只是简单粗暴地加以制止，而是要耐心地给男孩讲道理，告诉男孩为什么不能那样说话、做事。比如，当发现男孩在饭桌上打饱嗝的时候，妈妈不要只是大声呵斥他“你是什么孩子！这么没教养”，而是要告诉男孩“这种行为太没有礼貌了，应该有意识地控制，实在控制不了，应该向大家说对不起”。

总之，文明礼貌是现代人必备的基本素质之一。妈妈完全可以通过自己的言行潜移默化地影响男孩，把男孩培养成一个讲礼貌、懂文明、有教养的人。

从小教男孩以谦逊为美德

“满招损，谦受益”是古人流传下来的传统美德。谦虚做人，谨慎做事，不自以为是，不骄傲自满，不妄自尊大，应是男孩将来为人处世中不可或缺的品格。谦逊的反面是自负。自负的人目空一切、心高气傲、自以为是，结果受伤害的还是自己。

莎士比亚曾经说过：“一个骄傲的人，结果总是在骄傲里毁灭了自己。”的确，骄傲是成功的大敌，唯有谦虚才是男孩成长与做人不可缺少的品格之一，谦虚有助于男孩将来拥有良好的人际关系，树立好人缘。从小养成谦虚的美德，有助于男孩虚心学习，脚踏实地地取得进步，从而迈向人生与事业的巅峰。

妈妈要培养男孩谦虚的品格。当男孩出现骄傲自大的心理时，妈妈应该给予以下帮助：

1. 耐心教导，让男孩正确评价自己

男孩出现骄傲自大的坏习惯往往是由于过高地估计了自己，认为自己比谁都强，只看到自己的长处，而看不到自己的短处，拿自己的长处比他人的短处。因此，这样的男孩会狂妄自大，以“自我为中心”，想干什么就干什么，不会设身处地替别人着想。作为妈妈应耐心地教导男孩，让男孩学会正确地评价自己，既认识到自己的优点，又看到自己的不足。

2. 表扬时感情流露要“浓淡”适度

妈妈应尽量少在外人面前夸奖男孩，因为男孩的自我评价能力还很差，看到那么多人肯定自己，会产生错误的认识，认为自己真的多么优秀，从而产生骄傲的情绪。

妈妈要用“浓淡”适度的态度，督促男孩改正骄傲自大的坏毛病，告诉男孩在交友中应该怎样做和不应该怎样做，并加以训练和指导，使其养成良好的行为习惯。这样，他才会受到大家的欢迎。

3. 奖励以精神鼓励为主，物质奖励为辅

妈妈要注意不能给男孩过多的物质奖励，让他明白好条件是妈妈创造的，他其实和其他男孩一样，没有什么高人一等的特别之处。妈妈要观察男孩的心态和行为表现，发现苗头及时教育，消除其骄傲自大的不良心态。

一般情况下，男孩得到口头表扬后，心理上就会得到满足。过多的物质奖励，更容易使男孩沾沾自喜、高傲自大、忘乎所以，甚至不思进取。要防止男孩被夸奖声和赞许的目光所包围，或获得过多的物质奖励而产生畸形的满足感，从而懒于进取和努力，削弱进取意识。

4. 以身作则，妈妈要为男孩树立榜样

榜样的力量是无穷的。妈妈是男孩的第一任教师，是男孩效仿的最直接的榜样，妈妈对男孩的示范作用是巨大的。妈妈应该成为男孩高尚人格的榜样，要谦虚友善，不要在男孩面前表现出骄傲情绪，以免男孩受到不良影响。

犹太人有句名言："如果自己的内心已由自己占满，就再也不会有留给神住的地方。"所以，一个人要想给知识留下空间，必须不自满。只有虚怀若谷，才能充分地吸收周围的营养。

因此，妈妈在生活中应有意识地培养男孩谦逊的品格，让男孩不要太骄傲。从小培养男孩谦逊的态度，会使男孩不断进步。帮助男孩养成谦虚的品质，将让他受益终身。

一点一滴培养男孩的孝敬观

尊老爱幼，孝敬父母，是中华民族的传统美德。但是，在现代家庭中的一些独生子女身上，这种美德似乎很少表现出来。在生活中，我们常常可以看到这样的情景：酒足饭饱之后，男孩推开桌子看电视或出去玩耍了，留下父母忙碌地收拾一桌子的碗筷；父母买回好吃的总是不忘先让男孩品尝，而男孩却很少买东西或食品孝敬父母；男孩生病了，父母昼夜难眠，而父母身体不适，男孩却很少问候。凡此种种，令人堪忧。

男孩的孝敬观需要培养，怎样培养男孩孝敬父母的好习惯呢？教育专家提出了以下四点建议：

1. 要从小事入手

培养男孩孝敬之心，可以从日常生活小事做起。比如，在关心父母的健康上，每天要问候下班回家的父母；当父母劳累时，主动帮助父母做按摩或请父母休息一下；当父母外出时，提醒父母不要遗忘东西或注意天气变化，做父母的温馨小贴士；当父母年迈时，男孩应主动照护，多一些安慰和关心等。男孩应承担力所能及的家务劳动。

对男孩的帮助和关心也可以给予热情鼓励。这样不但有利于男孩养成家务劳动的习惯，也有利于男孩不断增强孝敬父母的观念："父母养育了我，我应为他们多做事。"

2. 让男孩懂得尊老爱幼

要让男孩明白自己与父母的关系，知道父母是长者，是生养自己最亲的人，而不能颠倒主次，不尊重父母，在家里胡闹。

3. 要让男孩了解父母的辛苦

有必要让男孩了解自己在外工作和收入的情况，说得越具体越好，从而使男孩学会珍惜父母的劳动成果，明白任何财富都是来之不易的。这样男孩会逐渐珍惜自己的生活，也会从心底里感激和敬重父母。

4. 淡化男孩的生日意识

培养男孩的孝敬观，还有一个看起来平常，但却很重要的细节，那就是要淡化男孩的生日意识，而是要让男孩知道：自己的生日最应该感谢的应该是自己的母亲。

5. 自己要以身作则

男孩对待父母的态度会受到父母对待长辈态度的影响。妈妈要时刻不忘照顾年迈的父母亲。即使距离再远、工作再忙，也要多关怀和问候一下老人，在节假日可以带上孩子去看望老人，帮老人做些家务，同老人共享天伦之乐，尽一份子女应尽的责任和义务。如此天长日久，男孩耳濡目染、潜移默化，就会逐步养成尊敬长辈、孝敬长辈的好习惯。

总之，男孩孝敬父母的观念要从小培养，要让男孩懂得感恩父母，在适当的时候能向父母送上一句"谢谢"、一张贺卡、一封信、一个电话、一声问候、一份礼物……

第13章

好性格，培育男孩成功一生的基因

性格是指一个人在个体生活过程中所形成的、对现实稳固的态度以及与之相适应的习惯了的行为方式。性格决定命运，命运改变未来。男孩将来步入社会、职场，除了要靠职业技能取得优异的成绩，有个好性格也会有很大的帮助，在很多时候，后者起的作用更大。从小学、中学到大学，学校教师传授给男孩的是技能，而妈妈则要教育男孩在社会中取得成功所需要的性格特质。

男孩的性格是天生的吗

人们常用“一母生九子，九子各不同”来作为“孩子的性格是天生的”依据，这其实是一个误解。性格的形成是有天生的成分，有遗传的因素，但主要的还是后天的环境影响和教育的结果。

那么，为什么没有两个性格完全一样的人呢？那是因为，没有任何两个人的先天因素和后天环境是完全相同的。

即使是双胞胎的两兄弟，性格也存在着较大的差异。虽然双胞胎的先天因素相似，比如相貌相近，但是，他们的后天经历可能会大相径庭，性格也便迥然不同。这正说明了外貌由先天因素所决定，但性格完全可以通过后天因素来塑造和改变的。在性格中还有一种被称为角色塑造的，比如双胞胎兄弟一出生，一个被认定为哥哥，而另外一个就注定成为弟弟。当兄弟的角色被确定后，一些约定俗成的行为规范或性格因素就会表现出来。比如，哥哥要谦让弟弟，在性格上，哥哥沉稳成熟，弟弟调皮活跃，兄弟俩的性格和脾气会有很大的不同。

人的性格不是一成不变的，但是性格一旦形成便有着相对的稳定性。性格的初步形成始于婴儿时期。

性格形成的关键期是0～3岁，3岁左右的幼儿在性格上已经表现出了明显的个体差异，如果没有足够的外界影响，幼儿的性格会自然而然地沿着原有的方向发展下去。因此，妈妈一定要在男孩很小的时候甚至是一出生就要注意培养男孩的性格。那种认为“男孩还小，性格培养不必太早”的说法是不对的。

男孩性格培养宜早不宜迟

人的性格的起源是婴儿期的生活习惯，而养成某种习惯则取决于抚养人的养育方式。每个家长都会以自己独特的方式，使婴儿在同一情景下做出符合要求的同一反应，这种并存关系经过反复出现即形成了习惯。而每一个习惯统一起来作为一种素质存在，便构成了个体的性格特点。婴儿正是在家庭环境中，由先入为主的生活习惯和固定的行为方式养成了最初的习性，并以此构成其性格组合中的最基本部分。所以，有人说：“行动养成习惯，习惯形成性格，性格决定命运。”这句话是有很深的哲理的。

由此可见，妈妈对男孩所采取的早期养育方式，对男孩养成各种习惯以及性格形成起着制约和导向的重要作用，这一点目前还未能引起人们足够的重视。成人们多习惯于将男孩的性格尤其是那些不良性格归咎于先天，却没有意识到恰恰是成人自己在无形当中以错误的育儿方式促成了男孩的这些性格缺陷。例如，妈妈和爷爷奶奶对男孩娇生惯养、过度保护就会使男孩在感情上依赖家长，不肯上幼儿园。年龄稍微大一点儿的表现出独立性不强，依赖别人，对别人的态度也常常比较敏感。而妈妈对男孩过于溺爱，男孩往往容易形成任性的性格特点。

性格发展的连续性决定了必须从男孩一出世就开始对其进行教育，比如，培养男孩的独立性起步于建立良好的睡眠习惯。西方家庭有让男孩单独睡一室的习惯，在中国则不同，即使有足够的空间，婴儿也要与妈妈同睡。小则四五岁，大则十几岁。由于男孩习惯了与妈妈紧密相连的身体接触以及时刻共处的生活方式，所以对妈妈的依附性较强，自我意识与独立意识均产生得较晚，这对于男孩性格和心理的成长是不利的。

懂得了男孩的性格不是天生的，妈妈就应该及早注意培养男孩的性格，特别要注意自己那些不良的培养方式给男孩性格塑造带来的不良影响。等到男孩的性格已经形成了之后，再后悔就来不及了，改造起来也很难。

小男孩为什么爱发大脾气

男孩和成人一样，有着自己的个性与脾气，但是过于频繁地发脾气，就属于人们常说的“坏脾气”了。

嘉嘉迷上了一种猜字游戏，每当做完功课后，他都会捧着一本厚厚的书来做这些猜字游戏。这种游戏是有一定的难度的，有时候，嘉嘉忙活了半天也猜不出一道题，开始有点儿懊恼。

一天，嘉嘉再次玩起了这种游戏。正在他陷入沉思的时候，邻居家的罗欢过来找他玩。兴许是嘉嘉太入神了，竟然没有注意到罗欢在向自己打招呼。罗欢误以为嘉嘉不理睬自己，便顺手把他手中的书抢了过来：“哟，在研究什么呀？这么痴迷！”

嘉嘉被罗欢吓了一跳，思路被打断了，本来即将思考出来的答案一下子消失得无影无踪。嘉嘉很生气，对着罗欢喊道："你怎么这样呀！太讨厌了！把书给我！"

罗欢看到嘉嘉如此愤怒的样子，转身跑回了自己家。

妈妈也听到了嘉嘉的叫声，便问道："怎么了？怎么这样对罗欢说话呀？"

嘉嘉正好有气没处撒，竟然也对着妈妈吼了起来："怎么了？怎么了？烦死了！"

看着无端发火的儿子，妈妈也很生气，不知道儿子的脾气为什么越来越暴躁。

男孩脾气暴躁的表现是多方面的，不讲理，喜欢跟人吵架，打人，稍有不顺心就哭闹不止，等等。男孩形成暴躁的性格，容易产生暴躁的不良情绪，主要原因有以下几点：

（1）来自家人的溺爱。家人的过分疼爱会使男孩滋生一种以自我为中心的意识。当父母听到男孩的无理要求时，本不想答应，但男孩一发脾气，就立刻满足，这是一种最糟糕的做法。因为男孩从这样的事情中知道，发脾气是满足愿望和要求的最有效的手段，于是就变得更容易发脾气，从而造成恶性循环。

（2）家人意见经常不统一。比如，母亲认为是好事，父亲观点却相反；爷爷同意的事情，奶奶偏要阻拦；今天禁止的事情，明天又鼓励男孩去做。这样就会增加男孩的受挫感，从而导致其烦躁和暴躁。

（3）父母对男孩的要求过于严格。男孩稍有过错或没按要求去做或做得不好，父母就会严加训斥，甚至狠狠地揍男孩一顿。父母的这种做法只会造成不良的结果，如使男孩感到不满和压抑，这种不满和压抑会在以后的某种场合中表现出来。

此外，疾病和生理条件也是引发男孩脾气暴躁的原因之一。如神经衰弱的男孩特别容易兴奋、发脾气，处于疾病和疲劳状态中的男孩也常常有烦躁不安、易于发火的表现。

6招纠正男孩火暴脾气

很多妈妈经常会为男孩的暴躁脾气而惊讶，不管怎样，妈妈必须记住，男孩的脾气不好，往往会影响他的人生发展。如果不去适当控制男孩暴躁的脾气，事情只会变得更糟。

那么，妈妈该如何控制男孩的暴躁脾气呢？

1. 沟通交流，慢慢开导

男孩的情绪表达往往非常直接，一发起脾气来，就什么话都听不进了。这种情绪的表达往往会伤害别人，所以，妈妈要让男孩学会控制自己的情绪。妈妈碰到男孩发脾气时，对男孩的行为不要过多责难，更不要实行体罚，那样做只会适得其反。心理专家认为，心病还需心药医。对男孩的坏脾气，妈妈只有通过沟通交流，慢慢地开导，才能予以有效化解。

2. 让男孩认识发脾气的危害

告诉男孩：无故地对别人发脾气，会让友情的距离越来越远。在人际交往中，动不动就发脾气，对别人胡乱发泄，不但会伤害对方的自尊心，而且容易激怒对方，甚至造成误解，不利于彼此的团结。对别人发脾气，就是对对方的不尊重，所以那些容易冲他人大发雷霆的人，也很难获得别人的尊重，甚至会遭到轻视。另外，发脾气也会影响自己的身心健康。妈妈应培养男孩一个好的性格和脾气。

3. 帮助男孩提高自控力

当发现男孩莫名其妙地大发脾气时，可以采取转移注意力的方法来给男孩“降火”。比如可以让他去找邻居家的同伴，帮助他散心，缓解他的消极和愤怒的情绪。当男孩被别的事情所吸引，心里的怒气渐渐就得到了平息。

4. 教男孩做个心胸宽广有雅量的男子汉

妈妈要教育男孩，做人应当有“雅量”，即容人之量。有雅量的人，能尊重他人，理解他人，能够控制自己的情绪，做到心平气和地处理事情。反之，心理容量小的人，往往会为一点儿鸡毛蒜皮的小事而大发雷霆。

5. 让男孩学会换位思考

妈妈和男孩沟通时，可以告诉男孩，让他试着做一回妈妈，体验一下换位思考。如果男孩在当爸爸的角色中体验到了作为一家之主的辛苦和责任，在妈妈的角色中尝到了爱和付出的滋味，就会变得更加懂事，似乎一下子长大了许多。

当男孩学会了换位思考之后，再和妈妈沟通时，赞成和达成一致的结果就会更多一些，而代沟和叛逆就会减少一些。只有让男孩深刻体会妈妈的心，了解和感受到妈妈的想法和爱，他才会明白，如果自己是一个孩子的爸爸妈妈，会怎么想怎么做，因此就可以避免大动肝火。比如：一个男孩和爸爸因意见不统一而大吵，男孩站在爸爸的角度考虑问题，结果问题很快便得到解决。

6. 帮男孩找一个发泄渠道

作为妈妈，要有一双敏锐的眼睛，以便随时洞察男孩的情绪变化。当发现他们情绪低落或反常时，引导他们寻找一种好的发泄方式。

妈妈可以试着与男孩进行面对面的交流和疏导；可以带男孩到野外登山，或进行较激烈的体育活动，让其情绪得以释放；妈妈可以兑现一件男孩久为期盼的承诺，以满足此时不平衡的心理；或是妈妈主动离家一天，让男孩邀好友来聚会，快乐地玩闹……妈妈会发现男孩并不会滥用妈妈给他的自由，相反，妈妈的理解也许更拉近了妈妈和男孩之间的距离，彼此相处会更和睦、更愉快。

别把男孩的任性当韧性

有的妈妈过于宠爱男孩。男孩要什么，妈妈就满足什么，可谓百依百顺。其实，这样很容易使男孩变得任性妄为。面对男孩的任性妄为，妈妈一定要认真对待，否则男孩一旦走上犯罪道路，就追悔晚矣。

有些男孩，简直是家里的小霸王，一旦任性起来，谁也管不了。这让一些妈妈很苦恼，不知道该拿男孩怎么办。其实男孩这种性格的形成，跟家庭教育有很大的关系。

牛牛10岁了，长得漂亮可爱，非常乖巧，人见人爱，家里上上下下视他如掌上明珠。牛牛要什么，大人给什么，他的话就是“圣旨”，吃、喝、玩、乐，全家人围着他转。牛牛越来越任性，稍不满意就大哭大闹、满地打滚儿。

后来，牛牛上小学了，有一次考试，他考了个全班倒数第一。可牛牛不但不感到羞愧，反而非常高兴地大声宣布，他考了第一名，倒数的。更令人吃惊的是，大人们看到牛牛的成绩后，不但没有生气，反而被他的幼稚逗得哈哈大笑。就这样，牛牛成了班上学习最差的学生。他不但学习上不用功，而且以稳坐倒数第一名的宝座为荣。再加上爸爸妈妈的过分溺爱，在学习上从不提出要求，牛牛越来越任性霸道，名副其实地成了家长老师眼里的小霸王。

有一天，牛牛在外面回到家跟妈妈告状：“他们用玩具枪打我。”

妈妈说：“打着你了吗？”

牛牛说：“没有，如果打着我，我就拿着我的枪打他们。”

妈妈说："不行，如果把别的小朋友打伤怎么办？"

牛牛说："我不打他们了。"

妈妈说："你把子弹拿出来，再拿枪出去玩。"

牛牛说："我不打他们，只是拿出去跟他们玩，我打别的东西。"

妈妈担心牛牛拿玩具枪随便打人，就说："妈妈跟你们一起玩吧。"

牛牛坚决不让妈妈参加自己和小朋友们的游戏，非常生气，结果又哭又闹，还把漂亮的玩具枪摔碎在地。

任何男孩的任性妄为，都是妈妈惯的。生活中，一些妈妈过于溺爱、娇惯男孩，凡事唯命是从。一旦没有遂男孩的心愿，男孩就会任性地哭闹，让妈妈无可奈何。面对被溺爱宠坏了的男孩，如果妈妈的心稍微软了一些，就会向男孩妥协。而当男孩一旦被惯坏，就会使用任性撒娇的办法来让妈妈变得"听话"，对自己"俯首称臣"，以后还会用这种做法来达到自己的目的。久而久之，男孩任性妄为的坏习惯越来越多。

当然随着男孩的年龄增长，他的独立意识日益增强，不希望妈妈再把自己拴在身边，而是希望做一些显示自己能力的事，这样的男孩是非常有"韧性"的。

妈妈首先应该不要将男孩的"任性"与"韧性"的含义混淆。"韧性"是意志坚强，是男孩应具备的良好品质，妈妈应从小培养男孩的坚韧性格。"韧性"就是坚信自己，即使遇到再大的困难也要坚持到底，"韧性"就是一种顽强的精神。而"任性"是一种固执己见，不听劝告、为所欲为，任性的男孩不愿受到任何约束，缺乏自控力。

男孩任性妄为，妈妈怎么管

妈妈如何防止和纠正男孩任性妄为呢？教育专家建议采取下列几种

方法：

1. 转移注意力

妈妈面对年龄较小的任性男孩时，可以利用转移其注意力的方法让固执的孩子变得听话。年龄较小的男孩注意力易分散，很容易被新鲜的东西所吸引，所以，当男孩表现得非常任性时，妈妈可以把男孩的注意力引向新奇、有趣的物品或事情上。

2. 冷处理法

当男孩由于要求没有得到满足而发脾气或打滚撒泼时，妈妈采取冷处理法往往最奏效。无论男孩怎么哭闹，妈妈也要狠下心来不去理睬，不要一看到孩子哭就心软、妥协或纵容，更不能滋长男孩肆意妄为的坏习惯。当无人理睬时，男孩就会自觉无趣，收敛任性的脾气。

3. 正确诱导

正确诱导的方式有妈妈可以跟男孩讲一些先进人物的事迹，来激励男孩，从小培养他自强奋进的精神。

每当男孩任性发脾气、不听劝告时，妈妈不要着急地去打骂孩子，尝试着用谈心的办法真诚地表扬男孩平时的优点，可以转变男孩的情绪。

4. 别再娇惯

在很多家庭，妈妈都把男孩当成手心宝，将所有的爱都倾注在男孩的身上，然而，过分的呵护关怀将男孩变成了温室里的小花，经不起任何的摔打，这并不利于男孩的健康成长。

再加上妈妈在管教男孩上态度会不一致，当男孩任性不听话时，往往会出现父亲在一旁管，母亲在一旁护的情景，这样就会导致男孩在父亲面前老实听话，在母亲面前肆意妄为的结果。当男孩任性时，惩罚是必要的，但妈妈要做到一致，否则会使妈妈的行为在男孩心中失去权威性，同时也难以改变男孩的任性。

5. 强化教育

男孩不听话，养成不少坏习惯，妈妈不能一味地指责孩子，而应该自省，多从自身的言行找原因。面对任性的男孩，妈妈在说服教育中有必要进行一定的批评或惩罚，但应当注重引导与惩罚的尺度。男孩越是任性，越是难服从妈妈的管教，这时如果强行禁止男孩不要任性，是起不到任何效果的。此时，妈妈要做到坚决不妥协，对男孩不合理的要求置之不理，才能遏止男孩的任性行为。

总之，妈妈要想改变男孩任性妄为的性格，就要在长期的教育中，细心观察男孩的一言一行，像种植一棵树一样，从小扶正树干，精心修理树枝。

男孩爱冲动，妈妈怎么办

情绪冲动就会犯错误，做坏事，容易让人失去理智。男孩之所以爱动武争斗，常常是在情绪冲动时发生的，因为和同学发生矛盾、和家长起了争执，都会让男孩难以控制自己的情绪，失去理智，做出极端的行为。

男孩喜欢争强好胜本没有错，但如果因此而失去理智，冲动地做决定甚至反抗叛逆，后果将不堪设想，会严重地影响男孩的身心健康。

当男孩因冲动而失去理智时，很多妈妈会手足无措。对待爱冲动的男孩，妈妈不妨试用以下几种方式：

1. 言传身教，给男孩树立良好的榜样

比如，妈妈善于调控自己的情绪和举止行为，通过耳濡目染，男孩也就逐渐地学会掌控自己的情绪。

2. 对男孩的教育方法要一致

当男孩情绪不好时，不能父亲在一旁厉声斥责，而母亲在一旁极力呵护，一边严管一边纵容的教育方法并不利于男孩的成长，甚至让辨别力不强的男孩陷入迷茫。因此，妈妈对男孩的管教一定要一致。妈妈一方面要给予男孩爱和关心，一方面提出要求来规范他的言行举止，使男孩不可以任性地为所欲为。同时妈妈要提高自身的修养，不急躁、不愤怒，要用冷静理智的态度来对待男孩，起到言传身教的模范作用。

3. 耐心引导而不是放任自流

男孩出于好奇心把东西拆得七零八碎，妈妈如果打骂男孩，硬性地阻止他们的破坏行为，结果可能导致男孩拆毁得更多，并且将此当成乐趣。如果换一种方式，将打骂换作耐心引导，将男孩拆卸东西转化为和他一起探索，可以获得意想不到的成功。在此过程中，妈妈可以趁机给男孩讲损坏物品的危害，教育男孩学会珍惜，要求他以后做事要细心、认真，这样男孩就会把每一件物品看得很珍贵而加以小心呵护。

4. 转移注意力

比如，两个男孩正为争抢一个玩具而闹得不可开交时，妈妈可以用另一种游戏转移男孩的注意力。当男孩融入另一种游戏的快乐中，就会破涕为笑。

5. 冷处理法

当家里一来客人，有的男孩就会十分兴奋，在客人面前大笑大闹，这种“人来疯”现象很让妈妈觉得尴尬。妈妈越管教，男孩闹得越欢，一时难以说服，这时可采取冷处理法，即先不理他，等客人走后，再对他实施适合的教育。

总之，随着男孩年龄的增长，他的心理和身体逐步成熟起来，会渐渐变得懂事，很少做出冲动行为。再加上妈妈的正确教育，男孩的自制力会逐步加强。

谨防敌意让男孩好勇斗狠

很多妈妈都喜欢攀比，觉得别人家的男孩比自己家的男孩强，比自己家的男孩好，比来比去，比得男孩眼里只有敌意和争斗，从而形成了好勇斗狠的性格。

大超在幼儿园学武术，他的运动天赋还比较好，学运动之类的还不错，所以老师教的东西很快就会。

一次他妈妈去看大超练武术，孩子们在练侧手翻的时候，另一个小男孩的妈妈也来了，一看自己儿子翻得不是很好，再一看大超比他儿子翻得好，劈头就是一句："你真笨，这么简单的东西都做不好，你看别人比你后来都做得那么好了。"

本来那个小男孩看到妈妈来看自己了想好好表现一把，哪知得到这样的评价，顿时看大超的眼神，充满了不满和气愤。老师再让他翻的时候，他翻得更差了，因为面前有一个高不可攀的标杆，所以他的兴趣都没有了。后来，不知道因为什么，那个小男孩和大超吵了一架，以后每次见面也是充满敌意的眼神。

男孩爱树敌，其实是攀比心理在作祟。当看到别人比自己强，心里就不是滋味，于是便产生了嫉妒心和敌意。

上面故事中小男孩见同伴大超练武术的水平比自己好，再加上妈妈对自己的成绩很不满，所以才对大超产生了敌意。男孩有权利表达自己的情绪，发泄不满，可以生气或愤怒，但却不能伤害别人或破坏物品。咬人、拳打脚踢、吵架、攻击别人等行为都是不善于控制情绪的表现，应该被制止。

妈妈在教育男孩上，应该注重管理情绪的问题，培养男孩理智地解决问题，而不是冲动地大发脾气。妈妈要接受并尊重男孩的挫败感，同时还要坚持规范男孩的行为。

教会男孩正确处理敌意和争执

现实中，一些妈妈的行为也直接导致了男孩好勇斗狠。在学校里，同学之间的小冲突是经常发生的。尤其是男孩之间，争吵打架的情况更多。当男孩之间发生争斗时，有的妈妈不但不去制止，反而拉着自家男孩到对方家去找对方妈妈论理。比如，有一个男孩不小心把同学的作业本弄脏、弄破了，同学非要让他赔一个新的作业本。男孩连忙道歉说不是故意弄坏的，可同学仍不依不饶，坚决要他赔新的作业本，结果两个小男孩打起架来。男孩委屈地哭着跑回家去，向妈妈说明了情况。第二天，男孩的妈妈来到学校，去找那个小同学“算账”。最后，双方妈妈调解未成，也互相指责起来。这种教育方式显然是错误的。

如果男孩动手打了别的小朋友，为什么就不问清楚事情的前因后果？为什么不去问问班主任老师呢？冲动的妈妈不仅让自己失去理智，也会让男孩将来失去理智有了学习的对象。受伤害的男孩这一生将在痛苦和仇恨中度过。

妈妈以暴制暴，不仅使事情变得更复杂、更严重，而且会给男孩留下极坏的印象：有了争执和敌意，那就用武力来解决！

几乎每个男孩在学校都有可能遇到“坏孩子”，男孩在学校受了委屈，妈妈要做的是帮助男孩解决问题，化解矛盾，而不是去报复。妈妈完全可以针对不同的对象采用不同的处理方式，但一定要记住处理事情的一个底线——在生理及心理上都不能伤害那个“坏孩子”，而是像尊重自己的男孩一样，尊重那个“坏同学”。同时要考虑所采用的方式对自己男孩人格行为的影响，以及对他今后人际关系的影响。

总之，爱男孩，就要帮助男孩，他如果性格上比较爱冲动，就要想办法帮助他改正，而不是用打骂的方式让他惧怕。

第14章
好心态，打造男孩一级棒的心理素质

儿童心理学家说："在孩提时代，男孩比女孩更容易抑郁。"大多数的妈妈也许会怀疑这个观点，甚至提出反驳：我的男孩是快乐的、无忧无虑的。但是，妈妈如果足够细心的话，就会发现这不是危言耸听，男孩的心理健康不容忽视。

别让不良心情毁了男孩

生活中，有的男孩特别心情化，平时遇到一点点高兴的事，就乐得手舞足蹈，又是唱，又是跳。如果别人有一句不经意的话刺激了他，他马上就心情化起来，或者是摔东西，或者是流眼泪。

其实，每个人的心情都会时好时坏，更别说男孩了，只是成人大都会控制自己的心情，而男孩却做不到。男孩的情感往往是最真实的，他们的喜怒哀乐就是自我内心的表达，出现心情化的原因一般是由于自身的一些需要未得到满足。一件在成人看来是极小的事，却可能会引发男孩十分强烈的心情波动，甚至引起心情的"海啸"，使男孩的表情、声调、手势和姿态发生变化。一旦他们内心的防线被打破，就会出现发脾气、使性子之类的反抗行为。

男孩的不良心情包括持续性的恐惧、沮丧、愤怒、焦虑、悲伤、犹豫、嫉妒。如果男孩心情淡漠，那么他对环境变化就会表现出缺乏心情反应以及心情低落、不稳、倒错等。

不良心情不光会让男孩容易做出意想不到的事情，而且还严重危害身心健康。长期处于心情低落的心情状态，会给男孩带来如内分泌紊乱、神经衰弱、精神失常等多种疾病。因为当男孩感到悲观、失望、忧愤、恐惧时，会导致机体内的肾上腺素分泌过多，引发身体疾病。男孩受不良心情的干扰，容易任性，乱发脾气，拒绝与人交往，严重的则导致自闭症和抑郁症。男孩如果总是郁郁寡欢，精神萎靡不振，那么就会由积极向上变得消极沉迷，出现目光呆滞、注意力不集中、记忆力下降、厌学、成绩下滑等。

积极的心情对男孩的身心发展能起促进作用，有助于男孩潜能的发挥；消极的心情则可能使男孩的心理失去平衡，影响他的人格建构，甚至影响他未来的生活和事业。因此，妈妈需要进行有效的干预，以及正确的教育和引导，让男孩意识到不良心情的危害。

让男孩把不良心情释放出来

常常听到一些妈妈这样教育自己的儿子："哭什么哭，女孩才总是哭哭啼啼的呢！"

在"哭"这一方面，男孩有时是很可怜的。就因为他们是男孩，被剥夺了哭泣的权利；就因为他们是男孩，他们必须坚强；就因为他们是男孩，他们的心情往往被妈妈忽视……

事实也的确如此，对于男孩来说，由于种种原因，他们的不良心情常常会发泄不出来。不良心情得不到正常发泄时，人便会感觉到很大的压力。

因此，男孩有时更需要妈妈的关注，需要妈妈在适当的时候为他们确定航标、指引方向。尤其是在他心情变化的时候，更需要妈妈的关注。

遗憾的是，多数妈妈在男孩闹时，往往会火冒三丈，大声训斥男孩立即停止吵闹，甚至一巴掌打过去。这样的做法对男孩的成长极其不利。对男孩来说，产生心情是再平常不过的事。

男孩往往很难控制好自己的心情，而很多妈妈并不了解这一点，因此，自觉或不自觉地对男孩像对大人一样要求其心情平稳，不让男孩宣泄心情。结果，一些男孩压抑惯了，长大后，性格抑郁沮丧，心理不够正常。

因此，当男孩由于某种原因，哪怕是不合情理的原因而产生不良心情时，一定不要采取批评、打骂的方式去遏制男孩的心情，而要允许男孩去发泄，并懂得采用适当的方法引导男孩把不良心情发泄出来，而不是压抑在心里。

化解男孩不良心情的好方法

不良心情如果得不到及时的相关相关疏导和释放，就会给身心带来一系列的负面危害。妈妈该如何引导男孩发泄不良心情呢？下面几个方法可供参考：

1. 让男孩把内心的郁闷哭出来

有的妈妈认为，男儿有泪不轻弹，爱哭的男孩是脆弱和懦弱的表现，所以即使遇到再大的困难，心情再不好，也不让男孩轻易流泪，不许男孩哭泣。

其实，哭泣是男孩心情宣泄的一条重要渠道，通过哭泣的方式缓解心中的委屈和郁闷，有助于身心更加健康。所以，哭泣并不是坏事。妈妈不要对哭泣的男孩置之不理，更不能强行斥责让男孩不许哭。妈妈要引导男孩哭泣，也要告诉男孩哭泣也需要适可而止。

2. 转移注意力是男孩宣泄心情的良好途径

当男孩遇到冲突和挫折时，不要让男孩沉醉其中而无法自拔，妈妈要及时地引导男孩尽快走出悲伤的阴影，投入到自己感兴趣的活动中去。例如，男孩因为与同学发生矛盾被老师批评，妈妈先不要指责男孩，而要跟男孩谈谈心，说明老师批评他的原因，然后让他到室外去玩一会儿，在做游戏中男孩会渐渐忘掉心理创伤。

3. 倾诉是释放不良心情的好方法

倾诉可以缓解人的压力，让人把紧张的心情释放出来。要让男孩学会通过这种途径来排解心情，在遇到冲突或挫折时，要鼓励、引导男孩将事由或心中的感受告诉他人，以寻得同情、理解、安慰和支持。

倾诉是缓解压力的重要途径，鼓励男孩学会倾诉，男孩在以后遇到事情就会自愿地向妈妈及他人倾诉，而不是把心事闷在心里。及时地宣泄和倾诉心中的苦闷，可以减少心理疾病的发生。

总之，不良心情对男孩的影响是显而易见的，作为男孩的妈妈，要想办法帮助男孩化解，化解不掉的，就要让男孩释放出来，切莫用打骂的手段，让男孩把心事郁结于心，那将对男孩的身心造成很大的伤害。

善待男孩的逆反心理

逆反心理就是指人们彼此之间为了维护自尊，而对对方的要求采取相反的态度和言行的一种心理状态。处于青春期的男孩，往往最容易与妈妈相抵触。

青春期男孩的逆反心理常常表现为，妈妈要求往东，男孩偏偏向西，妈妈不让做的事，男孩非要做一把不可。所以，男孩越是不听话，妈妈越生气，而妈妈越生气，男孩越叛逆，似乎形成了一个不良循环。其实，妈妈在愤怒状态下的教训和约束，对处于叛逆期的男孩是起不到任何规劝作用的，反而会让他们更加反感。一旦妈妈误解男孩，对男孩的行为不能容忍和谅解，则很容易导致男孩做出极端的行为，如逃学、离家出走甚至走上犯罪的道路。所以，对于叛逆期的男孩，妈妈一定不能粗枝大叶，听之任之。

逆反心理虽有妨碍男孩身心发展的一面，但也有很多正面效应，甚至包含许多积极的心理品质，诸如勇敢、好胜心强、有闯劲、能求异、能创新等积极的心理品质。妈妈要善于发现逆反心理中的创造性品质和开拓意识，并加以合理引导。只要引导得当，逆反心理定然能够在对男孩的教育中发挥积极的作用。

面对男孩的逆反心理，妈妈应该注意以下几点：

1. 爱男孩，也不要给他过分的爱

青少年时期是渴望独立的时期，过多的保护会使男孩内心烦躁不安，产生抵触情绪，逆反心理也会日趋严重。应该允许男孩有自己的秘密，因为拥有秘密是他们感悟自我、体验成长的重要方式。

2. 别干涉太多，让男孩有自己的空间

过多地干涉实际上是妈妈对男孩不信任、不尊重的表现，会使男孩受到伤害，理解和尊重才是构成良好亲子关系的基础，因此对男孩不要无所不问。现代男孩通常不会把很多有关自己的事告诉妈妈。因此凡是男孩告诉你的事情家长都应要珍视。

3. 要多理解男孩

其实，现实生活中不少男孩的逆反，就是由于得不到妈妈的理解而造成的。一个好的倾听者往往比一个雄辩的批评家更能有效地解决男孩的逆反问题。在充分了解了男孩的所思所想之后，妈妈可以对男孩的一些不正确的想法和判断进行修正，可以明确地指出他们的哪些想法和判断是不对的，哪些是妈妈不能同意和接受的。男孩如果感觉妈妈的态度是和蔼可亲的，对自己是能够理解的，是能够设身处地为自己着想的，自然也会乐于接受妈妈的意见，而不会再与妈妈对着干了。

总之，当男孩逆反心理比较强烈的时候，情绪可能会比较激动，可能会冲妈妈发脾气，甚至可能会有过激的言语和行动。这时妈妈千万不要跟着男孩一起急，更不能打骂男孩，一定要善待男孩的逆反心理。

帮男孩摆脱嫉妒之蛇

嫉妒是很多人在青春期都有过的一种情结。男孩嫉妒心理的内容主要有以下几个方面：

一是才貌。才貌是指一个人的智慧及外貌。优秀的才能和俊美的容貌容易使人得到幸福和成功，而才貌较差者则无此殊遇，其嫉妒心理便由此而生了。

二是爱情。爱情是青少年开始接触的一个问题。爱情本是一种美好的情愫，然而却容易把人搞得头脑发昏，走向嫉妒的极端。可以这样说，爱情与嫉妒是一对双胞胎。轻微的嫉妒可以促进爱情，一旦妒火过盛，则容易把爱情之花烧得枯萎，甚至导致杀人或自杀的严重后果。

三是学习、工作。学业优秀、人际交往能力强、工作出色的人往往成为他人嫉妒的对象。

嫉妒之心，人皆有之，只是有大小之分。但妈妈却往往会忽略男孩的心遭受嫉妒之蛇的伤害，影响了男孩心灵的纯洁，这是不应该的。为了使男孩能够拥有一颗美好而纯洁的心灵，妈妈一定要帮助男孩摆脱嫉妒之蛇的纠缠，培养他们宽阔的胸怀。当然也有的妈妈虽然没忽略男孩的嫉妒心理，但是采取粗暴的方式制止男孩的嫉妒，这种做法也是不对的。具体做法，可以参照以下几点：

1. 杜绝造谣生事、恶意攻击的言行

妒火攻心，气急败坏，急欲给对方点儿颜色瞧瞧，以为会破坏对方

的优势。但是往往这类谣言、恶语最终都会真相大白，随之而来的是自己人格形象的“蹦极跳”。当男孩知道这种行为的严重后果时，恐怕他就不会继续其行动了。

2. 培养男孩惺惺相惜的情操

武侠小说中常常有这样的情节：隐居世外的高人，若干年后遇到一青年才俊，竟然能与自己抗衡，于是将自己一身绝技倾囊相授。这种人做事的出发点并非来自嫉妒，他们是由衷地欣赏对方，在相互切磋中体验高峰的感觉，在美好的感觉中实现了自身的目标，因此惺惺相惜者之间多半不会心存嫉妒。

3. 保持沉着，不断地给男孩打气

当男孩嫉妒别人有一头秀发时，妈妈可以不停地对男孩说：“是的，他的头发的确很美，可是你的眼睛也不错呀。”然后男孩就有了忽视和忘记的理由，换句话说，让男孩学会自我满足和陶醉，但切记不可自欺欺人，否则只会令其在以后更沮丧。当嫉妒快要将男孩击垮的时候，妈妈一定要沉着地将男孩的所有优点列成一张清单，此时，妈妈和男孩都会发现，原来他是如此的优秀。

4. 告诉男孩什么是自己想拥有的

嫉妒是因为别人拥有了自己想拥有却一直没有的东西。但大多数人不清楚自己真正想拥有什么，总是为一些小事而伤神。如果男孩能想得更长远一些，身边有些事就不再会牵动他的情绪，因为他知道自己想要什么，也知道自己拥有什么。这样男孩就能成为一个从容而豁达的人，而嫉妒通常对这种人是无可奈何的。所以，妈妈一定要告诉男孩：嫉妒的别人拥有的东西，有时候并不是我们真正想拥有的。

总之，要让男孩学会微笑和赞美，而不是嫉妒和恶意中伤。只有摆脱嫉妒的毒蛇，才能快乐过好每一天。

别让男孩在恐吓中长大

有的妈妈觉得男孩太淘气，要管住他们，最常用的手段就是吓唬他们。其实，男孩的心灵就像他们正在生长发育的身体一样，很脆弱、稚嫩，经受不住妈妈的恐吓。可是有些妈妈就是抓住男孩的这一弱点，以吓唬的方式使男孩听话，造成男孩的心灵受到难以治愈的创伤。

如今，动辄对男孩进行恐吓的妈妈大有人在，吓唬人的方式也是多种多样。有的妈妈爱拿警察来吓唬男孩，动不动对男孩说："再不听话我就打电话让警察来把你抓走！"有的妈妈爱用大灰狼吓唬男孩，动不动就对男孩说："听话，你要是不听话，把你扔到外面喂大灰狼！"有的妈妈甚至讲些妖魔鬼怪、装神弄鬼的故事，等男孩不听话的时候就用里面的角色吓唬男孩。

恐吓男孩就是利用男孩天真、胆小的弱点让男孩听话、顺从。可是这种教养的方法是一种得不偿失的愚蠢行为。

专业人士做过统计：1岁以内的男孩害怕巨大声响、环境突然改变、陌生人、亲人不在身边。1岁多的男孩害怕陌生人、怕与妈妈分离。2岁多的男孩害怕黑暗、独自在家、与妈妈分离。3岁多的男孩害怕动物、昆虫、黑暗的房间。4～5岁的男孩害怕鬼怪、猛兽、雷鸣等。5～6岁的男孩害怕上学、身体伤害、超自然事件。7～10岁的男孩害怕社会交往、战争争执、身体伤害和学习问题。

如果妈妈利用男孩的这些弱点恐吓男孩，只能使男孩的心灵增加一道道阴影，让男孩胆子越来越小，性格越来越懦弱，损伤他们的积极性、主动性、探索和进取精神。

作为妈妈，应该了解一些男孩惧怕事物的心理特点，了解之后，不但不能恐吓男孩，给男孩的心灵雪上加霜，反而应该帮助男孩克服恐惧心理。

平日里让男孩在生活中避开一些可怕的东西，如凶猛的动物、狂风雷电以及激烈的吵架场面，夜间独自行走等。如果妈妈想要锻炼男孩的胆量，可以让男孩逐渐地认识和接触一些令他们感到害怕的自然事物和环境，并且要有大人的陪同。比如，妈妈可以陪着男孩一起进入偏暗的房间，陪男孩一起走夜路，让男孩慢慢体会黑暗的感觉其实并不可怕，经过几次训练，男孩就不再惧怕黑暗了。有的年龄较小的男孩害怕大的动物，妈妈可以陪男孩一起读关于动物的书和图画，让男孩先认识和熟悉各种动物的相貌和特点，这样当男孩在看见真实的动物时就不会被吓到。所以，对年纪小一点儿的男孩来说，妈妈不要盲目和唐突地将男孩带到陌生的环境，也不要用“再哭就把你扔到外面去”或者“再不听话就关小黑屋”等来恐吓孩子。千万别逼着男孩与可怕的事物去接触，锻炼男孩的胆量要循序渐进，逼迫只能使男孩更加胆小。

总之，作为男孩的妈妈，千万别动辄吓唬男孩，而应该教给男孩一些自我保护的方法，提高自我保护能力，使男孩适应自然、适应生活。

积极引导常自我否定的男孩

由于在挫折和苦难面前不堪一击，在心灵脆弱之时又遭遇外在的各种压力，许多男孩会流露出情绪低落、精神不振、悲观厌世的想法，心理负担过重。在行为上表现为吃睡不宁、学习成绩下降、不擅社交、与父母或亲朋好友停止来往、自闭、自残、行为异常、吸毒、酗酒、开车冲动地冲撞行人、故意破坏社会秩序等，给身心造成不良的影响。

妈妈一定要善于观察男孩的一举一动，尝试走进男孩的内心世界，让他对自己敞开心扉，有什么心结要及时解开。妈妈和男孩一起分享阳光的同时，也要一起承担风雨。

那么，面对男孩的自我否定，妈妈该怎么做呢？

1. 保持镇静，多谈优点

不要让男孩的失落、悲伤影响你的判断。那还需要他人尤其是妈妈帮助他恢复理智，而不需要一个本身就情绪不稳的人来帮助他。自我否定的男孩很可能只看到他自身及其生活中不好的一面，而忽略了好的一面，这个时候妈妈要多谈论男孩的优点和长处，唤起男孩心中的希望。

2. 不要和男孩说一些空话

当男孩进行自我否定的时候，尽量避免就死亡的哲学问题与孩子争论。同时也应避免说一些听起来很空的话，比如，“还有很多美好的东西在等着你，你的生命只是刚刚开始……”这种说话方式使男孩觉得你是在泛泛而谈，并非真正理解他内心的感受。进行自我否定的男孩最需要的是客观的、设身处地的、感情深入的理解和支持。

3. 引导男孩客观看待自己所处的环境

一个被各种问题和压力压得喘不过气来的男孩很可能无法冷静地、客观地评价自己。在这种情况下，做妈妈的首先要保持客观的态度，并帮助男孩尽可能客观地看待自己所处的环境。

4. 最具体的支持就是理解帮助男孩

由于他遇见的人或者经历的事情等原因，男孩常常囿于个人对生活的一己之见——他也许只看到了目前的危机而看不到其他的东西，平时注意与男孩谈谈其他可能的选择是有益的。一般自我否定的男孩处于其情绪的最低点，他们认为生活是如此糟糕而且将永远如此糟糕。

对男孩最有力、最具体的支持就是理解他们、帮助他们。因为一般来说，自我否定的男孩比较孤独，因此，妈妈要帮助男孩重新燃起生活的希望。如果自己实在难以开导男孩，可以请专业的心理咨询人员为男孩提供长期的关心和帮助。

激励男孩远离自卑昂首前行

有自卑心理的男孩会很敏感，因自己一件事做不成就怀疑自己，自尊心、自信心很容易受到伤害。特别是在学习上，成绩和智力比不过同学时就常常无法坦然接受现实，无法去踏实学习，而是显得急躁、压力重重。

在体貌上，自觉不够理想也常常令其滋生烦恼，有时身体的急速成长常常使他们不知所措，如觉得自己太胖、太高、太矮，眼睛太小，等等。所以说，自卑感更确切地说其实是一种信心不足的表现。

所以，妈妈如果想让男孩抬起自卑的头，就要做好以下几个方面：

1. 尊重男孩的自尊心，多给以褒扬性的评价

有的男孩自尊心很强，如果做错事，自己就很内疚。如果妈妈再对他冷嘲热讽，甚至拳脚相加，就会严重挫伤男孩的自尊心，男孩就会“破罐破摔”，越来越差。这时妈妈应关心、体谅男孩，对他说人人都会犯错，只要知错就改，下次不犯就行了。这样，男孩会排解消极情绪，越来越自信。

另外，妈妈的贬抑性评价，是使男孩产生自卑感的一个重要的外部刺激因素。所以，妈妈要注意不要轻率地评价男孩，尤其不要随意贬低他们的能力或品质，以免损害他们的自尊心和自信心，而要多给以褒扬性的评价，即表扬和鼓励。

2. 对男孩进行积极的自我暗示

自卑是失败的俘虏，不战自败。所以，要经常让男孩保持一种信念：“我也能！”“我行！”“不信，做给你看！”恰到好处的自我暗示，就是在自己的心田上播种自信，消除自卑的莠草。为了增强自信心，可以有意识地、实事求是地把男孩的优点和长处列成一张表，以便时时提醒男孩。

3. 改变男孩的消极用语

留意一下男孩是不是经常使用一些消极性的自我描述用语，如“我不行”“我天生如此”“我没希望”“我会失败”等。如果他们总是把这些消极用语挂在嘴边，那就只能使他们更加自卑。妈妈要帮助男孩把这些用语改成“我以前曾经是这样”“我能行”“我一定要做出改变”“这次会成功的”等，并且要经常让男孩对自己说，或让男孩把这些话写下来贴在自己房间的床头和书桌上。

4. 引导男孩学会“扬长避短”

对那些让男孩自卑的而经过努力后仍难以有大的长进的方面，就让男孩放弃它。有意识地积极寻觅并发展自己的优势，用精力与时间去培植它，让这方面的成绩辉煌起来。而与人交谈和交往的活动中，要让男孩尽可能选择自己擅长的话题与活动项目。这样不仅有话可说，锻炼口才，而且能从中体验到“我能胜任”的愉悦感。这样也会让男孩因此而自信起来。

总之，男孩承受挫折的能力很弱，对自己的评价还不客观全面，在困难面前就容易产生自卑心理。家长应及时了解男孩的心理变化，给男孩以指导，让男孩在自卑中抬起头昂首阔步。

告诉男孩虚荣与攀比要不得

随着生理上的发育和社会接触面的扩大，男孩自尊心亦与日俱增，然而，这种自尊心容易被追求虚荣所扭曲。

例如，他们喜欢穿名牌，在同学中做出哗众取宠的举动，目的就是要显示自己，用片面的虚荣去满足自己某种好奇、好胜及自我表现的心理欲望。

贪图并追求表面的光彩，就会慢慢走向虚荣。比如不能正确地估价自己，将妈妈或他人的荣耀也当成自己的；因为害怕别人看不起，而不顾经济条件是否允许，在穿着打扮上互相攀比；在知识学问上，不懂装懂；总想表现出一贯正确，听不得别人对自己的批评等，这些都是虚荣心的表现。

虚荣、过度攀比会影响男孩的身心健康，对男孩的健康成长有很大的危害。所以，妈妈要帮助男孩克服爱慕虚荣的缺点，改变热衷攀比的心理。具体可以参照以下做法：

1. 让男孩正确地对待舆论，正确评价自己

男孩生活在群体之中，总免不了被别人品头论足，有些评论是正确的，妈妈就应让男孩认真对待；有些评论则未免失之偏颇，妈妈就应当让男孩提高辨别力，不要凡事人云亦云，毫无主见，以免让不正确的舆论左右了男孩。

告诉男孩不仅要看到自己的长处和成绩，也要看到自己的短处和不足，对自己采取实事求是的态度，这样才可避免因过高估计自己而实际上做不到的难堪局面。

2. 教会男孩正确地对待荣誉

荣誉应当与一个人的真实努力相符，否则只能是虚假的。男孩需要得到别人的尊重，也有得到别人尊重的权利，但这种尊重必须建立在男孩真实的努力之上。要取得好成绩，一定要靠认真刻苦的学习。否则，即使赢得了“荣誉”，也不光彩，而且一旦暴露，只能受到他人的蔑视和仇视。

面子“不可没有，也不能强求”，如果男孩“打肿脸充胖子”，过分追求荣誉、显示自己，人格就会受到歪曲。同时也应正确地看待失败与挫折，“失败乃成功之母”，只有从失败中总结经验，从挫折中悟出真谛，才能做到自信、自爱、自立、自强，从而消除虚荣心。

3. 引导男孩保持一颗“平凡心”

培养男孩的“平凡心”，对遏制男孩的攀比心理有着极其深刻的价值。妈妈要引导男孩对现在的成绩、未来从事的职业、名誉、地位、财富等方面保持一颗平凡心，降低对生活的预期，实事求是地确定自己的人生目标。男孩有了一颗“平凡心”，就容易从平凡的生活中、从点滴的小事中发现快乐、感受快乐、创造快乐，从而走出攀比心理的阴影。

4. 将攀比变为动力，让男孩不断进步

男孩有攀比心理，说明男孩的内心有竞争的倾向或意识，想达到别人同样的水平或超越别人。妈妈要抓住男孩这种上进的心理，改变男孩攀比吃穿、消费的倾向，引导男孩在学习、毅力、良好习惯等方面进行攀比。同时，妈妈也可以引导男孩将攀比变成动力，告诉男孩要通过自己的努力，去实现攀比的条件。

总之，面对男孩的虚荣心、攀比心，妈妈不要视若洪水猛兽，但也不能视而不见。妈妈应积极地、适时地介入，让男孩健康成长。

第15章
好习惯，让男孩赢在起跑线上

一个人好习惯越多，对他的成长越有利。相反，一个人坏习惯越多，就越阻碍他的成功。孩童期是习惯养成的重要时期，抓紧这个时期进行培养，将收到事半功倍的效果，而且习惯养成后会比较牢固，影响终生。

少成若天性，习惯为之常

孔子说过：“少成若天性，习惯为之常。”习惯一旦养成，就很难改变。好的习惯会使人的一生受益，而坏的习惯却会使人的一生受害。因此，从小培养男孩良好的习惯不容忽视。妈妈必须认识到培养男孩的良好生活习惯和学习习惯是关系男孩一辈子的大事，千万不要因为男孩小而忽视它。

在目前的中国家庭里，有不少妈妈在培养男孩良好习惯方面存在一定的误区。错误地认为习惯的培养没什么大不了的，甚至认为那是学校的事，妈妈不必管。这种妈妈一般文化知识比较少，对男孩的教育缺乏必要的认识。这种家庭里成长的男孩，很容易染上恶习，走上歧路。

即使有的妈妈对此给予足够重视，但是方法不得当。有的妈妈在发现男孩有不好的习惯时，一味强硬地迫使男孩改掉不良习惯，生硬地禁、堵、卡，甚至训斥、吓唬、打骂、体罚，使男孩产生了逆反心理，效果适得其反。有的妈妈不懂男孩注意力维持时间短的特点，逼迫男孩长时间学习，以图养成他良好的学习习惯，不料，适得其反，使男孩养成了边学边玩不专心学习的坏习惯。

除此之外，还有的妈妈太过溺爱男孩，对男孩宠爱放纵，造成男孩任性、懒惰，依赖成性，自主、自立能力极差，根本无从谈起良好生活习惯及学习习惯的培养。

要知道，习惯的好坏可以影响人的一生。美国心理学家威廉·詹姆士说："播下一个行动，收获一种习惯；播下一种习惯，收获一种性格；播下一种性格，收获一种命运。"

习惯可以决定一个人一生的命运。所以说，妈妈有必要让男孩从小养成好的习惯。

从小培养男孩良好的习惯

习惯影响孩子的一生，培养男孩良好的习惯是家庭教育的重要任务。著名教育家叶圣陶曾指出："什么是教育，简单一句话，就是要养成良好习惯。"所以妈妈应充分认识培养男孩良好的生活、学习习惯的重要性，要"从小、从细、从严"培养男孩的习惯。

对于怎样培养男孩的好习惯，教育专家有以下几个建议：

1. 多做塑造工作，少做改造工作

这句话是什么意思呢？就是说要让男孩从小到大要养成各种各样的习惯，在男孩还没形成习惯前，就要注意纠正和引导男孩多形成好习惯，这就是多"塑造"。但有时一不留神男孩形成了许多不良习惯，等妈妈意识到时，要想改，却已经难了许多，这就是"改造"。家长还要尽量避免在青春期强迫男孩纠正不良习惯。

2. 男孩的好习惯要尽早培养

培养男孩的好习惯一定要从小开始，因为男孩越小，可塑性越强，越容易塑造。不要等到长大以后，已经养成了许多不良习惯了，再想着去改，那时候却已经晚了。

培养好习惯的最佳时期是在幼儿阶段和小学阶段。在幼儿阶段妈妈要特别重视男孩生活习惯的培养。比如：按时起床，自己穿衣，自己洗脸、刷牙，吃饭不掉饭粒，做事不磨蹭、动作要快，等等。在小学阶段时，则要尽可能多地培养男孩养成好的学习习惯。比如：做完作业自己检查，不会的字自己查字典，按时学习，写完作业后自己整理好书包，在外面要留心观察，等等。

3. 注重言传身教的作用

妈妈是男孩的第一任老师，要以自身良好的行为习惯影响男孩，给男孩起到示范作用，所以有必要消除自身不良的学习、生活习惯。与此同时，妈妈可以制订一些生活、学习时间安排，创设有利于养成男孩良好学习、生活习惯的氛围。如妈妈在男孩学习时关掉电视机、电脑等，不做分散男孩注意力的事，更不要高谈阔论，打牌闲聊，在男孩专心做功课时，不要随意向男孩问话，干扰男孩的思路，这样便容易促进男孩养成定时、专心学习的好习惯。同时，妈妈要注意，不要让男孩学习时间过久，影响了日常的休息。

4. 与老师协同培养男孩良好的学习习惯

一般说来，对于男孩习惯的养成，尤其是学习习惯的培养，可以向老师请教一些方法和经验。妈妈平时要经常主动与学校老师联系，跟班主任老师多沟通，了解男孩在学校的学习表现，以及跟老师反映孩子在家的学习、生活习惯。对老师提出的意见和要求，妈妈应虚心倾听，不要过分地偏袒孩子，根据学校培养男孩良好习惯的要求，积极配合老师的工作。

5. 培养男孩良好的习惯需要循序渐进，不能一蹴而就

养成一个好习惯，不是一朝一夕就能完成的，需要坚持不懈地加以耐心引导，强化巩固，才能让男孩从逐渐适应到变为习惯。同样，教男孩克服一个坏习惯也实属不易，妈妈要善于开导，持之以恒。一般地说，妈妈可以与学校老师密切配合，培养男孩良好的学习、生活习惯。

纠正男孩爱撒谎的坏习惯

很多妈妈对男孩有撒谎的现象感到生气和苦恼，特别是对明显的说谎和死不承认的说谎尤其恼火。

男孩为什么说谎？不外乎以下几种情况：一是出于自我保护说谎；二是因为想象而说谎；他们的吹嘘可能只是把心中的愿望表达出来；三是想讨好大人而说谎；四是想博得赞赏而说谎；五是希望引起别人注意而说谎。

男孩说谎从某种意义上说，也是他渴望独立的一个标志，因此妈妈应平静的、坦然的态度面对男孩的说谎，在弄清男孩说谎原因的基础上，耐心地启发男孩承认错误，正确引导男孩摆脱说谎的习惯，学会诚实做人、真实做事。

1. 重视男孩的第一次说谎

当男孩第一次说谎时，妈妈应将其当作一件大事来抓，绝不能掉以轻心。要知道有第一次，就会有第二次、第三次。一般男孩在第一次说谎时会感到不安，即使蒙混过关了也会十分担心，但是如果这第一次说谎没有得到及时的纠正，男孩便可以品味到说谎所带来的甜头，他也就会由此产生再次尝试说谎的欲望，男孩会觉得妈妈是“好骗的”“可欺的”，他的胆子会越来越大，谎话会越说越多，越编越像，最终就撒谎成性了。

2. 多聆听并与男孩沟通

当男孩预期事情会有负面后果而说谎时，妈妈应了解男孩的需要，订立更实际的规则；假如是男孩可以做得到且愿意做的，他自然不用说谎了。另外，有些男孩会因为跟妈妈的接触机会少，所以用说谎的方法去争取妈妈的关注。换句话说，妈妈平日应加强与男孩沟通互动，多了解男孩的想法，让男孩感受到妈妈对他的关爱与关注。

3. 要帮助男孩区分现实和想象

男孩说谎并非都是有意的，尤其是年龄小、想象力、创造力丰富的男孩更易进行想象型撒谎。妈妈在日常生活中要注意告诉男孩什么是发生的，什么是想象的，让男孩逐渐把现实和想象区分开来，让男孩认识到谎言总会被识破，说谎只会受到更严厉的惩罚。而诚实是美德，是高尚的品质，同时诚实也会减轻对过失的惩罚。

4. 不要随意给男孩“贴标签”

男孩的说谎往往并不是为了故意伤害他人，妈妈不要轻易将男孩的说谎行为与男孩的品质画等号，不能因为男孩的某一次谎言就给男孩定性，给男孩贴上“小骗子”“谎话专家”“吹牛大王”等标签。这样做不但对男孩改掉说谎的毛病没有任何帮助，反而会对男孩的说谎行为起到强化的坏作用，可能会促使男孩今后更加努力地说谎。

5. 妈妈给男孩做一个好的榜样

妈妈在要求男孩诚实的同时，自己应该以身作则，在日常生活中做一个好榜样，不要不经意地在男孩面前说出做不到的承诺或骗人的话，要在日常生活和工作中做到言行一致，诚实守信。对男孩或他人的承诺要认真履行，犯错后要及时承认错误，并认真改正，这样男孩便可从中学习到好的行为。

6. 妈妈要用一颗平常心来对待男孩

妈妈不要盲目地把自己的男孩与别人的男孩进行比较，对男孩提出过高的要求，这样不仅易导致男孩撒谎，还易使男孩丧失自信心。妈妈要根据自己男孩的实际情况、兴趣和特点施教。只要男孩每天都有进步，能够发挥自己的优势和特长，妈妈就应该为之高兴和骄傲。

总之，妈妈不可只看结果，不看过程，采取简单、粗暴的奖惩方式来教育撒谎的男孩，因为这种方式易使男孩出现为了逃避惩罚再次撒谎等不良行为。在采取适当的方法惩罚男孩说谎行为的同时，应更多地奖励其诚实的行为，使诚实的行为得到强化。

让男孩改掉爱说脏话的毛病

爱说脏话的人是不受欢迎的，爱说脏话的男孩也是不可爱的。有时看到一些长得白白胖胖、漂漂亮亮的、天真可爱的男孩，谁都会从心底里滋生出一股爱怜之情。如果男孩开口就是满嘴脏话的话，那马上就会使人大失所望的。

家庭管教严厉的妈妈初次听到男孩说脏话，确实会大动肝火，为此会严厉责备男孩。但是，妈妈需要尽快冷静下来，考虑该如何禁止男孩说脏话，切不可以同样的方式反骂男孩，这样只能适得其反。

其实，男孩突然间说脏话，大多数是无意识的。他们根本还不明白这些脏话的真正含义，只不过是从小朋友或大人口中学来的，觉得好玩，现学现卖罢了。但妈妈应立即纠正，不能让男孩习以为常，否则长大后，再纠正就不容易了。男孩爱说脏话除了会招致他人的反感之外，还会对男孩的成长及心理发育有一定的负面影响，所以，妈妈应该尽早地、正确地制止男孩这种不良行为。

1. 净化男孩周围的语言环境

男孩不文明的语言一般都来源于周围的环境，如果妈妈说话满口脏字，这就很容易使男孩去模仿。因此，妈妈应该提高自身的修养，为男孩做出良好的榜样。当妈妈发现男孩说脏话时，要找出其说脏话的根源，尽量让男孩远离或少接触不良的环境。

2. 让男孩学会适当的表达方式

妈妈要明确地让男孩知道，一个人说话要文明，说脏话的男孩不是个好孩子，明确表示自己的态度，从正面教育男孩改变自己的行为。同时，妈妈要教育男孩正确对待与他人的摩擦，并引导男孩用文明的语言去表达自己内心的感受。

3. 让男孩学会自我控制

引导男孩学会自我控制，男孩才能逐步纠正骂人、说脏话的不良习惯。如果男孩有不良情绪需要发泄时，妈妈可以帮助男孩选择适当的宣泄方法，例如，让男孩把不高兴的事件告诉妈妈，以缓解心中的不快；让男孩大喊几句，抒发心里的郁闷，等等。教男孩宽容地对待他人的过失。许多男孩骂人其实是对自己受到伤害的一种情感宣泄，妈妈应教育男孩以平和的心态看待与他人之间的摩擦，让男孩学会宽容他人的过失。

4. 不要让男孩觉得你太在意他说脏话

在男孩刚刚说脏话时，如果妈妈觉得有趣或是表现出过度紧张或气愤的样子，男孩可能会误以为脏话是一件很有趣的事情，能够引起妈妈的注意，从而重复地练习与模仿。此刻，妈妈应该做的，就是尽量保持平静，让男孩觉得脏话跟其他平常的话语没什么差别。一旦男孩觉得这样的话语不能引起别人的注意，便会觉得无趣，不会再去故意模仿这些词汇了。

5. 对于男孩明知故犯的行为要及时惩戒

当男孩总是故意在说一些粗话脏话，并且在妈妈多次解释和劝告都无济于事的情况下，妈妈应该立即采用一些措施来制止男孩的这种行为，使男孩深刻地认识到说脏话会给自己带来的不良后果，从而达到改正的目的。

妈妈应先让男孩明白：从小学说脏话是不好的；好孩子是从来不说脏话的；说脏话是极不文明的行为。

男孩赖床不起妈妈怎么办

太阳已经升得很高了，任由妈妈“火冒三丈”，孩子却仍“赖”在床上，这种情景在很多家庭中都经常出现。每位妈妈都希望自己的孩子有一个正常规律的作息时间，但是，男孩精力旺盛，偏偏喜欢晚上晚睡，结果生活秩序大乱，这着实令妈妈伤脑筋。

男孩正处于生长发育期，由于运动量大，体力消耗也大，因而需要比成人更多的睡眠时间，以恢复精神和体力。但这不能成为赖床的原因，男孩应该早睡早起，养成良好的作息规律。

帮助男孩改正赖床的毛病，不是一蹴而就的事。男孩的生活规律会受妈妈的影响，妈妈如果希望男孩养成良好的作息习惯，就要从日常生活的点滴做起。如果再配合以下技巧，定能收到良好的效果。

1. 睡前安抚男孩的情绪

要想男孩好好起床，就要让男孩头一天晚上好好睡觉。男孩有时会因为情绪上的不稳定而影响睡眠品质。妈妈要多留意，找出问题的症结，安抚男孩的情绪，让其安稳入睡。如果男孩怕黑，不妨带他去挑个他喜欢的卡通造型台灯，睡觉时有可爱的台灯散发着微弱光芒陪伴他，会让男孩安心不少，更容易入眠。

2. 以身作则，帮助男孩入眠

有些妈妈在就寝时间一到，就急着催着男孩上床睡觉，自己的眼睛却还猛盯着电视，或还在打电脑、玩游戏。妈妈的这种做法会让男孩有“孤单”或“不公平”的感觉，而且男孩会有“为什么只有我要去睡觉”的疑问，加上男孩精力本来就旺盛，当然也就降低了睡觉的意愿。因此，一旦睡觉时间到了，如果没有特殊情况的话，妈妈最好也能按时就寝，在这样的气氛中，男孩更容易入眠，也更容易按时起床。

3. 温柔地叫男孩起床

有些妈妈叫男孩起床的方式非常粗暴，总是扯开嗓门儿喊。其实叫他的声音可以放轻柔些，摇他的动作不要太猛烈，也可以亲亲、抱抱他，以免他情绪不佳而不愿意起床。还可以随手播放一些轻松的音乐或者放一些男孩喜欢听的故事，让男孩在轻松的气氛中醒来，以缓解被吵醒的不快。

4. 和男孩约定起床的时间

妈妈最好和男孩约定睡觉、起床的时间。问问男孩喜欢妈妈用什么方式叫他起床，然后和他来个小约定，用男孩能接受的方式叫他起床，可以避免彼此的不愉快，还可以教男孩对自己的承诺负责，同时也让男孩感受到妈妈是尊重他的。

改善男孩赖床的问题，不是一朝一夕就可以解决的，先给男孩一点儿缓冲时间，态度不要过于急躁而引起男孩的反感，要温柔坚定地执行下去。

全面纠正男孩的攻击性行为

有些男孩的妈妈经常很苦恼，因为儿子经常爱动手打人。为什么这么小的孩子就具有攻击行为呢？

在学前男孩身上，我们经常可以看到幼儿的攻击行为，如打人、骂人、用东西砸人、毁坏别人的物品等。对男孩这种行为若不及时加以纠正和制止，任其发展，等男孩长大后，就容易成为一个骄横无礼、脾气暴躁、冷酷无情的人，严重的还会出现反社会行为，对男孩本人、家庭及社会都极为有害。

但很多妈妈对男孩的这种行为却束手无策，不知道产生的原因是什么，往往使用责备、打骂来教育男孩，结果却常常适得其反。

男孩攻击行为的产生，大致有以下几个方面的原因：

一是沾染社会不良风气，模仿别人的行为。二是过多的挫折和挫败感让男孩的心理扭曲，变得具有攻击性。三是妈妈对男孩的攻击行为的纵容和不正确的强化作用，让男孩习惯以打人为乐。

知道了男孩有攻击行为的各种原因后，妈妈就要对症下药，及早纠正孩子的攻击行为，具体可从以下几个方面入手：

1. 妈妈应做好表率，在家庭中营造一种文明礼貌的气氛

要切忌对男孩实行简单粗暴的打骂教育。男孩从妈妈处受到的委屈与压抑，极有可能通过攻击行为发泄出来。

2. 妈妈要做好积极的预防工作

积极控制可能诱发男孩攻击行为的多种因素，并向男孩灌输一些与人为善、助人为乐等“好男孩”观念，让其认识到攻击行为给别人带来的伤害。

3. 要训练男孩的受挫能力

尤其是心理上要经受得住挫折的打击。要学会将挫折所带来的不良影响通过压抑、转移、消除等方法加以解除。有什么不满，可通过正常的渠道表达出来并加以解决。

4. 让男孩学会用说理代替武力

用武力解决冲突是不理智的。妈妈应告诫男孩不要用武力解决和别人之间的冲突，当遇到争执时，最好通过讲道理来加以解决。

5. 平静地对待男孩之间的冲突

如果男孩之间发生了冲突，妈妈一定要保持冷静，不要立即大声呵斥男孩，更不能因为害怕自己的男孩吃亏而护着男孩。应该让男孩自己说清楚发生冲突的原因，然后让他提出解决冲突的方法，或者帮男孩提出一些解决冲突的办法。

总之，虽然有的男孩攻击行为强烈，但是绝对不是无可救药，妈妈还是要心平气和地引导男孩，让男孩尽早改掉这个坏毛病。

及时纠正男孩吸烟的不良习惯

有的妈妈会突然发现，自己的儿子竟然在外面偷着吸烟，有的甚至上了瘾，自己的零花钱不够，就偷家里的钱或通过其他不正当的渠道弄钱买烟。这种现象在男孩中并不少见。

妈妈如果发现这种情况应该怎么办？一味地斥责甚至以体罚来惩治男孩多半是不奏效的。因为这个年龄段的男孩有较强的叛逆心理，打骂有时反而会促使男孩对抽烟更加迷恋上瘾。

要纠正男孩吸烟的不良行为，就要了解产生这种行为的原因，男孩为什么会偷着抽烟呢？

第一，好奇心强，寻求刺激。男孩对成年人的活动有较强的好奇心，加上社会对吸烟的一些不正确的诱导，促使他们想亲身体验一下这种感觉。由于男孩的自我的控制能力还不强，慢慢地便上了瘾。尤其是当他们的学习成绩不理想，或是在家里、在外边遇到了不痛快的事，便用吸烟这种刺激来填补精神上的空虚。

第二，盲目模仿，相互感染。十二三岁到十七八岁的男孩的社会化方式首先是模仿。但由于识别能力有限，便在不辨真假、善恶的情况下去追求“新、奇、特”，模仿影视作品中自己所崇拜偶像的一举一动，认为这样才算潇洒。在这些群体中，一旦有人率先吸烟，就会产生暗示，谁不吸就显得“不入流”，结果相互影响，便逐渐形成了不良的吸烟习惯。

第三，错误的心理需要也是男孩吸烟的原因之一。男孩中有些人往往错误地认为吸烟是“大人”的标志，因而学着吸烟来表现自己长大成人了，可以与成人平等，并在其他同伴面前显示自己的老练与独特。

妈妈要针对形成的不同原因，及时纠正男孩吸烟的不良行为。

（1）要向男孩说清吸烟的危害性。吸烟危害人体健康。

（2）要了解男孩所特有的心理需求。为男孩营造轻松活跃的家庭氛围，创造条件让男孩参加一些有意义的公众活动并获得成功，转移男孩对吸烟的兴趣。

（3）要耐心地帮助男孩提高判断力和自控力。让男孩明白，盲目地崇拜偶像明星的行为以及模仿伙伴中的不良行为，并非成熟和潇洒，而吸烟更不能作为长大成人的标志。这样男孩形成正确的认识，就会逐渐改掉吸烟的坏毛病。

（4）妈妈可以寻求学校班主任老师的协助，监督男孩，禁止抽烟的行为。

（5）言传身教，要让男孩不抽烟，不沾染不良的行为习惯，妈妈就不要在男孩面前抽烟。即使是平常爱抽烟的妈妈，也尽量不在男孩面前抽烟。妈妈先改掉自身的毛病，才能为男孩树立一个好榜样。

（6）要帮助男孩将精力集中在学习上。大量事实表明，男孩一旦变得不爱学习，对学习失去兴趣，就会容易沾染各种不良嗜好，比如厌学弃学，跟着社会上不良少年学习吸烟喝酒，并以此为乐。学校里绝大多数吸烟喝酒的男孩，往往都是学习不好的学生。

一旦遇到这种情况，妈妈一定不能麻痹大意，坚决帮助男孩悬崖勒马，从歧途中走向大道。增强男孩的学习兴趣，帮助他们重新找回自信，在学习上多关心和指导，对男孩的学习成绩的进步多一点儿鼓励和表扬，男孩就会逐渐地将精力和目标转移到学习上来，慢慢地将烟瘾戒掉。

男孩染上吸烟的毛病之后，切不可打骂，要走进男孩的情感世界，千方百计取得男孩的信任。只有走进男孩的情感世界以后，妈妈的劝告才能被男孩接受，男孩才能主动戒烟。

教给男孩良好的生活卫生习惯

楠楠有一个属于他自己的房间，但里边摆放乱七八糟：床上到处堆着衣服，桌子上和地板上到处都堆满了书和玩具。妈妈刚刚帮他整理好了，很快他又给弄得一塌糊涂。妈妈要他自己整理，他却说："我自己的房间，乱点儿是我的自由，您要是看不惯，可以帮我整理。不愿意整理，可以不进我的房间，这也是您的自由。"妈妈觉得个人讲卫生，是一个人良好的习惯，对一生都会有好处的，楠楠的做法让妈妈很生气，气急眼了就会骂楠楠，即便如此，楠楠依然我行我素，任由自己的卧室"脏乱差"。

在日常生活中，有些男孩的个人卫生意识非常差。我们经常会看到一些男孩，人长得非常帅气，但穿得却不整洁，如果走进男孩集体宿舍，卫生状况更是惨不忍睹。桌子上杯盘狼藉，饭盒里的剩饭剩菜散发着种种异味。床上床下更是"杂货铺"，床单被罩皱皱巴巴，颜色发黄，散发着汗渍味，空瓶子、臭袜子、脏球鞋等横七竖八地堆在床下。

讲究卫生直接关系到人的健康，良好的生活卫生习惯是保证身体健康的必要条件。然而，在现实生活中，一些男孩由于不讲究卫生，染上急性或慢性疾病，影响了身体健康。

如果男孩不讲个人卫生的坏习惯已经养成，做妈妈的就要想办法纠正。主要有以下几方面：

1. 教给男孩学会整理房间

多数男孩都十分顽皮，常常妈妈刚刚收拾好屋子，转眼间又被翻得乱七八糟，妈妈一边无奈地叹气，一边不得不重新把房间再整理好。与其跟着男孩身后没完没了地收拾房间，不如教男孩自己学会整理房间。当然，太小的男孩还不会整理房间，对弄乱的屋子也会不以为然，他所关注的只是身边想玩的时候就有玩具。这时，许多妈妈总是一边呵斥男孩不要动这个、不要碰那个，一边收拾男孩制造的“战场”。其实，这样做是不对的。男孩不会认识到这是他做得不对，反而会误以为自己弄乱了房间，自然会有妈妈来收拾。所以，妈妈应该从小培养男孩对自己做的事情负责的意识，让他自己动手收拾房间，从小养成讲究个人卫生的好习惯。

2. 让男孩学会分门别类地收纳物品

让男孩学着自己把玩过的玩具收好，把看过的书放到书架上，把到处乱放的画笔、铅笔等文具都装进文具包里，等等；妈妈可以指导男孩将所有的物品放回原地，分门别类地做上标记。按顺序、大小或者轻重程度的不同等一一排序，这样不易互相挤压和损坏物品。总之，让男孩学会分门别类地收拾东西，一方面方便拿取，另一方面可以教男孩养成珍惜物品的好习惯。

如果男孩太小，妈妈可以同他一起收拾，告诉他哪样东西该放在什么地方，千万不要独自就将他弄乱的房间收拾得整整齐齐。

3. 妈妈要起带头作用

妈妈是孩子的榜样，一定要起好带头作用，以身作则。做事有规律，讲秩序，讲究卫生的妈妈，一般男孩也有同样的良好习惯。如果平时男孩比较懒惰，不爱整理房间，不讲究卫生，也不能要求男孩立即就能改掉坏习惯，而应该循序渐进，花费一定的时间，千万不可操之过急，甚至打骂男孩。

要先让男孩知道需要做到什么样子，怎样才算干净整洁。慢慢地，他就会理解妈妈的要求，做到妈妈所希望的样子。

第16章
放开手，让男孩尽早自立自强起来

自立自强是培养男孩未来独立性的基础。独立性是一个人非常重要的心理品质，对人一生的发展和成才起着极为重要的作用。

妈妈培养男孩自立自强的意识，对于男孩今后的成长有至关重要的作用。他会在今后的成长过程中摆脱依赖心理，在工作中形成自己的意向，做出自己的决定。做事会更充满信心，不至于陷入孤立无望的境地。

包揽让男孩丧失自理能力

李刚是家里唯一的男孩，从小时候开始，妈妈就什么都不让他做，他能做的、不能做的事，都被妈妈包了。

李刚到四五岁时，爷爷、奶奶、外公、外婆都还围在他的身前身后不停转：吃饭有人喂，衣服有人洗，真是“衣来伸手，饭来张口”。

有时候，李刚也想帮着大人们做一点儿事，但都被阻止了，李刚看见奶奶在洗衣服，就走过去想帮奶奶洗袜子，可是奶奶却心疼地说：“不用你洗，到一边玩去吧。”李刚看到妈妈在扫地，就走过去想帮忙。可是妈妈也说：“不用你扫，到屋里看电视去吧。”李刚在屋里屋外转了一圈也没有帮上忙，大人们什么活也不让他干，就这样李刚的每一次想帮助大人做事的愿望都被制止了。后来，渐渐地，李刚把这当成了一种习惯，即使需要帮忙的时候，也懒得去做了。

有时李刚在写作业时，妈妈来到他旁边扫地，他连脚都不抬一下；

奶奶叫他帮忙拿东西，即使举手之劳，他也懒得拿。

李刚为什么变得越来越懒惰呢？其实，李刚并不是天生就是个懒男孩，是因为家人从小没有对他的劳动能力进行培养，把一切他能做的事都给代劳了。

有许多事情男孩原本很乐意去积极参与。但是，许多妈妈却扼杀了男孩的积极性。例如：有的妈妈为了省掉男孩惹事后要替他善后的麻烦，就对男孩的一切事情都大包大揽，男孩在家里是要什么给什么，养成男孩“衣来伸手，饭来张口”的恶习，对生活都缺乏了自立。

在我国，很多男孩由于从小就生活在蜜罐里，被家长呵护着，独立意识削弱，依赖心增强，缺乏基本的生活自立，“手不能提，肩不能抬”，真成了温室里的花朵，不能经历风吹雨打。有的家长在金钱方面，也过于纵容男孩，要多少就给多少，这样让男孩从小就养成了挥金如土的习惯，认为只要伸手，钱就是可以得到的，根本就不会理解家长挣钱的辛苦。家长这样的教育方式，男孩在将来竞争激烈、复杂多变的社会中，很难轻易找到自己的位置，将会被时代淘汰。家长的这种教育方式，对男孩而言，不是爱，而是一种伤害。

男孩不能自理或者懒惰的习惯，大多都是家长造成的！从小培养男孩的劳动意识，不仅是对男孩生活自立的锻炼，同时也有助于开启男孩的智力，让男孩的人格更加完善。

过度溺爱会毁了男孩的一生

对于许多中国妈妈来说，他们绝大多数只有一个男孩，所以把那种爱子之心表现得淋漓尽致。

现在妈妈都把男孩视为最珍贵的宝贝、掌上明珠，总想着要怎么对他好，恨不得能充当他的手脚，一切会累到的事情都代替他做了，尽力满足他的一切要求，似乎只有用这样的办法才能表达对男孩足够的爱。其实，妈妈的责任应该是培养男孩的自立自强，让男孩没有依赖心理，自己的事情自己做。

持有男孩想要天上的星星也恨不得给他摘下来的心态，对男孩的成长和成才有好处吗？有些男孩在妈妈过分的呵护下，心理素质很差，经不起一点点挫折和失败。我们不能说这些男孩一定没有出息，但他们将来走向社会后的抗压能力、接受挑战的能力却值得怀疑。这无论对家庭还是对国家，都不是什么好事情。

妈妈不可能一辈子都牵着男孩的手。爱与害之间，只隔着一道小溪，过了这道小溪，爱就是害。喜欢溺爱男孩的妈妈对男孩过分的宠爱会使男孩丧失了锻炼自己、自我独立的机会。妈妈的溺爱是男孩缺乏自立自强的重要原因。

许多妈妈错误地认为，对于男孩来说，只有学习才是最重要的，为了让男孩能全身心地投入到学习中去，妈妈几乎包办了男孩生活方面的一切事物。对于这种观点，也有人不敢苟同，妈妈包办了一切男孩生活自理的问题，事情虽小，却反映出一些妈妈“重智力轻品德、重成才轻成人”的偏颇的教育思想。这种做法，忽视了男孩独立做事、勤劳勇敢等良好品质的养成，无形中使男孩养成了一些好逸恶劳的不良习气，使男孩丧失了最基本的自立自强。这些都是妈妈对成长中男孩溺爱的表现。

妈妈怕累着男孩，在家不让男孩学做家务，就算是男孩自己能做的也都不让干；另外，一些妈妈忽视了男孩正在逐渐长大，不相信男孩的能力，认为男孩永远都是男孩。男孩上学，怕他在途中让车给撞了，因此，做起了男孩的长期“保镖”；怕男孩在上课时不会削铅笔，于是事先在家里给男孩削好两盒铅笔。还有一些妈妈，从来不听取男孩的意见，一切都是自己说了算，对男孩穿哪件衣服、吃哪种食品、上哪所学校都有明确的规定。这其实也是一种过分保护男孩的表现。

妈妈舍得放手，孩子懂得动手

妈妈一定不要再束缚在包办孩子一切的思想中，放手让自己的男孩去做一些力所能及的事，把他看成是一个独立的个体，培养他的自立才是妈妈应当考虑的首要问题。

曾有研究表明：男孩在成长期，心理活动的主动性都会增加，对自己感兴趣的事情都想去尝试和体验。

从男孩自身发展的角度来说，不给予男孩锻炼的机会，就等于是扼杀了男孩自理能力发展的机会，长此下去，男孩就会忘记了自己的使命，缺乏独立处事的能力。所以每一位妈妈都要本着“大人放手，孩子动手”的观点来教育男孩，让男孩有能表达和坚持自己观点、有自己说“是”的机会。

自我服务是男孩发自内心所需的。培养男孩的自我服务能力，是为了适应未来社会的需要。我们要培养男孩成为一个有用的人才，不应该只注重男孩的文化知识，还要让男孩拥有一些基本劳动技能。让男孩在自己事情自己做的过程中，增强自信心，提高独立做事、独立思考、独立解决问题的能力，久而久之，男孩就能形成良好的品质。

我国著名教育专家陈鹤琴先生说：“凡是孩子能做的事情都应该让孩子自己做，不要替代他。”引导男孩独立思考的能力，不仅是让男孩能够自己独立去完成某件事，还要让男孩在遇到难题时能够独立去思考。具备独立思考能力的男孩，往往会对新鲜的事物特别好奇。而作为妈妈，这时就应该尊重男孩的这种好奇心，当男孩提出很幼稚的问题的时候，不要嘲笑男孩，避免男孩的自尊心受到伤害。

为男孩一生的发展打下一个良好的素质基础，这是每一位妈妈不可推卸的责任。妈妈是不可能事先全部办妥、代替男孩的未来的。因此，深爱男孩的妈妈们，放开你们的手，让男孩们去做自己力所能及的事情吧！

引导男孩步入心理“断乳期”

当男孩跨进青春之门的时候，他就开始具备一定的独立意识，但他对别人尤其是妈妈的依恋常常困扰着自己。依赖，是心理“断乳期”的最大障碍。随着身心的发展，男孩一方面比以前拥有了更多的自由度，另一方面却担负起比以前更多的责任，面对这些责任，有些男孩感到胆怯，觉得自己无法跨越依赖别人的心理障碍。他们容易失去自我，遇到问题的时候，自己不动脑筋，易产生从众心理。依赖别人，意味着放弃对自我的主宰，这样往往不能形成独立的人格。

依赖心理主要表现为缺乏信心，放弃了对自己大脑的支配权。往往表现出没有主见，缺乏自信，总觉得自己能力不足，甘愿置身于从属地位。总认为个人难以独立，时常祈求他人的帮助，处事优柔寡断，遇事希望妈妈或师长帮自己做决定。

依赖性强的男孩喜欢和独立性强的男孩交朋友，希望在他们那里找到依靠，找到寄托。学习上，喜欢让老师给予细心指导、时时提出要求，否则，他们就像断线的风筝，没有着落，茫然不知所措。在家里，一切都听妈妈摆布，甚至连穿什么衣服都没有自己的主张和看法。一旦失去了可以依赖的人，他们会常常不知所措。

具有依赖性格的男孩，如果得不到及时纠正，发展下去有可能形成依赖型人格障碍。依赖性过强的人需要独立时，可能对正常的生活、工作都感到很吃力，内心缺乏安全感，时常感到恐惧、焦虑、担心，很容易产生焦虑和抑郁等情绪反应，影响身心健康。

男孩一旦开始依赖妈妈时，那妈妈就要注意了，必须及时地对男孩纠正，首先，要对男孩产生依赖心理的原因进行分析，以此为基础，来对男孩的依赖心理使用一定的策略。

要克服男孩的依赖心理，可从以下几个方面着手：

（1）要纠正男孩平时养成的依赖习惯，提高男孩的动手能力。教导男孩多向独立性强的同学或朋友学习，不要什么事情都指望别人，遇到问题要做出属于自己的选择和判断，加强自主性和创造性。

（2）要帮助男孩在生活中树立行动的勇气，恢复自信心。自己能做的事一定要让男孩自己做，他没做过的事也要让他尝试着去做。

（3）丰富男孩的生活内容，培养其独立生活能力。让男孩在学校中主动要求担任一些班级工作，以增强主人翁的意识；使男孩有机会去面对问题，能够独立地拿主意、想办法，增强自己独立的信心。在家里，男孩该干的事要让他自己去干，如穿衣、洗碗、打扫卫生等，不要什么都推给妈妈，自己做个“小地主”。

总之，妈妈要改变旧观念，要严格要求男孩，让男孩通过自己的劳动去取得成功。在男孩的独立性方面下功夫，放手让男孩大胆去做、去实践、去尝试。

从小教给男孩生活自理技能

如果已经意识到了你的孩子，已经被你宠坏了，已经变得很懒惰了，已经丧失了一些自理自立能力，连一些基本的小事都不能做到，那么，建议你赶紧从下面的几个方面来进行临时补救：

1. 根据男孩的生理发展，逐步对男孩提出要求，从易到难

3岁的男孩可以训练他自我服务的基本本领，如吃饭、刷牙、洗脸；4岁时可以学习整理床铺、打扫卫生以及自己照料生活；5～6岁的男孩可以要求穿衣服时速度要快、整齐，洗脸一定要洗干净，还要会做一些简单的家务劳动，如拖地、洗茶杯等。

2. 为男孩必要的生活自理创设必要的、合理的条件

如：让他有自己的房间，衣服放置在低矮的橱里，便于男孩取放。

3. 教会男孩一些基本生活自理的方法和技能

如教男孩洗脸的顺序，把毛巾拧干后，先擦眼睛、脸部、前额，然后再擦耳朵、耳背，最后再擦颈部等。

4. 反复加强男孩自立的训练

男孩的自立只有在不同的实践中才能做得更好，让男孩养成自觉爱劳动的习惯。如果你的男孩表现得很好，你就要给予表扬。妈妈爱劳动对男孩是最好的榜样，所以，妈妈就应该时时注意，要在男孩面前做出好的表率。

培养男孩独立做事的能力

日本思想家福泽谕吉说：“教育就是授人独立自尊之道，并开拓躬行实践之法。”又如陶行知先生所说：出自己的力、流自己的汗、吃自己的饭，这才是英雄汉。然而，不少妈妈心太软，对男孩的一切大包大揽，进行一条龙“全方位”“系列化”服务，白天接送、晚上陪读，直至填写志愿。“设计”的产物、“包”大的一代，如同温室中的花朵，患了“软骨症”，见不了世面，经不了风雨，结果独生子却难独立，这种现象着实令人担忧。

每位妈妈都希望自己的男孩能成为矫健的雄鹰，但是想要让雏鹰变成雄鹰，就必须让它学会自己飞，让它具备独立生活的能力。因此，妈妈要想让男孩成为国家栋梁之材，自立地生活，从小就一定要注重对男孩独立性的培养，提高男孩独立做事的能力。

妈妈可以从下面几点来进行指导：

1. 从男孩的生活常规教育开始

常规教育即良好的生活卫生习惯和文明行为习惯两大方面。男孩从小就应养成良好的生活卫生习惯，这是最基本的生活需求。比如，从小教给男孩洗手、洗脸、洗脚、洗澡、擦鼻涕，保持个人卫生的整洁；教给男孩自己按时吃饭、睡觉以及如厕的生活习惯；教给男孩做个讲文明懂礼貌的好孩子，具体表现在尊敬长辈、爱护同伴、爱护公物、使用礼貌语言等。

男孩一旦有了独立意识，他们就会主动做事，自己拿勺子吃饭、自己去搬小椅子，自己收拾玩具，自己按时睡觉……伴随着年龄的增长，这种独立性的表现会越来越明显。当男孩渴望独立时，妈妈一定不要给予否定，要重视、支持、鼓励男孩。比如当男孩想要自己去尝试做一件事时，妈妈可以鼓励他：“只要是你想做的，相信你一定会做得更好。”

2. 给男孩创造独立的成长环境

外在环境对孩子的成长具有潜移默化的影响。妈妈要培养男孩的独立性，首先要给他建立一个身心自由、能够独立活动的成长环境。比如平时把男孩的玩具放在他自己可以拿到的地方，玩具收纳箱放在可以让男孩自由拿取的地方，让男孩养成主动收拾玩具的习惯。

妈妈要给男孩一些主动性，给男孩一个表现自己的机会。比如妈妈在做事的时候，遇到一些简单的家务活，可以请男孩帮忙，比如说“你试一下吧”，给男孩活动空间，男孩会喜欢，也会尽力去做得更好。

3. 让男孩经历磨炼

从男孩学走路开始，妈妈就需要适时地放开手，让男孩自己去练习走路，体验从跌倒到爬起的过程，而不是男孩一跌倒，妈妈就忙着扶起。没有体验挫折，就始终无法学会成长，为了男孩，让他自己跌倒自己爬起来！不要担忧男孩身上那些在尝试的过程中留下的伤，那是他们成长的印记，是经历磨砺后的纪念。

妈妈要告诉他一些相应的技能和知识，即不仅是自己乐意去做事，而且还会自己独立把事做好。妈妈要教男孩去独立完成自己的学习任务和事情，自己去和伙伴交往，当男孩与伙伴产生矛盾时，指导他，让他自己解决问题。

总之，男孩不应该在妈妈的影子下成长，跟在妈妈后面做妈妈的“尾巴”。努力培养男孩的独立性才是妈妈重要的功课，让男孩自发地去做，开始没有做好，并不代表以后都不会做好，俗话说：“万事开头难。”作为妈妈，要陪男孩一起度过开始难走的日子。让男孩集聚能量，有独立面对事情、解决事情的能力。

男孩未来的路让男孩自己去走

虽然男孩现在还有些弱小，但是总归有一天要离开妈妈，独立地在社会上闯荡、生活，所以独立自主这种将来的立身之本需要从小培养。

心理断乳不是突变的过程，而是男孩对妈妈的关系从依赖到独立的较长的变化过程。做妈妈的应该强烈意识到，21世纪社会变化更加剧烈，科技发展更加迅猛，而一个缺乏独立性的男孩是无法适应现代社会需要的，因此一定要将培养男孩的独立自主能力提到重要地位。具体可以从以下几个方面进行培养：

1. 放手让男孩做力所能及的事

妈妈就应放手让男孩锻炼，不要怕他做不好，也不能求全责备，更不能包办代替。对于男孩独立去做的事，只要他付出努力，无论结果怎样都要给予认可和赞许，使男孩产生自信。“我行”这种自我感觉很重要，它是男孩独立性得以发展的动力。

男孩自己做事常常做不好甚至失败，在这种情况下，妈妈应该鼓励男孩再去做，绝不能动辄就说“我说你不行吧，就会逞能”，更不要见男孩做不好就动手代劳。

当男孩执意去做那些难度较大的事时，妈妈应予以鼓励和帮助。这样会提高他们的积极性，增强他们的自信心，增加他们的锻炼机会，养成独立做事的习惯。

2. 培养男孩克服困难的精神

妈妈在培养男孩的独立性时，往往需要同时培养男孩克服困难的精神和毅力。对于男孩来说，自己穿脱衣服、整理和收拾玩具等，是需要付出很大努力和克服一定困难的。因此，妈妈所要做的就是对男孩做出的努力给予充分的肯定，并鼓励他们克服困难，尤其是对那些依赖性较强的男孩，妈妈更要坚持要求。

在家庭中培养男孩独立做事时，最关键的是妈妈自己要战胜自我。有的妈妈一见男孩碰到困难，不是鼓励他去克服困难，而是立即代劳。还有的妈妈明知应要求男孩克服困难，坚持自己去做事，但只要男孩一哭一闹，立即“心软”而“妥协”，依顺男孩，从而前功尽弃。为了男孩的未来，妈妈应下决心甚至下狠心，培养男孩克服困难的精神和毅力。

3. 让男孩自己做决定

中国传统家教中十分注意培养男孩的“听话”“顺从”，却不注意倾听男孩的意见。小到生活上的事，大到男孩的发展方向，一概由妈妈决定，男孩缺少自己做决定的机会，这就不能培养他们的抉择能力。自我抉择能力是独立性很重要的一个方面。

随着现代家教观念的更新，有一些妈妈，不仅注意从小培养男孩独立生活和独立思考的能力，也注意创造机会培养男孩自己做选择和自己处理问题的能力。

记住：未来是属于孩子自己的，男孩未来的路要靠他们自己去走，未来的生活要靠他们自己去创造，这一切都不是妈妈替代得了的。深爱男孩的妈妈们，让男孩从小学着自己走路吧！

自己的事情让他自己负责

现在的家庭普遍只有一个男孩，妈妈们会非常疼爱也是情有可原。加上妈妈在男孩的教育上普遍存在注重男孩的学习而不重品德培养的问题。因此，导致男孩劳动能力很弱，缺乏劳动精神，进而使男孩的责任感流失，自己的事情自己不负责。

一个14岁的男孩，吃饭过后收拾桌子，桌子擦得不干净；扫地时只扫一些看得见的地方；在学校值日时这里落下一个纸片，那里落下一堆土；做作业时只想早点儿做完，一味地图快，写字不工整，卷面不整洁，错误很多；妈妈叫他帮忙倒垃圾，垃圾会掉落很多在地上；老师让他帮忙发作业本，他会把作业本直接往教室讲桌上一放，拿出自己的本子就走……

以上种种现象，反映了男孩责任心差，对自己的事情不负责任。责任心是一种难能可贵的品质，在男孩童年时期培养男孩的责任心是非常重要的。而我们现实生活中就有很多男孩缺少这种可贵的责任心，无论是对学校的工作还是家务劳动，无论是对自己的学习还是替人办事，全都是敷衍了事。

责任心是一个人的立身之本。因此，在家庭教育中培养男孩的责任心应当是重点。

男孩的“通病”就是做事坚持性差，妈妈在教育男孩“自己的事情自己做”时，需要适时给男孩一些鼓励，提高男孩做事的兴趣，让男孩慢慢养成做事有始有终、有责任心的良好习惯。

首先，教男孩养成自己的事情自己做的习惯。做事不能善始善终的男孩，是不会有健全的责任感的。因此，生活中，妈妈和老师要让男孩自己的事情自己做，不要代办，更不要替男孩对事情负责。要让男孩清楚，哪些事情能做，哪些事情不能做，哪些事情适合自己做，哪些事需要成人的引导才能做。还要让男孩明白，在学校里，自己是班里的一员，就有责任去协助老师和同学完成集体的活动，在家里要尽自己的能力、责任去做一些力所能及的事。

其次，在日常生活中，妈妈要注意从点滴的小事中引导男孩具有责任感。不管事情的结果怎样，只要是男孩独立完成的，就应当引导并鼓励他对所做事情要敢作敢当，要有责任心。作为妈妈，也不能把责任都揽到自己身上，这样会给男孩提供一个不负责任的机会，促使男孩淡漠责任感。

再次，男孩能否自觉学习也离不开责任心，妈妈要引导男孩要读好书，让男孩从精神上获得满足，在无形中让男孩的心里形成一种责任意识。另外，妈妈还要同男孩一起找一些在身边发生的、有责任感的好人好事加以强化，也是引导男孩责任意识的方法之一。妈妈还要注意引导男孩具有辨别是非曲直的能力，预防来自社会或其他方面的消极干扰，形成对人、对事真诚负责的态度，从而从中获得成就感，提高责任意识。

最后，要引导男孩参与行动，让男孩通过自己的亲身体验产生责任感。例如，在假日里，让男孩做个义务劳动者，让他清理一次住家附近的卫生，作业先认真思考再动笔做。对反面的事物也要思考，反省自己的缺点，妈妈对男孩多鼓励，多与男孩一起讨论话题、交流看法。学习上遇到问题，多问老师，与老师同学一起想解决的办法。对男孩的错误不要以训斥、打骂的方式处理，要以平和的心态对待，这样男孩在与妈妈的交流中就不会有隔阂，而会产生一种情感。因为责任感正是建立在情感基础之上的。

妈妈一定要让男孩了解：一个人做什么事都要有责任心，特别是对自己做过的事情要负责。自己做错了事都是要靠自己去想办法处理的，不要希望有人会替你去承担，别人没有理由和义务去替你承担。即便是别人愿意为你分担，那也是需要你付出一定的代价。

培养男孩自立自强的好方法

妈妈对男孩过分溺爱和保护只会给男孩带来心理上和人格上的不健全，使男孩养成脆弱、幼稚、任性、自私、依赖的心理，缺乏自立自强，所以，必须予以纠正，下面是几种培养男孩自立自强的方法，可供妈妈们参考：

1. 树立正确的自立自强观念

男孩之所以自立自强性差，往往都是出于妈妈对男孩的过分宠爱。很多妈妈生怕把男孩累着，大小事物都帮男孩完成了，甚至男孩到了高中，到了大学还是要什么都替男孩做了。妈妈这样做，其实是在扼杀男孩活动的内驱力，削弱男孩研究外界事物的主动性，产生消极、懒惰心理，做事没有恒心等一些不良现象。妈妈都要清楚一点，男孩长大后是要独立生活的，绝对不能不自立自强。

2. 教男孩不要嫌麻烦

曾有妈妈这样说：去花时间教男孩做事，还不如自己替他全部都做完。显然这位妈妈的观念是有问题，男孩的自立自强与责任心是相连的，如果妈妈在男孩需要进行自立自强培养的时候，没有采取适当的教育与训练，那么男孩就会缺少这方面的锻炼，导致永远也学不会，无法体会在自己已经具有的经验上对他人的一种责任心。

3. 锻炼男孩的自立自强

妈妈在训练男孩自立自强的时候，要从小事上培养，要使男孩在自己力所能及的范围内做到自己的事情自己做。按常理来说，男孩对于新的事物总是会特别感兴趣，很乐意去为妈妈以及他人做一些事情。因此，就要注意从小事上来引导男孩对劳动感兴趣。例如收拾自己的玩具、用具、书包等。

4. 给予男孩肯定与鼓励

由于男孩还处在学习的时候，认识水平不高、经验不足，考虑问题不全面，在做事时，难免会发生一些错误。这时，妈妈就不应该为此而指责男孩，更不能去打骂男孩，而应该以宽容的心态去看待男孩做错和做对的地方。对于男孩做对的地方妈妈应给予表扬，有失误的地方，要想办法帮助他认识问题、分析和解决问题，以免下次再发生类似的失误。通过这种方法教育男孩，不仅可以锻炼男孩在自理方面的能力，而且还可以增强男孩的自信心，对男孩的身心健康都会有很大的作用。

“谁言寸草心，报得三春晖”，妈妈宠爱男孩，这是人之常情，溺爱只能害了男孩，人生是一个艰难的路程，有时会遭遇困难，有时会遇到挑战，这时，真正能够帮助男孩的只有他自己，能够拯救他的也只有他自己。最关键的是他必须能够自立自强。

第17章
逆商训练，培养男孩超强抗挫能力

苏联教育家苏霍姆林斯基认为：要让孩子知道，人生不仅有快活而且还有悲伤、痛苦和死亡，要使孩子从幼小年龄起，就通过亲身体验体会在生活里有一个叫“困难”的概念。遇到失败或是挫折并不可怕，关键是你如何对待挫折，不能一遇到挫折就心灰意冷、一蹶不振。

一个人心理素质的好坏决定心理承受能力的强弱，同时也反映了一个人在遇到困难与挫折时的理智程度、对自己不良情绪的控制能力。男孩的心理承受能力要从小锻炼，否则长大之后，很多方面都定格了，将要去独立生活时，男孩的不足也就显现出来了。

男孩跌倒时让他自己站起来

挫折是指个体在从事有目的的活动过程中，遇到障碍或受到干扰，致使个人的动机不能实现、需要不能满足时出现的一种紧张状态与情绪反应。它是一种主观感受，因人而异。因为人的目的和需要不同，同一种活动对于不同的人可能会造成不同的主观感受。

一般认为，挫折给人带来的只有灾难、失意和无情的打击。事实上，挫折对个人来说，也具有利和弊两重性。有利的是它能够引导人不断提高认识能力，增长才干，古人云“吃一堑，长一智”就是这个道理；有弊就是它使人内心痛苦、情绪紊乱、行为偏差，甚至引起种种疾病或轻生的举动。对挫折的两重性的认识，有助于父母教育男孩在挫折面前采取理智的、积极的态度。

产生挫折的原因是多种多样的，对于任何具体的心理挫折，应具体地分析其产生的原因，但就一般而言，可以归纳为客观和主观两大方面。

从客观方面来说，来自自然因素的心理挫折不是主要的，由社会因素而造成的心理挫折往往对人的影响更大。社会因素主要指人在社会生活中所受到的人为因素的限制和阻力，例如同学之间的矛盾、父母和老师的不理解、对某些课程缺乏兴趣等都是心理挫折产生的社会因素。

男孩处于思想尚未成熟阶段，对于挫折缺乏心理准备，也不具备足够的经验和能力去应对，因此社会因素所致的各种挫折，对男孩行为所发生的影响很大。

例如有个男孩，初中阶段一直是优等生，但上了高中后，尽管自己仍很努力，成绩总是不理想。父母望子成龙，整天没完没了地唠叨，给他施加了很大压力。临近高考时又因报志愿与父母发生了冲突，一气之下离家出走。

这充分说明，来自社会因素所致的各种挫折对于尚未成熟的男孩的心理和行为会产生很大影响。

从主观方面看，由于个人的容貌、身材、体质、能力、知识等条件的限制，使得所追求的目标达不到而产生挫折。

例如有的男孩梦想当飞行员，飞向蓝天，但由于自身条件不够，所以，不能实现自己的愿望。这种心理挫折主要就是由主观原因引起的。另外，每个人心中都有自己的奋斗目标和动机要求，当个人欲望与社会道德标准发生矛盾时，内心也有可能会产生挫折，这种挫折主要也是由主观原因引起的。

男孩在学习、生活过程中，总会遇到各种小的挫折，然而这正是成长的必然过程。在幼儿时期，当男孩摔倒哭泣的时候，如果妈妈总是立刻赶过去把男孩抱起来哄，甚至抓着男孩的手拍打地面，责怪地面让男孩摔了跤，那么当这个男孩长大后，每每遇到挫折，都倾向于怨天尤人，而不能吸取经验反省自己，从根本上应对和解决问题了。如果男孩跌倒时能获得父母的支持和鼓励，自己从跌倒的地方站起来，那么他不仅掌握了解决“摔跤挫折”的方法，还建立起了对自己的信心。

挫折比经验更利于男孩成长

当今的社会，对人们的要求越来越高。各种操作能力、人际交往能力、解决问题能力等，都应从小锻炼发展。鼓励男孩的每一点进步，把日后现实生活的巨大压力提前分解和消化，这就是挫折教育。然而现在的许多妈妈，将学习之外的一切事宜统统包揽下来，让男孩在除了课本还是课本的环境中长大，势必令其在日后的生活中面临挫折而不知所措，将会产生巨大的压力。

妈妈可以给男孩聪慧的头脑、渊博的知识、健康的身体和出色的外表，却给不了他一颗坚强的心。对于男孩的教育来说，教训往往比经验更深刻，因为他曾体会到失败的痛苦，并在失败中得到成长。教训的意义不仅在于指明行不通的错误路径，更在于能让人得到深刻的体验。

妈妈要给男孩实践的机会，给他们失败的机会，给他们得到教训的机会。

如今，妈妈对赏识教育无疑贯彻得非常好，这对培养男孩的自信心确实很有帮助，但却促生了男孩任性和脆弱的性格。专家表示，在男孩的成长过程中，经历挫折非常重要，它能很好地训练男孩的心理承受能力，为以后的社会生活打下良好的基础。所以，只有鲜花和掌声的教育是不完整的教育。

现在的大人，尤其是妈妈对男孩表现出过多的关心，过分的呵护，从而使男孩不能正确体验挫折的过程，不能正视成功与失败，导致男孩对自身产生较低的自信。自信心是成功的支点，是勇于克服困难的前提。所以，妈妈要增强男孩的自信心，以培养男孩的耐挫力。

我国教育家陶行知早就提出要解放孩子的手、脚、嘴巴、头脑、时间和空间，为孩子创造一个自由发展的环境。但目前许多妈妈和老师都不愿男孩玩这个，不敢让男孩干那个，久而久之导致男孩形成性格柔弱、依赖性强的心理缺陷。为避免这种情况的发生，妈妈或老师都要敢于放手，不过分地保护、过多地限制男孩，让男孩大胆地创造、想象，充分发挥自己的能力，并在这个过程中培养男孩面对困难，克服困难的自信心。

要舍得让男孩“吃苦受罪”

为了让男孩在未来的生活中能多一些顺境、少吃苦，妈妈应在男孩的成长初期就适当地锻炼他的抗挫能力和吃苦耐劳的精神。为此，妈妈可以有意识地设计一些训练环境，比如情景式训练等，使男孩适当地吃些苦头，培养他承受挫折的勇气和能力。

只有尽早地体验吃苦的滋味，男孩才有信心面对逆境和挫折，才会对幸福和优越的生活倍加珍惜。只有经历过挫折的磨炼，男孩才能由稚嫩脆弱走向成熟勇敢。

很多妈妈也想把男孩培养成坚强勇敢乐观面对困难的勇士，对男孩经常说得最多的就是要“不畏艰险、勇敢坚强”，但这只是口头说教，一旦当挫折和困境摆在男孩面前时，妈妈又不忍心看着男孩吃苦受罪，舍不得让男孩独自去承担一切的风雨和苦痛。所以，培养和锻炼男孩抗挫能力，养成坚韧不拔的性格，仅靠说教是不够的，只有让男孩亲自品尝一下苦滋味，亲身经历一下挫折，才有可能超越自己，战胜挫折。

因此，妈妈在生活中要有意识地让男孩多锻炼，不要一味地满足男孩的一切需求，不要让男孩有生长在蜜罐里的优越感。当困难和挫折磨炼的机会来临时，妈妈要鼓励男孩迎难而上，不惧怕困难，不要被挫折吓倒。在生活中，最简单的挫折训练可以从体育锻炼开始，比如让男孩坚持长跑，参加军训，在家里让男孩适当参与家务劳动等，同样可以有效地培养男孩抗挫折的勇气和能力。

压力如大山，如果没有吃苦耐劳的精神，将会无法解除压力，工作、生活也就会压得他透不过气。因此，为了男孩以后能应对更多的困难，更好地在这个充满竞争的社会上立足，妈妈们请让男孩从小就多吃点儿苦吧！

6步锻炼男孩的心理承受能力

一般来说，经受过多次挫折的人，有坚强意志的人的心理承受能力比较强。而相反，从没受过一点儿挫折，意志薄弱、情绪稳定性较差的人的心理承受能力则比较差。因此，培养男孩的心理承受能力，是妈妈在教育男孩过程中不容忽视的问题。

1. 让男孩多承受一些波折和磨难

让男孩多承受磨难，从解决困难的过程中吸取一些教训，有了解决困难的经验之后，当男孩再遇到困难时才能从容地应对。在日常生活中给男孩提供挫折情境，一定要适度，否则，耐挫能力不强，男孩容易在生活中经受困难。妈妈要正确引导，切不可以对男孩过度袒护。

2. 不要逼迫男孩

许多妈妈总是希望男孩“一定要做到这样，一定要做到那样”，如果没有做到，便大动肝火。例如：有一个男孩，上中学时，母亲天天跟他说："一定要好好学习，不然就考不上好高中，考不上好高中就考不上好大学，上不了好大学就没有出路了。"有一个男孩曾经在日记里写道："这些年来，在我心里，'一定要好，一定要第一'天天都在困扰着我，我真的太累了。"

3. 培养男孩独立解决问题的能力

妈妈应多教育男孩为他人着想，多看他人的长处，多站在他人的立场来想想。研究证明，心理承受能力差主要表现在：缺乏独立意识、缺乏自信心、勇气和能力。因此，作为妈妈，应放手让男孩去决定和处理自己的事。只要是好事，只要男孩有能力做到，就让他们独立去拿主意，独立去完成。

4. 赞扬男孩要适当

很多的男孩都是在夸奖的环境下长大的。即便是男孩做了一件本该做的事，妈妈都会对他大加夸奖；男孩做错了事，妈妈过于溺爱而护短。这样男孩就会变得很自私、任性，有时会因为一件小事而大闹不停。这样的男孩也就没有应对成长道路上的困难和挫折的能力。

5. 对男孩进行心理辅导

男孩在成长的过程中。不可避免会遇到一些失意的事，如成绩不好、被他人打骂、妈妈离异等。这时，妈妈就要对男孩进行一些心理辅导，让男孩对挫折有一个新的认识，从而增强男孩的心理承受能力。

另外，让男孩多交朋友。朋友多了，男孩在遇到问题时，就会有交流的对象，通过与人交流，男孩的疑惑和苦恼就能自然地化解了，避免了男孩因心理压力过重而走向极端。

6. 对男孩进行心理训练

身体锻炼只要通过一定的劳动就能促进健康，而心理训练则不同。在进行心理训练时，"挫折教育"或"耐挫教育"非常重要。在男孩取得优秀的成绩时给他们出点儿难题，让他们感到一点儿心理压力。在他们失意时，就多给予鼓励，教育他们无论是生活还是在竞争都要以平和的心态去面对，这样在以后的路上才会经得起挫折。

总之，心理承受能力的补救，应该以良好的行为习惯做基础，以心理健康教育为重要的对象，慢慢地开展起来。

教男孩勇敢面对挫折

现在不少男孩身上存在害怕困难、承受挫折的心理能力差等弱点。近年来，这一问题已经引起了全社会的广泛关注，对孩子进行挫折教育的呼声也日益强烈。心理学家、教育家、妈妈、教师等纷纷呼吁“今天的男孩需要挫折教育”。

妈妈在平时生活和学习中，应关心男孩的思想成长，让男孩从小就懂得艰苦、懂得磨难，知道困难、挫折既然是人生无法避免的，就应该积极面对，以微笑去迎接、以进取的心态去战胜，而不是缺乏自信，选择逃避。教会男孩应对困难挫折，培养良好的学习、生活态度，这些都是男孩成长中必不可少的。

1. 与男孩分享自己的挫折，找到彼此的共鸣点

“身教胜于言传”，妈妈对待挫折的态度和行为会潜移默化地影响男孩的态度和行为。妈妈可以将自己的挫折故事讲给男孩听，不但能帮助男孩认识到挫折在所难免，还能让男孩将自己的挫折感受以及原因向妈妈倾诉，达到沟通的目的。

2. 弄清男孩受挫的原因再考虑怎么办

当男孩遇到挫折的时候，重要的就是帮助他学会理清思路，分析失败的原因。找到了失败的原因之后就要考虑下一步怎么办，然后重整旗鼓，为下一次挑战做准备。

3. 鼓励男孩正确地评价自我

男孩受挫折的时候，自身很痛苦，这时候妈妈不要只是一味地否定男孩，特别是不要用“你真笨”这几个字来否定男孩，因为这三个字对男孩的自信心来说，无疑是一个致命的打击。任何人都有不懂的问题，即使再有学问的人，也会有不知道的东西。要记住：凡事尽力皆无悔！只要男孩尽力了，就可以了。

每个男孩都有自己的长处与不足，妈妈应有客观的评价，并据此对男孩的成长提出合理的期望，激励男孩向恰当的发展目标努力。

4. 找一些简单的事情让男孩做

当发现男孩因为某件事情受到挫折的时候，让男孩去做一些他力所能及且能完成得很好的事情，并注意对男孩进行鼓励和赞美，从而恢复他的自信心，让他有信心战胜挫折。

5. 增强男孩的心理耐受力

男孩要具备积极的心理耐受力，即认准一个目标就要长期坚持向这一目标努力。告诉男孩挫折也是好的事情，因为在对诺贝尔文学奖的得主进行调查之后，结果发现，他们中间有50%以上的人都有过坎坷不幸的童年。爱迪生曾经说过：“伟大人物最明显的标志就是他坚强的意志，不管环境变换到何种地步，他的初衷与希望仍不会有任何改变，而终于克服障碍达到所期望的目的。”

6. 用名人故事激励男孩的勇气

妈妈可以常常向男孩讲述一些名人在挫折中成长并获得成功的事例，希望男孩以这些名人做榜样，不畏挫折。

总之，实际上，对男孩进行抗挫折教育，是男孩成长过程中不可缺少的。只有这样，男孩才能得以茁壮成长。

别忽视对男孩意志力的培养

如果仔细观察，会发现，现在很多男孩特别脆弱，动不动就哭，做什么事情也是没有耐心，不高兴就不做了，这都是没有意志力的表现。

培养男孩具有坚强的意志，经得住各种失败的打击，以健康的心态对待各种挫折，是当今妈妈在家庭教育中最值得重视的一个问题。

要想培养男孩的意志力，妈妈要做好以下几个方面：

1. 让男孩学会克服困难

在学习、生活中，妈妈不能把一切都给男孩准备妥当，有些问题要让他们自己想办法去解决，通过自己的努力去完成。激励男孩要有克服困难的勇气、决心和信心，当男孩每取得一次成功的时候，要给予适当的表扬，以增强他们的信心和毅力。

事实表明，男孩的天性并不拒绝磨炼，而是愿意接受磨炼，磨炼越多，意志越坚强。

2. 男孩的一言一行要从小严格要求

说到做到，当行则行，当止则止，是对男孩的基本要求。要培养男孩的意志，必须从小对他们严格要求，以养成约束自己行为的能力和遵守行为要求的习惯。比如，严格要求遵守时间、生活制度、课堂纪律等。没有严格的要求，不可能有坚强的意志。

3. 要给男孩树立坚强的榜样

要经常给男孩讲解伟人、科学家、革命前辈为了追求理想，百折不挠、不畏失败与挫折的经历以及一些有益的故事，激励男孩不断为具备坚强的意志而努力。

比如，讲一讲这个故事：

一位将军打了败仗，逃到山洞里要自杀，看到一个蜘蛛在织网。网刚织好一半，忽然一阵风吹坏了网，那蜘蛛从头开始编织，反复几次终于织成。将军见后受到了启发，冲出山洞，重新组织起队伍，历经千难万险，最后打败了敌人，取得了胜利。

4. 意志培养要讲求方式方法

男孩在学习、生活中，常常会遇到各种困难、挫折。在男孩的困难、挫折面前，很多妈妈不是增加男孩的信心和战胜困难的决心，而是采取讽刺、挖苦的态度。考试成绩不理想，就嘲笑、训斥甚至一阵毒打，这样会使男孩的意志更加薄弱。在挫折失败面前，要帮助男孩找出原因，重新找回自信，做一个不畏惧挫折和失败的坚强男孩。

从小就培养男孩具有良好的意志品质，对男孩形成完备的个性、健康的心理具有重大意义。男孩只有拥有坚韧不拔的意志、艰苦奋斗的精神，才能增强适应社会生活的能力。

教孩子在挫折中寻找幸福感

有一对澳洲来的夫妇带着4岁的男孩到某购物中心玩，小孩因地滑摔倒了，但这对夫妇都不去帮忙扶起来。男孩摔第一、第二、第三跤时还并未引起他人的注意，但当看到男孩摔第四、第五跤的时候，就有人向这对夫妇提出了问题：“为什么小孩跌倒了，大人不去扶起来？”这对夫妇的回答是：“这对他是一种好的教育方法，让他在哪里跌倒就从哪里爬起来，从小就养成独立生活能力。这样有三种好处：一是让他知道跌倒是自己不小心，今后多注意不要再跌倒了；二是他跌倒了，他自己支撑起来，可以锻炼小孩的毅力；三是他跌倒了，让他自己爬起来，不娇惯他，能养成他独立生活的态度和能力。”

一位美国儿童心理卫生专家说：“有十分幸福童年的人常有不幸的成年。”意思是说，男孩在幼年时期如果很少遇到过挫折，生活得一帆风顺，在将来长大后很可能会适应不了社会，面对挫折和困境会难以应对，不堪一击。很少遭受挫折的男孩，当他长大后会面临各种激烈竞争，面对复杂多变的社会，自然会深感痛苦。为了培养和锻炼男孩乐观坚强的品质和性格，一种旨在提高男孩的抗挫能力的教育已在世界多个国家兴起并发展起来。这种教育的目的和核心，就是培养男孩内在的自信和乐观。

教育专家认为，过度溺爱，满足男孩的物质需求，对男孩的成长是极为不利的。在西方曾流行这样一句话叫作："幸福的人过着一种平衡的生活。"许多西方教育家强调在"挫折教育"中应培养男孩从多方面获得幸福的能力。如果只把幸福看作一种物质追求，那么最终的结果往往是痛苦。同样，有些男孩因父亲不让玩电子游戏而整天闷闷不乐，而另一些男孩却会很快地从另一种游戏中找到欢乐。这就是让孩子自己去获得幸福和快乐的能力。可见，爱好广泛和灵活调整目标，就可以让孩子在挫折中找到幸福感。

西方"挫折教育"的另一重要内容就是培养男孩对受挫的恢复力。乐观的男孩不是没有痛苦，而是能很快从痛苦中解脱出来，重新振奋。妈妈应认真培养男孩在逆境中看到希望的自信心和技巧。

妈妈要培养男孩从内心深处激发出一种自我追寻幸福和成功的能力。这样，当他面对任何挫折和逆境时，都能处之泰然，永远积极乐观。

大声告诉男孩：我能行！

"我能行"与"我不行"只有一字之差，内涵却有着本质的不同。"我能行"是成功者必须具备的心理素质，它使人扬起自信的风帆；而"我不行"则是失败者的主要内因，因为它会让人失去成功的重要支柱——自信。

面对困难和挫折，最难战胜的不是别人，而正是自己。当男孩能自觉地用“我能行”来鞭策自己的时候，他会发现已经自己长大了许多，懂事了许多。而当“我能行”这三个字成为一种信念，牢牢地刻在男孩心中的时候，将为他未来的成功之路打下坚实的基础。

素质教育是面大旗，“我能行”是教育改革的一面旗帜。妈妈要做的是鼓励男孩“能行”，而不是打击男孩“不行”。

培养男孩自信心的前提是妈妈从男孩很小的时候，就把他当作一个独立的个体来平等地看待，给男孩应有的尊重和理解。自信是男孩自立、学会对自己负责的心理基础。

当男孩打算做力所能及的事情或者跳一跳就可够到的事情时，不要吝啬你的鼓励，“你能行”也许就是最好的催化剂。

减少或杜绝对男孩说“你不行”。对男孩进行教育，要提倡说“行”，反对说“不”，因为一个“不”字，往往会传达给男孩这样一个信号：我做什么都做不好，都不行。

妈妈要为男孩创造一个“你能行”的良好环境。因为男孩从“不行”到“行”需要一个实践的过程，对于男孩来说，这种实践显得尤为重要。事情无论大小，妈妈都要放手让男孩去实践，让男孩亲自体验做事过程中成败的甘苦，让男孩觉得“我能行”，自己能把事情办好。

妈妈对男孩的期望过高、过多、过急、过早，是说男孩“不行”的根源，不切实际地拔苗助长、急于求成，只能事与愿违。“男孩，你能行”应作为家庭教育的主旋律，无论对男孩的学习、生活，还是交往、做事，妈妈都要经常向男孩发出“你能行，你一定能行”的正面信息，去鼓励男孩。但是也要注意，不要在任何时候，对男孩的任何要求都说“行”，那样会“惯”坏了男孩。

努力培养男孩的胆魄和勇气

男孩的胆量生来是不一样的。有些男孩天生不爱说话，害怕生人，不敢表现自己，妈妈可以把这看成是男孩的性格特点，而不要简单地看成是缺点。有些男孩胆小，妈妈也有责任。妈妈安全意识过强，老是吓唬男孩，男孩干什么妈妈都说“危险”，久而久之，也造成了男孩胆小怕事的性格。

勇气是一个人生存和发展必不可少的内在素养，妈妈应该有意识地培养男孩的勇气，锻炼男孩勇敢的性格品质。培养男孩的勇气，教育专家给妈妈们的建议是：

1. 别刺伤了男孩的自尊心

有的妈妈老是指责男孩：“你看人家，口齿伶俐，你再看看自己，像木头疙瘩似的。”这种“定位”式的批评特别容易刺伤男孩的自尊心和自信心，正好强化其怯懦性格。

2. 少批评男孩，对男孩要有耐心

要鼓励男孩经常和小朋友一起游戏、交往，教给一些与同龄人交往的技巧，培养他对新事物的兴趣，养成热情、活泼的性格。要对男孩存在的能力缺陷及时加以训练和培养，如男孩本来说话表达不清，母亲可以和男孩一起每天坚持表达训练。妈妈应注意发现男孩的闪光点，对其优点经常加以鼓励，使男孩从中获得尊严。当男孩要面对新环境时，妈妈应给他详细描绘新环境的情况，教给男孩适应新环境的方法，并教会男孩勇敢地去面对。

3. 学会欣赏男孩

应该告诉男孩自己喜欢他，欣赏他的所作所为，哪怕是一点点小事，如男孩懂得体贴大人、知道关心别人等，这样男孩就会更自信。经常鼓励男孩，让男孩觉得妈妈永远都支持他，当他遇到困难和挫折时，可以向妈妈寻求帮助。如每天晚上花10分钟时间倾听男孩的谈话，对男孩的自信心就是极大的鼓励。对男孩的每一点进步加以赞扬和欣赏，是使胆小怕事的男孩得到发展的一个有效方法。让男孩帮着做一些力所能及的事，如买东西、摆桌子、寄信等，通过这些活动，胆小的男孩会逐渐认识到自己是有能力的，胆子便会逐渐变大。

4. 鼓励男孩大胆地说话

妈妈应尽量给男孩一个独立思考并表达自己意见的机会。如果男孩的意见正确，妈妈就应该大大地赞许，使男孩增加自信和勇气。

第18章
财商启蒙，开启男孩财富自由之路

培养男孩的消费责任，使男孩从小就能在解决经济问题的过程中得到锻炼，并拥有经济头脑，唤醒其经济潜能，开启其财商，这是家庭教育必要的一课。

男孩理财能力要从娃娃抓起

孩子是家庭的希望，与其单单靠妈妈的辛苦劳作、省吃俭用，不如从小就给孩子灌输一些投资理财知识，因为许多观念及行为的建立是从小养成的。

理财能力决定了一个人一生的生活品质和生活状态。在美国，妈妈非常重视男孩的理财教育，从小就灌输理财观念，让男孩早早独立。理财教育被称为“从3岁开始实现的幸福人生计划”，妈妈不是一味将男孩关在童话世界里，而是教他们认识钞票的面值，传授“取之有道，用之有度”的观念。

下面是培养男孩理财能力的几大方法：

1. 给男孩发点儿零花钱

要想男孩成为一个理性的消费者，能够量入为出，不会债务缠身，不经过多年的实践是不行的。作为妈妈，应当为男孩提供与金钱打交道的机会，让男孩早日学会理财。当妈妈定期给男孩发些零花钱时，他就能及早学会生活的一个基本准则：没有收入，就无法支出。

2. 教男孩学会储蓄

男孩小的时候，没有一个储蓄罐实在是一种缺憾。男孩长到 3 岁的时候，妈妈就可鼓励他把自己的零花钱储存起来。

鼓励男孩把一部分自己积攒的钱拿到银行存起来。到6岁的时候，男孩就应当能够懂得，银行并不是“要拿走”他的钱，而是把他的钱安全地保管起来，并且还会给他支付利息。在银行以男孩的名义开一个账户。让男孩自己拿着存折，如何使用由他自己决定。这种做法可以帮助男孩养成终生储蓄的好习惯。

3. 不要用金钱来贿赂或惩罚男孩

这是很多妈妈容易掉进的陷阱。如果你也有类似的习惯，那么就应该重新审视一下你在教男孩时应让他知道什么。

妈妈偶尔想多给男孩一些零花钱无可厚非；然而，如果妈妈用金钱去“收买”男孩的爱，或者与自己的配偶相互竞争的话，家庭就会失去往日的幸福与和睦。

4. 家中的经济状况不要对男孩保密

当男孩渐渐长大，可以让他参加家庭财务会议，学着掌管财富和金钱。在会议上，妈妈可以告诉男孩，家庭中的收入和支出也可以算作家庭机密，每个家庭成员都有责任保护好它，如果擅自泄露家庭财务机密，那么将取消参加家庭财政会议的资格。全家的钱都花在哪些地方以及未来的消费安排等，都做简要说明。这样做，不仅可以使男孩能够体谅妈妈的辛劳，明白赚钱不易，从而打消让妈妈给自己买这买那的念头。当家庭经济陷入困境时，男孩还可以为妈妈分忧解难。

5. 妈妈把有关自己的工作情况告诉男孩

如果男孩不知道妈妈是如何靠辛勤工作给家里挣钱的话，未曾体会到赚钱养家的辛苦，那么他就不会懂得珍惜钱财和妈妈的劳动成果，也会淡漠工作的意义。所以，当男孩长大变得懂事起来，妈妈就可以把自己如何靠努力工作来谋生的道理讲给男孩听。

总之，理财教育不仅是一种生存教育，更是一种素质教育。教会男孩正确对待金钱、合理运用金钱，会让男孩受益一生。理财要趁早，让男孩从小事开始，一点一滴培养男孩的理财意识。

辛勤劳动为荣，好逸恶劳为耻

现在的男孩都是家里的“小皇帝”，有爷爷奶奶亲、有父母疼。因此，男孩手中的零花钱多了，大手大脚花钱的现象也随之增多。小孩手中的零花钱数额越来越大，某些男孩还产生了攀比心理，谁的零花钱数额大，谁就是“大王”，于是孩子们硬缠着父母索要钱财。如果在男孩年纪很小的时候就学会了要钱，对金钱产生强烈的占有欲，那么他们的兴趣就会集中在金钱上，就会常常想着法向家长要钱，摸父母的口袋，这对男孩的成长极为不利，甚至可能导致男孩走上犯罪的道路。如今拥有错误的金钱观、跟风、追求高消费的男孩比比皆是。

所以，在金钱这个问题上，妈妈要尽早让男孩懂得，钱是怎么来的。俗话说，君子爱钱，取之有道。父母应该从小为男孩创造劳动条件和环境，教育男孩以辛勤劳动为荣、以好逸恶劳为耻，让男孩从小学会劳动、热爱劳动，靠自己的实力挣得财富。

劳动是最好的赚钱方式。培养男孩爱劳动，是早期教育的重要组成部分，也是培养男孩全面发展的一种重要手段。

石油大亨洛克菲勒，从小就受到严格的家教，靠给父亲做“雇工”挣零花钱。每天清晨，洛克菲勒到田里干农活，帮母亲挤牛奶。每次工作完之后，他都会在一个专门用于记账的小本子上做记录，按每小时0.37美元的报酬记账，然后与父亲结算。洛克菲勒长大后，在对待自己的工作上仍然严谨认真，就像小时候那样，工作对他来说是一件神圣而其乐无穷的事。洛克菲勒的这种态度和精神一直延续给了第二代、第三代乃至第四代，他们的后代都严格照此办理，并定期接受检查，否则谁也别想得到一分钱的费用。

洛克菲勒的父母从小培养孩子勤劳节俭的美德和艰苦自立的品格值得后人学习和敬仰。那小账本上不仅记载了洛克菲勒童年的打工经历，还印证着这个热爱劳动的男孩的磨难和考验。

总之，要想对男孩进行良好的财商教育，妈妈就先要告诉他，钱是怎么来的，让他知道，只有通过努力和辛勤劳动赚来的钱，才是最珍贵的。

给男孩零花钱，告诉他不要乱花钱

随着人们生活水平的提高，家长给男孩一点儿零花钱是很平常的事。现在的家长好像已经没有不给男孩零花钱的了，而且给男孩零花钱的人越来越多，不仅是父母亲，还有祖辈、亲戚朋友。

现在有些男孩手里的零花钱太多，容易使男孩养成超前高消费、大手大脚、好吃懒做和一切向钱看的不良习惯。确实，贪欲是万恶之源，对钱物的片面追求已使许多男孩走上了犯罪的道路。一些资料表明，有的学校的在校生中，有80%以上的男孩因为追求财物而误入歧途。

对于有的男孩大手花钱的毛病，有的妈妈气急眼了会动用武力，其实这都是不对的。有心的妈妈要及早地教男孩学会存钱花钱。

兜兜从6岁开始就有了自己的小金库，那是妈妈每个月给他的零花钱攒起来的。妈妈给零花钱有一个标准，每过一年长一岁，每周多给1元。现在兜兜7岁了，每周可以拿到7元的零花钱。而且妈妈和兜兜达成协议，每次拿到零花钱后，要拿出1/3必须放进存钱罐里。兜兜有一个邮筒形的小存钱罐，每次收到妈妈给的零花钱后，他都会拿出1/3放进储蓄罐里攒起来。

兜兜生活上的衣食住行，都由妈妈来掌管，比如买衣服、鞋子、学习用品、书、食物等，这些需要大笔的花销。而对于兜兜自己想要的东西，如玩具、糖果等，就需要由兜兜从存钱罐里拿零花钱支付。妈妈的这种做法非常奏效，兜兜虽然年纪小，却已经知道和判断自己该买什么，不该买什么，会衡量东西买回家是否真的有用、有价值，而不会看见什么买什么，浪费钱。

有一次，兜兜对一件玩具爱不释手，他很想买。妈妈也没有反对，只是让兜兜用自己的钱支付。最后，兜兜尽管非常喜欢那个玩具，但并没有买，因为他算了算，花70元去买那个玩具有点儿“浪费”。要知道，存钱罐里的零花钱是他一点一点积攒下来的，这些钱多么的得来不易！

给男孩零花钱是让男孩学习理财的第一步，妈妈需要了解什么时候开始给男孩零花钱，以及给男孩多少零花钱合适。当男孩知道零花钱怎么花后，他成为未来理财专家的第一步也就开始了。

怎样给男孩零花钱才合适

妈妈在给男孩零用钱时，不要以男孩的学习成绩进步了或帮爸妈干了多少家务劳动为理由。男孩干点儿家务活是正常的，不能因此拿零花钱作为奖励，这既能培养他们的劳动习惯，也能培养他们作为家庭成员应有的义务感。如果男孩以帮助做家务为由索要零花钱，妈妈也应该拒绝。同样，也不能因为男孩考试成绩取得进步就奖励过多的零花钱，这是把金钱用作物质刺激，有碍于男孩的身心发展，对端正学习态度有害无益。

给男孩多少零花钱，这绝不是无关紧要的问题。零花钱不能随要随给，最好定期发放。零花钱也不宜过多，过多的钱会淡漠男孩的理财观念。

由于教育方法的不同，有些妈妈培养出了依赖感很强的男孩，而有些妈妈却培养出了独立能力较强的男孩，把这两类妈妈的育儿之法做个对比，可以得出一个基本结论：如果你在花钱方面能够给男孩提供明确而实用的指导原则，你就更有可能培养出将来能够在竞争激烈的商品社会中站住脚的男孩。

妈妈应该让男孩从小体验到因没钱或钱不足而买不到自己迫不及待想要的东西而感到惋惜和无可奈何的情绪。这种情绪，使男孩不容易忘却，很长时间都会影响着男孩。这不仅能使男孩进一步认识到金钱的价值和重要性，而且还对男孩的想象力起着催化剂的作用，他们会为追求更有价值的和美好的东西进行设计、策划，从而增长智慧。

男孩需要亲身实践，方可懂得怎样才能挣到钱以及如何精明地花钱。如果你不让男孩懂得这些道理，那么你实际上就等于剥夺了他们在人生道路上取得成功所需要的自立能力。妈妈如果能够让男孩及早树立正确的价值观及消费观，那么无疑是赠给男孩一件珍贵礼物——一把自给自足的金钥匙。

总之，在男孩的成长过程中，金钱的运用是一门很重要的功课，它将影响男孩一生的人际关系与人格、心理的发展，无论采取过度限制还是过度放任的做法，都不太妥当。给男孩零用钱，并非只是为了满足他们的需要，而是能够教会男孩具有经济头脑，训练男孩养成良好的理财习惯，而且这类教育宜早不宜迟。受到良好金钱观教育的男孩长大成人后，才能对金钱抱有正常的心态，才能处理好人与金钱的关系。

让男孩知道零花钱该怎么用

现在有的妈妈给男孩零花钱，是把它作为对男孩的一种奖励，以此来左右男孩的行为；有的是因为家庭条件比较宽裕，男孩什么时候想要，就什么时候给，想要多少，就给多少；而有的妈妈则是因为平时没有时间照顾男孩，对男孩有一种负疚的心理，把给男孩零花钱作为一种心理补偿，给起来出手阔绰。这几种给男孩零花钱的方式，有一个共同的弊病，就是妈妈给零花钱的目的模糊。

钱到男孩手中以后，对男孩如何使用这些钱，他们不管不问。男孩得到这些零花钱后，因为没有明确的使用方向，所以用起来随心所欲，不知道节制，而是盲目比较。种种原因，造成了男孩零花钱使用不当的问题。

男孩如果不会理财，不学会怎样用钱花钱，将来就很难适应社会。妈妈要正确地指导男孩该怎样合理使用零花钱。

1. 告诉男孩不是所有给他的钱都是零花钱

妈妈对男孩手里的钱也要有一个区分，并让男孩知道，哪部分钱是他的零花钱，哪部分钱虽然属于他，但不是零花钱。

2. 对于男孩的零花钱在数量上要有限制

给男孩多少零花钱算合适并没有统一的数量标准，但零花钱不宜给太多。对于普通的工薪阶层家庭来说，给男孩零花钱不能成为家庭的经济负担。而对于生活富裕的家庭，妈妈也不能因为家境富裕而给男孩过多的零花钱。

3. 对零花钱的使用提出具体的指导意见

男孩的零花钱应该怎么花？妈妈要从一开始就对男孩零花钱的使用加以关注，引导孩子正确消费，帮助男孩拟订理财计划，给男孩提供参考；也可以要求男孩对零花钱的使用情况做个详细记录，并定期检查男孩使用零花钱的余额，以此作为下一次给零花钱的参考。

4. 让男孩参与日常家庭经济生活

给男孩零花钱是培养男孩对钱的正确认识和合理消费。妈妈也可以通过其他的途径来锻炼男孩对钱财的驾驭能力，如让年龄小的男孩帮家里买些日用小商品或食品等，让年龄稍大的男孩参与家庭的财政计划等。从小就有意识地培养男孩的理财能力，指导男孩熟悉、掌握基本的金融知识与工具，从短期效果看是养成男孩不乱花钱的习惯，从长远来看，将有利于男孩及早形成独立的生活能力。

在现实生活中，人们不难发现，有许多男孩手里有不少钱，但这些钱并没有使他们走上邪路，也没有使他们养成好吃懒做和一切向钱看的不良习惯。相反，他们的书架上增加了许多好书，使他们有了更多的机会参加多种培训班，从而获得了更多的知识和本领，这都得益于妈妈教导有方。

不要把玩具当作利诱的工具

男孩子天生活泼好动，喜欢玩，喜欢各种各样的玩具。现在很多妈妈经常给男孩买玩具，有时也是作为一种补偿方式，既是为了“收买”男孩，也是为了“赎罪”，以此证明“对儿子的爱”。当然，对每个大人来说，过节，尤其是春节，无疑是回忆童年的最佳时机，小时候家庭经济条件不好的妈妈，会希望现在尽其所能让男孩要什么有什么。当男孩收到玩具时，会露出满意笑容，男孩笑了，妈妈也就笑了。

久而久之，男孩会将大人给买玩具当作一种习惯，并且以为玩具越多，就代表大家越喜欢自己，越爱自己，所以，大人们送自己玩具，是喜爱自己的表现。这种情况下，男孩会把爱、金钱、玩具三者混淆在一起。所以，当亲朋好友来做客时，男孩往往会对送自己玩具礼物的客人表现热情，有好感，而不喜欢空手而来的客人。因为男孩会断定，不送他玩具的人不喜欢他，因此他也不喜欢不送自己玩具的人。

生活中，确实有不少妈妈将玩具当作利诱的工具：“如果你……妈妈就给你买……”其实，给男孩买玩具，只是爱孩子的表现，不应带过多的附加条件。奖励男孩可以有很多种方式。妈妈可以在节假日期间和男孩一起准备礼物，进行互赠游戏，让男孩意识到“享有”和“给予”的乐趣和意义。

在买玩具之前，妈妈应该多了解自己的男孩，看看孩子喜欢什么，不喜欢什么，而不是按照自己的喜好送孩子礼物。平时和男孩聊天，接触他的同伴，走进孩子的内心世界，了解他内心的愿望，知道男孩的兴趣爱好以及钟爱的物件。当男孩倾诉自己的愿望和希望时，不要让他的希望和愿望立刻得到满足，那种“要月亮也给摘”的做法要不得。让男孩明白，不是所有的愿望都是“必须”或能够实现的。愿望也不是一下子就会梦想成真，而是需要积极地努力才能够实现，正因为有了对愿望的想象，才有向往、渴望和期待以及对未来的规划。要让男孩在面对愿望时有个好心态，不因“美梦成真”而得意忘形，也不会因“美梦落空”而消极悲观。只有让男孩学会正确看待愿望的得与失，他才可能放弃“我要什么妈妈就得给什么”的幻想，而变得逐渐理智而成熟。

教会男孩用好自己的压岁钱

春节给孩子“压岁钱”，是我国多年不变的传统习俗。过去“压岁钱”只是一种象征性的礼物，少则数元，多则数十元，主要是图个热闹、吉祥。如今，随着生活水平的提高，“压岁钱”的数目也是年年攀升。孩子拿到的“压岁钱”动辄上百、上千。

压岁钱越来越多，怎么用也成了一门学问。以前压岁钱只够买鞭炮、玩具和糖果等节日所需的东西，现在有的压岁钱多得已经上万。对于绝大多数男孩来讲，对钱的用途还没有足够认识，再加上自制能力差，如果妈妈不给予合理的指导，可能会产生一系列负面影响。

有一对母子，在家里激烈地吵了起来。原来是男孩拿压岁钱，买了母亲不满意的东西，所以，母亲就训斥道：“钱虽然给了你，但那是我挣来的，不是你的，你没权经我同意就乱花。”男孩反驳：“怎么不是我的？你给了我就是我的。再说，我没有乱花，那些都是我认为必须买的。”

面对想要花钱的男孩，妈妈一般分为两类：绝对没收型和绝对放任型。大部分妈妈属于前者，认为给男孩的压岁钱等是大人之间的人情，因此应该收回；或者担心男孩挥霍，就不给他花钱的机会。不管男孩的计划怎样合理，都弃之不顾，要求男孩按照妈妈的意愿安排生活。

将“压岁钱”攒起来作为下学期的学费，是大部分家庭的做法。对于不大富裕的家庭，这样既可减轻妈妈的经济负担，也能培养男孩的自立精神和家庭责任感。男孩应该把“压岁钱”用于购买学习用品、生活用品及发展个人的某些健康的娱乐爱好上，例如，参加各种兴趣小组、购买体育用品等，但也应在妈妈的引导下进行。这样对男孩的个性发展及兴趣、爱好的培养是有帮助的，非常有益于男孩的成长。另外，用“压岁钱”给男孩买保险也是一种不错的选择。用“压岁钱”帮男孩买一份学生保险，也就为男孩今后的生活增添了一份保障，这也是妈妈对男孩的另一种关爱。

也有一部分妈妈持“民主”观念，任由男孩自己安排压岁钱，完全不闻不问。等到男孩将钱花在不合适的地方后，又大发雷霆，但为时已晚。

所以说，面对男孩的压岁钱这个问题，没收和放任都是不对的。将钱交给男孩后，还有后续工作要完成，那就是与男孩交流，倾听他的心声，并协助男孩做一个财务计划表，监督男孩执行、评价和总结。相信在坦诚的沟通中，男孩会听取妈妈的意见，也会渐渐地懂得花钱的学问。

引导男孩进行正确合理的消费

现代社会商品信息多、变化快，处于生长发展中的男孩分辨力不够，自制力弱，容易养成不良习惯。而且男孩中的高消费现象，扭曲了男孩间的人际关系，加重了妈妈的经济负担，不利于男孩的健康成长，所以妈妈需要引导男孩进行正确的消费。

首先，应该让男孩了解家庭的收入和开支。

让男孩了解家庭的收支情况，理解妈妈的省吃俭用，树立良好的理财观念，有助于克服男孩攀比心理和奢侈的坏习惯。把全家的钱都要花在哪些地方，给男孩简要说明一下。这样做，不仅可以使男孩能够体谅妈妈的难处，不会整天嚷着让妈妈给自己买这买那；而且还可以使男孩在家庭经济上走入困境时，为妈妈分忧解难。

其次，培养男孩勤俭节约的美德。

在我国自古就提倡勤俭节约，让男孩得知每一份财富都来之不易，只有耕耘才有收获，从而养成珍惜财富、珍惜劳动的品格和习惯。告诉男孩，不要跟同学攀比生活条件，“人穷未必志短，有钱未必有志”。通过自己的双手，付出勤奋的努力，同样可以创造财富。帮助男孩建立消费计划，在一定条件下让男孩自己学会按计划花钱。一味地限制并非解决男孩乱花钱问题的好办法，对于年龄稍大一些的男孩，妈妈可以考虑在家庭经济允许的范围内，由男孩掌握自己的日常开支，这有助于培养和锻炼男孩的理财能力，学会按计划花钱。

再次，要让男孩远离物欲诱惑。

一些虚假广告的诱惑很容易激发人的购买欲望，所以妈妈要提醒男孩，不要受物欲的诱惑而迷失，不能滋长贪欲之心。要根据自己的实际需要来进行采购，否则会造成浪费。

最后，还要引导男孩用自己的力量来帮助别人。

有一些男孩喜欢用妈妈的劳动所得大方地“献爱心”“帮助别人”，这是不值得提倡的。应当教育男孩：靠自己的力量帮助别人才有意义。让男孩知道帮助别人的方式多种多样，可以是物质的，也可以是精神的，在自己还没有创造财富之前，可以选择别的方式，让男孩理解“施舍不是帮助”。

另外，要从两方面培养男孩的消费责任：

一是在钱的管理上——培养男孩的储蓄观念，教会男孩简单的储蓄方法。例如，男孩很想吃炸鸡，如果买份炸鸡需要20元的话，妈妈可以告诉他：“今天只能给你10元，明天再给你10元，你凑足20元时再去买吧。”这样做可以激发男孩的储蓄观念，使男孩学会“把今天的钱存起来，等到明天再用”的简单储蓄方法。当然，教男孩分别用储钱罐和银行存折，把平时的零花钱及逢年过节得到的“红包”积存下来，也是让男孩独立储蓄的办法，但要注意根据男孩年龄、个性的不同，对钱的管理加强监控。

二是在钱的开支上——培养男孩节约和计划用钱的习惯。日常中，妈妈可以跟男孩讲讲自己和其他行业的工作，让男孩明白赚钱要付出辛勤劳动的道理，自觉养成节约用钱的习惯。

除了供给男孩最基本的生活必需品外，有些消费可以让男孩用自己的储蓄去开支。例如，男孩要买玩具或出去游玩，妈妈可以指导他使用自己的积蓄。这样，不仅可让男孩认识到储蓄的意义，使他体会到用自己的存款来达到目的的快乐，同时还可培养男孩节约和计划用钱的能力。

第19章

寻找男孩的天赋，挖掘男孩的潜能

在现实生活中，因为妈妈的漠视和粗心大意，男孩天赋潜能的火花无声无息地被熄灭了。

从潜能多样性角度看，每个男孩都是天才，或者可以说，每个男孩都可能成为天才。无论是妈妈还是男孩本身，都必须改变对天才的看法，也只有这样，才能造就真正的天才。

每个男孩都是有天赋的

多少年来，专家学者经常用IQ（智商）测试来辨识人们的天赋高低。人们在测试中要解答数学问题、详细说明某些字词、做设计、根据记忆重复一些数字并完成其他一些任务。

很多人认为IQ测试是度量男孩天赋的最好方法。然而，IQ测试绝非完美，有许多东西它们无法给出。它们不能预测男孩长大之后会干什么，或男孩一生能取得何等成就。测试的问题也常常反映了出题人的偏爱或个人观点。此外，没有哪种测试能测试每件事情。提的问题并不总能给男孩最佳机会来表现自己的各项天赋。IQ测试通常把注意力集中于语言文字或数学天赋，而忽略了其他重要事项，例如音乐、艺术、自然界和处理社会问题的能力。

所以，发现男孩的天赋潜能，就要综合多方面因素，要看男孩的具体表现。

有天赋不仅是学习优良、考试得高分和能记忆许多具体事项，事实上，还有很多显示男孩的天赋的方式——通过艺术、音乐、体育、认识自然、感情以及怎样与人相处等。

有的男孩具有惊人的绘画才能，就可能会创作出精美绝伦的艺术作品；有的男孩具有较强的运动天赋，就能够轻松而优雅地完成复杂的身体动作；有的男孩具备音乐天赋，他弹奏的曲子以至于扣人心弦；有的男孩酷爱数学，他有可能因为计算出某个精确的结果而欣喜若狂；有的男孩痴迷大自然，他只对花花草草情有独钟；有的男孩热爱写作，当他看到自己的故事或诗歌出版时会兴奋不已；有的男孩是天生的领导者，具备非凡的领导才能，不但成为同学们学习的榜样，也是赢得大家拥护的管理者；还有的男孩有着较强的洞察事物的能力，他会在追求人生目标时，对于自己所追求的目标具有敏锐的洞察力。

在以上所提到的男孩中，谁更具潜力？这个问题很难回答，因为上述这些范例代表了具有不同潜力的男孩。

每个男孩都是有天赋的，只是缺少发现男孩天赋的眼睛，抑或者是阻碍天赋发展的障碍。每一个男孩都具备独特的潜能，只要方法得当、教育及时，男孩都可以具备适应这个社会的多种天赋。

让男孩的兴趣和热情自然发展

要造就天才，就应该让男孩的兴趣和热情自然发展。凡是仔细观察过男孩的人都会发觉，小男孩极易对事物产生兴趣和热情。也就是说，小男孩天生就具有对某些方面或某一方面的强烈热情，他一旦对某一方面或者某些事情入了迷，便会以惊人的勤奋和毅力去从事。一旦他步入这一轨道，就会得到惊人的发展。实际上，天才就是这样产生的。

天下的妈妈除了要认识到爱护和激发男孩的兴趣十分重要外，而且还必须明白男孩越大就越难以具备强烈的兴趣和热情。

这是因为，在男孩的成长过程中，他的兴趣的幼芽可能会一再遭到践踏，这样，年龄越大，兴趣和热情被践踏得越厉害。因此，实施早期教育的必要性就在于此。男孩越大，不仅在性格上越难以具有对事物的兴趣和热情，而且他的潜在能力、天赋得以发挥的余地也会越来越小。

孩子与妈妈的PK：

第一天：

“妈妈，我想去美术班。”

“不行，画画有什么好的！”

“我喜欢画画。”

“宝宝乖，咱们还是学数学，以后当个科学家。”

第二天：

“妈妈，我不想去数学班了。”

“为什么不去啊，你看你的成绩都差成什么样了还不去。”

“可是我不喜欢数学。”

“不行，一定要去！”

面对上述孩子和妈妈在学习问题上的矛盾，妈妈该怎么办？仍然要把自己的喜好强加在孩子的身上吗？

其实，每个孩子身上都蕴藏着巨大的潜能，当孩子按照自己的意愿尝试着干一件事时，会尽力去做好，做成功。孩子在自主奋斗的过程中，才华和潜能也得到了淋漓尽致的发挥。

例如，孩子如果对医学感兴趣，就不要逼迫他学文学；孩子如果以后想成为实践性强的技术人才，就不要非让他埋头苦读学习书本知识，用他来完成你的大学梦。每一个孩子都能获得成功，关键在于帮助孩子找到自己的最佳兴趣点，这样才能最大限度地挖掘孩子的才能。即使在平凡的服务行业中，也照样可以塑造出非凡的天才。如饮食行业中的名厨、美容美发中的名师、服装行业中高级服装设计师等。这些成功人士并不一定都出自名牌大学，而是按照自己的兴趣走出了一条属于自己的路。

所以，妈妈不要用自己的喜好来扼杀孩子的思想，阻挠孩子朝着自己喜爱的方向去发展，而是尊重孩子的兴趣，找准孩子的兴趣点，才能有利于孩子的发展。

培养男孩才能过程中的提醒

要想成功地生活和工作，每个人都需要依靠一种或多种智力。遗传、环境和文化都会影响男孩的智力偏好。妈妈教育男孩的方法可能依靠一种或多种智力，妈妈使用哪种智力进行教学的倾向可能是由个人偏好决定的。

妈妈要想真正让自己的男孩成才，首先要学会反思：

男孩在日常生活与职业生活中所使用的智力是否存在差异？是否还有其他可以发展的智力？在孩提时代以及成人时代如何培养智力的优势领域？你将如何着手发展你所感兴趣的其他智力？你能建立一个时间表吗？你觉察到你的男孩有哪些智力？你认为一般而言，哪种智力在自己身上得到了高度的发展？

妈妈如能对这些问题有所思考，一方面可以加深对自己独特能力的认识；另一方面也容易看到自家男孩具有的优秀能力，并由此挖掘和开拓其他潜藏在深处的能力，使男孩在多种领域内都表现得出类拔萃。

对自己而言，不仅辨认心理、身体系统的智力很重要，而且认识到创设积极的学习和生活环境也很重要。新的关于“分布式认知”的研究表明智力超越了个体，且能通过个人与他人的交往，通过书籍以及用于思考、学习和解决问题的工具，如笔、纸、笔记本、日记、计算器和电脑等获得提高。

妈妈要经常反思自己的教育理念。男孩在学校中是否有充分的与其他同学相互交往的机会？是否有足够的形式多样的资料，包括书籍、杂志、商业性出版物、布告栏、艺术作品、海报、电脑、资料库、网络等？在日常生活中，妈妈可以找到一些建议用以创设能够促进男孩智力发展的环境。

一些著名的神经心理学家已经发现，学习和经验能够导致大脑发生结构性和功能性变化，这一变化可能更好，也可能更糟。置身于积极的、具有教育性的、富含刺激和交往的环境中，让男孩可以在生活中不断发展和提高自己的心理能力。

男孩智能训练要因人而异

自男孩进入学校之后，就会以同样的方式学习同样的科目，并以同样的方式进行评估。乍一看，这似乎很公平：没有男孩享受特别的优待。然而，稍一思考，我们就会发现这种统一化在实质上的不平等。统一化的前提假设是所有男孩都是一样的，因此要以同样的方式平等和公正地对待每一个男孩。但是，很明显所有的男孩都不一样，男孩有着不同的个性和气质。最重要的是，男孩具有不同的智力结构。

有时候人们忽视了男孩彼此之间的差异是因为茫然不知；有时人们忽视它们不是因为妈妈对这些差异感到心灰意冷，就是因为他们相信男孩接受更相似的教育后就更有可能成为集体中的一员。但这些教育者忽视这些差异的行为本身就是不公平的，他们在学校中主要培养语言、逻辑智力。

在一定程度上说，如果男孩和妈妈共同享有对语言和逻辑智力的关注，那么男孩会做得很棒，同时认为自己很聪明；但如果男孩拥有完全不同的智力特征，他很可能会感到自己愚不可及，至少在学校中情况是如此。

如果学校的统一化教育让男孩学习到的是基础知识，那么妈妈为了男孩将来的发展，还可以多费一些心，尝试一些个性化教育。比如，如果孩子喜欢学习数学，则可以着重培养他数学知识方面的才能，将来有可能成为数学小天才。其他，如外语、物理等，只要孩子某一方面成绩优秀，出类拔萃，妈妈认真培养，就可以让自家的男孩卓越非凡，在同等条件下的同龄孩子中脱颖而出。

所以，个体差异性的教育，简单来说，就是根据不同智商水平的差异来量身定做适当的教育手段，让男孩的才能和天赋充分发挥。因为每个孩子在智力发展上都有可能造就天才的奇迹。

把男孩培养成某一方面的天才

如果妈妈想把自己的孩子培养成某一方面的天才，其中最关键的要素就是要了解孩子的智力特征，要了解他的强项、兴趣、偏好、渴望的目标、积累的经验水平，根据自己孩子的个人条件和能力去选择适合的教育方案。

1. 了解男孩的智力第一步

智慧的妈妈，无论他们有什么样的教育哲学，都会努力了解自己的男孩。这些妈妈很少使用正式的评估工具来认识男孩的个人特征；他们观察、反思，与男孩及他们周围的人交谈。就像很多专家所指出的那样，科学的智力理论之所以有用是因为它是一个优秀的最初组织者。如果妈妈想好好了解自己的男孩，用一套描述男孩强项和弱项的分类列表是很有用的，但要记住此处的提醒——不能贴标签。

2. 根据所获得的信息来确定教育方案和评估方法

妈妈可以在自己控制的范围内设计一些能尊重男孩特定的智力特征的主题、方法、硬件、软件和评估的方法。进行个性化差异教育不能与学校的必修课程相脱节，因为即使是数学天才或物理能手，也应该学习历史、生物等知识，当然对一些必修课程的基础知识，每个孩子可以有自己的学习方法，而妈妈考察和衡量学习结果的方式也要因人而异。

3. 利用好科学的智力教育理论

科学的智力教育理论鼓励妈妈采取个性化差异教育，在了解男孩的基础上为孩子选择学习课程、规划学习目标和方向，以及制定评估学习成绩的标准。不同的男孩可以选择不同的教育方式。

无论男孩的智商水平如何，无论是天生聪颖还是天性愚钝，妈妈都不应该放弃对男孩的教育和学习。只要选择恰当的教育方法，每个男孩都是优等生。但我们现在所提倡的是，妈妈需要调动男孩被忽略的智力，以便男孩能进行有效的学习、能以对他们来说有意义的方式证明这种学习的效果。

4. 采取一切可能的策略

尽可能多地收集关于某个男孩如何学习以及他如何与老师、同伴分享知识的事实。男孩随着年龄的增长，可以提供更多的信息，并对自己进行反思。

有的妈妈一旦听说有很管用的学习捷径、窍门和方法，甚至迅速提高学习成绩的复习法宝，就全部收集起来，或给孩子买大量类似的书籍，让他们多学习。其实这种盲目的教育方法只能让男孩背负更加沉重的学习压力。如果学习成绩不见起色，妈妈反而会说，“我给他准备了许多的学习资料和方法，但他就是不会学”。相反，发现适合每个男孩学习每门课的方法，也许更加有效，在设计未来工作时也将有的放矢，不会无所适从。

总之，要想将来男孩有所成就，就不能忽视对男孩的个性化教育，这是每个男孩的妈妈都应该尽早提上日程的事。

运用诱导法开发男孩智力

为了更好地开发男孩的智力，挖掘男孩的内在潜力，称职的妈妈必须学会运用适当的智力开发的教育方法，培养、开发自己的男孩，使他们成为真正的人才。

妈妈要善于运用诱导法开发男孩的兴趣和智力。所谓诱导法，就是在男孩没有戒备心理的状态下，妈妈为男孩设置一个经过努力可以达到的奋斗目标，并借用某种间接的方式对男孩的心理和行为产生影响，从而使男孩按照一定的要求去行动的方法。

妈妈在运用诱导法开发男孩智力时，要注意以下几点：

1. 设置适中可行的奋斗目标

妈妈在家庭教育中可给男孩设置一个具体的奋斗目标，如果目标设定得过高，男孩经过努力也很难达到，就会失去学习的兴趣和信心；而如果目标设定得过低，轻易就可达到，也起不到激励的作用。

所以，只有设定适中可行的奋斗目标，既可以让男孩经过努力达到，又可以给他体验成功的喜悦和满足感的机会，这种喜悦和满足感会增强男孩的自信心，从而主动情愿地去完成妈妈提出的下一个奋斗目标。

2. 引导男孩参加实践活动，激发男孩好奇心和求知欲

在实践中培养动手能力，帮助男孩找到自己动手成功的兴奋点，使男孩能在实践中增长知识，这样经过多次实践，取得一次又一次的成功，会增强男孩追求知识的兴趣和自信心。兴趣是求知的老师，是发展智力非常重要的内动力，自信心是获得成功的必要条件。

3. 善于运用仿生思维法

以生物为参照，模仿其原型进行思维的一种方法称之为仿生思维法。这种思维能增强男孩的智力。

妈妈面对男孩提出的各种问题，要进行循循善诱的引导，这要求妈妈必须掌握一些生物学的知识。一般具有中学程度的妈妈就受过这方面的教育，有了一定的基础。为了扩大知识面，妈妈还必须博览群书，订一些生物学的杂志，关心生物学的科研成果，不断地充实自己。

4. 用游戏诱导开发男孩的智力

男孩天生就爱玩，妈妈可以根据男孩的年龄特点设计游戏。妈妈在跟自己的男孩做游戏之前，首先根据男孩的知识水平不同设计一下游戏的形式、内容。对于男孩来说，太难或太简单的游戏都唤不起他的兴趣。

在男孩较小的时候，妈妈可以和他做“猜猜这是什么形状”“谁大谁小”的游戏，让他初步认识物体的形状、大小；稍大一些，妈妈就可以通过做游戏让他认识“1～10”的数字。再大一些，妈妈就可以和男孩玩扑克牌，比较数字大小……当然，每个男孩的智能、接受能力不同，妈妈可以根据男孩的特点，设计出适合他的游戏，让男孩在娱乐中学习，促进他的智能发展。

在游戏活动中，只要妈妈愿意做有心人，就能让男孩和游戏结下不解之缘，就会使他的智力得到开发。

总之，恰当地使用诱导法，对开发男孩的智力能起到一个有效的作用。

发现和提升男孩的艺术天赋

教育学家研究证实，5岁是男孩的特殊时期，有些男孩在5岁的时候会在某一方面表现出一种特殊的敏感和强烈的好奇。这个时候，妈妈如果可以及时地捕捉到男孩的爱好，然后进行细心的培养和引导，将会有意外的收获。

但遗憾的是，在现实生活中，有的男孩因为妈妈的漠不关心，艺术的火花无声无息地被湮灭了；另外有一些妈妈则希望男孩成名成家，为自己捞来滚滚的财源，使男孩的艺术天赋扭曲了、变形了。

如果已经确定男孩具有艺术天赋，那么，妈妈就应该为培养男孩的艺术天赋做些努力。

1. 关心男孩的各种兴趣，进行积极的指导

日本教育家井深大先生指出：人的脑细胞在出生后需要被不断地刺激，才能逐步发展与完善，在最初阶段，脑细胞处于休眠状态，所以一些才能和天赋是潜藏着的。当脑细胞被激活，将潜能被挖掘出来，人就会显示出惊人的力量和非凡的技艺。如果不抓住机会，发现男孩的兴趣，开发他的潜能，他很可能就会一生碌碌无为。

妈妈要及时关注男孩的各种兴趣，进行积极的指导，尽早开发男孩的大脑。

2. 尽量为男孩创造艺术学习的机会

妈妈应该抓住机会，不失时机地给男孩进行科学的指导。比如，男孩1岁时就可以握笔“涂鸦”了，妈妈可以将笔和纸交给男孩，教给他认识颜色，教他正确握笔、画画的方法等。这样做不仅能使男孩增强画画的兴趣，也能促进男孩视觉的发育，锻炼手指的灵活能力。

3. 对男孩才能的培养不要过于性急，要让男孩自发产生兴趣

妈妈想培养男孩某个方面的艺术才能，不要过于性急，否则会适得其反。一旦男孩对某一项兴趣彻底失望和放弃，那么妈妈的一切努力将前功尽弃。妈妈急于求成的结果就是导致男孩逃避、放弃和厌学，超负荷的训练，繁重的、强迫的学习任务，只会给男孩带来压力。

4. 切忌嘲笑男孩，让男孩多体会进步的快乐和成就感

在培养男孩的艺术天分，挖掘“艺术细胞”时，要注意不要让失败和不足之处降低男孩的积极性。妈妈要对男孩每一次完成的任务和获得的成功给予肯定和支持，即使是进步缓慢，也不忘表扬孩子。有时男孩提出的问题对大人来说也许不算难题，但如果妈妈能做到重视和关心，承认男孩付出的努力，男孩就会信心大增，进一步提高对才艺学习的热情。

妈妈在培养男孩艺术才能的过程中起着至关重要的作用。男孩学习能力的强弱、智商水平等客观因素是一方面，而另一方面关键在于妈妈要理解与尊重男孩，只有亲子间做好良好互动，才能既让孩子提高学习的兴趣，体验训练中的乐趣，享受成功的成就感，又能让妈妈少费力。

第20章
循循善诱，把男孩培养成超级学霸

有的妈妈为了让男孩不落后于别的孩子，一天到晚让男孩学习各种知识，认为男孩学得越多，就会比别的孩子越优秀。对男孩知识的培养虽然重要，但是不能一天到晚进行知识的灌输。

中国有句古话：授人以鱼，不如授人以渔。在教育孩子时同样要加以借鉴。会学习的男孩才是有潜力的男孩。男孩学习能力的强弱会决定他在学习过程中掌握各种知识的成效，从而影响学习效率的高低。

你家的男孩并不笨

怎样判断一个男孩的智商水平？那些被人们称为“学霸”“状元”“考神”的天才超能学生，真的具有超常的智商吗？面对自己的男孩在各方面都表现得普通平常，妈妈常常独自叹息：为什么别人家的男孩都那么聪明呢？如果此时男孩正为一道题目而绞尽脑汁，或者在一项技能上表现得呆头呆脑，妈妈更是气不打一处来。

一天，明明从老师手里接过数学试卷，糟了！只有59分，他垂头丧气地回到家中，胆怯地靠在门边，眼睛盯着脚尖：“妈妈，我数学只考了59分。”“爸爸妈妈小时候都很聪明，你怎么这么笨呢？左邻右舍的孩子个个都聪明，怎么你就这么笨呢？”妈妈先是愣了一下，接着眼睛瞪得像铜铃，声色俱厉地说道，“你真是一个笨蛋，我辛苦供你上学，谁知你这么笨，才考了这么点分……”听着妈妈的话，明明的眼泪禁不住流了下来，妈妈不耐烦了：“哭，哭，有什么好哭的，这么笨还好意思哭？”

我们常听见有的妈妈这样训斥男孩“你真笨，你看看，这么简单的题目你都做不出来！你啊，我看是稀泥糊不上墙，真是没指望了”。然而，妈妈们是否会想到，久而久之，你们传递给男孩的是一种什么样的信号呢？你们的男孩从你们那里得到了这样的定论：“我不行，我很笨，我就这样了。”于是，他们就破罐子破摔：你说我坏，我就坏到底；你说我笨，我就笨得不识东西南北。

其实，每个人的智商水平并无太大的差别。对男孩来说，也没有绝对的聪明和愚笨。一些成绩优秀的男孩，很可能会在某次考试中发挥失利；而往常总是表现平平的学生，很有可能在最后成为令人惊讶和称赞的黑马。有的男孩在学习上出类拔萃，但在生活实践中却懦弱无能；有的男孩做起事来笨手笨脚，但和人打交道的本事却非同小可。所以，男孩的聪明与否，还要看他在哪一方面的具体表现，不能一概而论。

说男孩“真笨”是一些妈妈的口头禅，尽管有时是带着爱意。可是，男孩接受到的就是“笨”的信息；有时，望子成龙的妈妈有意无意地拿男孩与别人相比，妈妈在朋友、外人面前表现谦虚，“我儿子不行，很笨的”“这男孩很没脑子的”。

男孩由于上述种种原因，深信自己的脑子很笨、学习能力很差的时候，他就会产生严重的自卑感和自我怀疑，结果就真的成了“学什么都学不会”的笨男孩。

学习、活动总有胜败、输赢，当男孩为“失败”而难过时，妈妈不应以怜悯的态度对待男孩，或者在男孩面前唉声叹气，甚至劈头盖脸地责骂男孩。正确的方法是让男孩明白，失败、错误没什么大不了的，人人都可能碰到，勇敢、聪明的人会从失败中吸取教训，继续努力。

“黄油加大棒”法收效甚微

有些男孩只要一提学习，马上变成苦瓜脸，非常痛苦。而我们很多妈妈就是弄不懂学习这么重要，为什么男孩却会痛苦？不学习能有前途吗？不学习能有以后的发展吗？所以，厌学就是个性上的胸无大志、没出息，是品质上的懦弱、无能和愚蠢的表现，所以妈妈更多的是用榜样来鼓励、用物质来刺激，实在不行就指责和棒打，但是目前很多事实说明，这种“黄油加大棒”的做法收效甚微。

这种方法会让男孩一想到学习，就想起妈妈的严厉面目，就想到自己毫无价值、丢人现眼，所以就出现了痛苦的感觉……我们在很多地方为男孩“建立”了一条又一条痛苦的神经链，男孩越来越无法忍受，小的时候隐忍，大了之后就会逃避。

人的一个主要的心理特点是，追求快乐、逃离痛苦，成年人和男孩都是如此。不是所有男孩都厌学，爱学习的男孩，肯定是从学习中感觉到快乐，厌学的男孩肯定是感到学习痛苦。如何让男孩快乐学习、享受学习，做阳光男孩、阳光女孩，这才是值得每位妈妈探索的问题。

每个男孩从小学到初中，到高中，直到大学，这个过程是漫长的，尤其是初、高中的男孩，他们情感丰富，心理变化很大，需要学的知识也越来越多，学习压力也就越来越大，考试应接不暇。在如今知识显得越发重要的时代，如何努力学习考上理想的大学是每个男孩和妈妈经常思考的问题。有时学校和妈妈一味地对男孩施加压力，结果并不一定是理想的，正确的做法是帮助男孩一起减负。

例如当男孩在学习中遇到难题解不出来时，可教男孩把它放一放，先不去想，休息一会儿再想或放到第二天再想。又如，男孩准备上台演出，总是紧张得手足无措。这时，可引导男孩谈论或做些别的不相干的事，使男孩不再注意演出的事，紧张情绪自然就克服掉了。

望子成龙心切也不要拔苗助长

惠施和庄子都是魏王的好朋友。一天，魏王分别送给他俩一些大葫芦的种子，对他俩说：“你们把这些种子拿去种在地里，会结出很大的葫芦。比比看，你俩究竟谁种的葫芦大，到时候我还有奖赏。”惠施和庄子都高兴地领受了，并去种在地里。

为了能种出比庄子更大的葫芦，惠施非常用心，而且每天都施肥、除草。庄子的葫芦就种在不远的地方，但他从不施肥、除草，只是到时候来看看，见没有什么异常，就做别的事去了。没过多久，惠施的葫芦苗一棵一棵地相继死去，最后，一棵也没成活。而庄子的葫芦苗却长得格外好，慢慢地，都开花结了果，而且，正如魏王所说的那样，长出的葫芦都很大。

惠施觉得很奇怪，就跑来请教庄子：“先生，为什么我那么用心地栽培，所有的苗都死光了，而您从来都不曾好好地管理，反而长得那么好呢？”

庄子笑着答道：“你错了，其实我也是在用心管理的，只不过与你的方法不同罢了。”“那你用的是什么方法呢？”“自然之法呀！你没见我到时候也要去地里转转嘛！我是去看看葫芦苗在地里是不是快乐，如果它们都很快乐，我当然就不用去管它们啦。而你却不管它们的感受，拼命地施肥，哪有不死之理啊？”

“这么说来，还是我害了它们？”

“就是啊！你的用心是好的，可是你不用自然之法，怎么可能得到自然万物的拥戴呢？”惠施恍然大悟。

其实，在教育男孩的问题上道理跟故事中的是一样的。如果不遵循男孩的自然成长规律，一味地向男孩灌输知识，拔苗助长，结果就会适得其反。

一些热衷于所谓“智力开发”的妈妈，积极地对幼小的男孩进行读写算训练。那些知识不符合幼儿的认知特点，男孩虽然也能靠鹦鹉学舌的方式死记硬背下来，但并不理解，所以往往并未能促进他们的智力发展，反而给男孩带来很大的学习压力，降低了对学习的兴趣，挫伤了自信。

“兴趣是最好的老师”，这句话已成老生常谈，却仍被很多妈妈熟视无睹。做妈妈的，如果你希望男孩越来越聪明、越学越爱学，那就把激发、呵护、提高男孩对学习活动的兴趣放到每日日程上吧。

不要让“第一”整天追赶着孩子

“多少年来，在我的心中只有第一，必须第一，无数个第一整天在追赶着我，我真是太累了……”试想有这样想法的男孩一旦失利会怎样呢？

在这个紧张不安、充满竞争、快速发展的社会里，每一个人，包括男孩，都会遇到压力。现在，男孩们的课业负担重，学习时间长，妈妈管得过死，还有考试不及格，竞赛不入围，升学上不了重点学校，和同学、老师关系不好等，这些都会给男孩带来心理压力，影响男孩个性的发展。特别是那些性格内向的男孩，学习成绩差的男孩，单亲家庭的男孩，智商低或生理有缺陷的男孩，调皮的男孩或失足、有过错的男孩，他们面临的问题更多，再加上一些妈妈不能正确对待他们，使这些男孩在遇到不愉快的事情时，就会有话不敢说，忍气吞声，心理的郁积得不到疏散。久而久之，他们就会出现注意力不集中、行为迟钝、精神不振、人际关系紧张等情况。

许多妈妈和老师说，现在的男孩太娇气，心理承受能力太差。的确，一个人只要参与社会生活，就会遇到各种压力、困难和挫折。对此，有的人坚强、乐观，勇敢地去战胜它；有的人就显得懦弱、悲观，处处逃避它。做多大的事需要多大的心理承受能力，作为妈妈，应使男孩逐步形成遇忙不乱、遇惊不颤、宠辱不惊的心理品质，保持心理健康。妈妈要从关心男孩的角度出发，有爱心、有耐心地与男孩多谈心，做男孩的知心朋友。只有这样，才能使男孩的郁闷得到疏散，使男孩每天都有个好心情。

如果不顾男孩自身实际，只知道让男孩这个拿第一，那个要优秀，就会给男孩造成巨大的压力。还有的妈妈只让男孩学习，这也不让干，那也不让干，这也会让男孩感到压抑。

分分分，不是男孩的命根

小彤大滴大滴的眼泪涌出眼眶，伤心地跟好朋友说：“我这次期中考试没有考好，回家以后妈妈说别人都在进步，只有我越来越退步，她对我能升高中、上大学已经不抱希望了。这几天每天回家我就做作业、看书，想让妈妈明白我一直在努力。可是，妈妈一连好几天都很少和我说话，像是理都不想理我的样子……我觉得她看着我时，眼里永远都是失望的眼光，我真怕回家。”

“考考考，老师的法宝；分分分，学生的命根。”这句话流行了很多年。就算到了现在，中国家庭对子女的教育大都仍属于分数教育，而这种分数教育是应试教育所造成的。

应试教育把分数看成几乎是评价学生的唯一标准，以及评价老师教育效果的标准。这种分数教育观在家庭教育中必然让妈妈树立了一个盯着分数不放的观点。男孩考了高分，妈妈荣耀，考试分数不仅成了男孩的命根儿，而且也成了妈妈的命根儿。

男孩考试分数高，妈妈心里非常高兴，当别人问起自己男孩考试分数时，妈妈便眉飞色舞，情不自禁。如果男孩考试分数低，考得不好，那么，当别人问起自己男孩的考试成绩时，妈妈往往羞羞答答，遮遮掩掩，情绪低落，感觉自尊心受到很大的伤害。

教育专家孙云晓说：“童年恐慌就是儿童由于面临巨大的压力，不能理解、不能承受而产生的一种焦虑。”虽然现代教育时时都在强调给男孩减负，但是压在男孩身上的学习担子并不轻松。其中考试分数的高低，对男孩来说就是一个不小的压力。

有的妈妈认为，在学习期间，考试成绩就是检验男孩学习程度的唯一标准。每一份成绩单上那鲜红的“√”或“×”，还有醒目的分数，似乎都是对男孩命运的宣判。根据考试成绩，妈妈似乎看到了男孩的未来。男孩将来是否有出息，全凭一张成绩单说了算。

其实，男孩接受学校教育，最终目的是培养自己全面发展，提高综合素质，而并非仅仅是提高学习成绩。分数不能绝对说明问题，只是在一定程度上反映了男孩对知识的掌握情况。妈妈可以告诉男孩，学习不是单纯为了追求分数。

作为妈妈，引导与帮助男孩提高学习成绩，才是应尽的义务。做妈妈的如果在教育男孩怎么做人，怎么发展自己的个性，怎么培养男孩的健康心理，怎么培养男孩的创新精神上能够投入更多的精力和时间，那么男孩的发展将是不可估量的，这一切才是教育的真正目的。

你在为谁学习？激发男孩学习动机

男孩是否积极学习，为什么学习，乐意学什么，学得怎么样，都跟他的学习动机直接相关。有了动机，学习也就有了动力。学习动机强烈，在任何环境下都能够集中精力学习。动机和学习二者的关系密不可分，相辅相成，学习能产生动机，动机又能促进学习。如果男孩的学习动机不明确，他就容易产生厌学情绪，认为学习又苦又累；而如果怀着明确的动机去学习，学习就不是一件苦差事，而是一件快乐轻松的事。

心理学家认为，一个人的学习成绩主要受智力、动机和勤奋三方面因素的影响。用公式表示，即：学习成绩＝智力＋动机＋勤奋。其中，动机对学习成绩起着决定性的影响。

那么，动机是如何影响学习成绩的呢？

1. 学习动机引发学习行为

众所周知，求知欲望是学习活动的源泉和动力。但是当求知欲没有被激发时，男孩就不会有想学习的想法，只有当求知的欲望被激活，形成学习动机时，男孩才会主动学习。这就像一个饥饿的动物，虽有补充食物的需要，但是如果它本身没有觅食的动机，仍不会有觅食的行为。

2. 学习动机可以调节学习强度

动机对学习强度的调节表现在三个方面：第一，学习动机越强烈，学习强度越大，学习热情也就越高、积极性强，干劲十足。反之，学习强度就小，学习情绪低落，甚至厌学弃学。第二，学习目标一经确定，学习动机便成为学习行为的支配力量。只要目标坚持如一，学习动机始终都与学习行为保持同步顺利进行。第三，当男孩失去了学习目标，变得不想学习时，其学习动机也随着消失，这时也就不会表现出学习行为。

3. 学习动机指引学习活动朝着一定方向进行

学习动机不仅引发学习行为，还对学习行为的方向有着指引作用。比如，男孩从小就渴望当作家、当科学家，那他的学习活动就会围绕着这一方向进行。等他长大后，从小学上到中学，再到大学毕业，他的主要学习活动也基本上以阅读大量中外著作，研究写作方法与技巧为主；当别人看电影、电视时，他却在奋笔疾书，构思谋篇，埋头书案等。总之，他的一切学习活动都沿着作家之路进行，因为这是他的学习动机。

学习行为对学习动机也有反作用。美国心理学家奥苏伯尔说："动机与学习的关系是典型的相辅相成的关系，绝非一种单向性的关系。"就是说持续的学习可以强化动机，即学习效果的好坏与学习动机有关。比如，孩子上初中就立志当作家，如果在学习过程中，不断地发表文章作品，而且深受读者的欢迎和好评，那么他对作家之路的信心和决心就会进一步增强，甚至笃定不移。反之，如果屡遭退稿，那么他可能就会动摇自己的目标，学习动机也会越来越弱。

所以说，强烈的学习动机来自于对目标的指引和正确的自我认知，同时，妈妈还根据男孩学习情况的反馈来刺激他的学习动机，让男孩保持一定的学习强度，激发上进心和自信心，这样男孩就会越来越爱学习。

男孩学习偏科妈妈怎么办

男孩偏科似乎没有什么智能和德行上的大问题，但是却有很大的杀伤力，使男孩无可奈何地输在水平线上。

偏科有能力结构的问题，但更主要的是被心理因素所困扰。一开始，男孩出于本能对熟悉的知识是感兴趣的，而疏远那些不怎么喜欢的知识，但是到了考试时这种疏远导致的严重后果却凸现出来了，成绩显然会比较差。于是妈妈就会来检查、指责甚至辱骂，男孩便会产生讨厌、生气或者自责的情绪。这样的事情发生多了，男孩就对不喜欢、没有感觉的课程产生了心理阻抗。

男孩学习偏科不利于男孩的发展。那么，妈妈应该怎样帮助男孩纠正学习偏科的问题呢？

1. 要向男孩阐明学习偏科的危害

属于基础教育的中小学阶段，是男孩日后成才坚实的基础。各年级开设的各门学科，都是经过科学论证和实践检验而设立的，各门学科齐头并进，有利于男孩的全面发展，如果偏科，就犹如修建高楼大厦时缺少支柱，会影响整体成绩的提高和全面进步。未来社会是需要复合型人才的社会，将来每个人的工作都将是综合性的。

完成一项工作、解决一个问题，往往要用到许多领域的知识。培养复合型人才已成为国内外教育界一个公认的目标。要让男孩认识到，即使数理化学习非常好，但如果缺少坚实的语文功底，没有艺术细胞和丰富的想象力，也是不行的。除了具有广博的专业知识以外，还要有相当高的文学修养、艺术修养。

2. 越偏科越要学好，激发男孩对“非优势学科”的兴趣

如果男孩在理科学习方面取得了成绩，而文科不足，此时可鼓励男孩：“你数学学得这么好，语文能不能也学得这么好呢？试试看。”妈妈可以在平时多陪读，帮助男孩提高对不喜欢的学科的兴趣。比如，男孩在语文学习上可能基础知识非常过硬，而作文水平却不高。妈妈可和男孩分析某一篇课文的写作特点，和男孩一起探讨语文方面的问题。许多男孩都不太喜欢写作文，妈妈可鼓励男孩写日记，阅读一些名人名家的作品、文学名著、文学报刊等课外资料，这对积累作文素材非常有帮助。对于有一定的写作水平的男孩，可以鼓励他多向报社、杂志社投稿，参加一些写作比赛，就可以逐渐提高男孩学习语文的兴趣。

3. 要有耐心地帮助男孩从偏科实现门门功课优秀

妈妈要热情地辅导男孩的“非优势学科”，善于发现男孩的点滴进步，并给予肯定和鼓励。这样男孩就会对该学科逐渐地产生浓厚的兴趣，自信心也会增强。长期坚持下去，男孩就不会为偏科的问题而愁眉紧缩。

4. 男孩偏科，千万不能矫枉过正

在抓男孩其他基础课的学习时，不仅不应限制他们对所擅长科目的学习，还应帮助他充分发挥自己的优势。俗话说，不怕千门会，就怕一门灵。说的就是这个意思。

总之，有缺必有满，有特别的弱点就会有超人的强项。人的能力也呈现舍小处集大成的特点。妈妈要告诉男孩，面对弱点在心理上应不回避、不害怕，要正视它们并自我鼓励，从而战胜它们。

在学习中快乐比第一更重要

有位心理学者做了一项“学习达成度”的测验，分两组进行：

一组是学习的时候，安排一些游戏，让学习者快乐地学习；另一组是填鸭式的学习。学习完毕。测验的结果，两组并没有什么差别。

但经过一个礼拜后再测验，快乐学习的那一组成绩要优越很多。这是因为人的大脑有“尽早忘掉会联想到不愉快的事情”的防卫作用产生的结果。

很多妈妈只是强迫男孩“坐在书桌前面就行”，却不去关心男孩是否在认真学习，虽然人坐在书桌前，心思却早已飞到其他地方了，这样仍旧学不好。

把学习和快乐结合起来，善于给男孩制造一个轻松的气氛。比如每天早晨充满活力地起床，用手推开窗户，深深地呼吸一口新鲜空气，让身体沐浴在朝阳中，他的愉快情绪会从心里升起。

俗话说“一日之计在于晨”，当他将学习看作是一件真正使自己愉快的事，带着这样的心情去学习的时候，他的一天就有了一个良好的开端。而良好的开端就是成功的一半，就是处在学习的一种最佳状态，学习使他感到轻松愉快，那么他的学习动机就会被激活，使他在这整天里都能保持积极的状态。

妈妈要努力为男孩创造一个快乐的学习环境，让男孩自始至终在轻松的氛围中学习，这有助于他们更快、更深入地掌握知识，提高学习效率。

让男孩快乐地学习，就不要给他们太多的压力，让男孩自如地按自己的学习节奏学习，做到劳逸结合。

一位母亲向老师诉说他的儿子注意力不集中。老师问："表现在哪里？"她说："我星期天帮他复习语文，一个多小时后，他就心不在焉，听不进去，经常写错字。"老师问她："孩子多大？"她说："小学五年级。"老师说："你怎么不让他休息休息？"她说："很快进入六年级了，我希望他能考上一个好的中学，不抓紧时间怎么行？一气之下，我就骂了他一通，他哭了，向他奶奶告了我一状，奶奶也哭了。"这位母亲的用心是好的。可是，她不了解孩子的学习规律，学习要劳逸结合，才能事半功倍。

根据儿童注意力发展情况，一般小学五、六年级的男孩能集中45分钟注意力就不错了。让他过1小时后还继续专心致志去学习，一般比较困难，妈妈不了解男孩的学习规律，并且违背了这个规律，强行按照自己的意愿去让男孩长时间学习，那是不可能的。

在学习中快乐比第一更重要，快乐学习到的东西比较牢固，比较深入，学习效率更高。天下妈妈们，如果想让你的男孩快乐成长，高效学习，那就努力为他们创造一个快乐的学习氛围吧！

和男孩一起探讨学习方法

男孩的学习可能是令大多数妈妈都感到非常头疼和苦恼的问题，男孩在学校的表现无时无刻不在牵动着妈妈的神经，尤其是每次男孩拿回来的成绩单，更是“惨不忍睹”。男孩学习不好，妈妈就会忍不住地大吼大叫，甚至打骂，但纵使妈妈暴跳如雷，男孩就是不上进。

与其责怪男孩头脑笨，不如理智地对待男孩的学习，和男孩一起分析学习不好的原因。

在学习过程中，有很多妈妈不知道该怎样给男孩提供好的帮助和有效的方法，当男孩学习的积极性不高、学习成绩不好时，妈妈却采取打骂、吼叫、指责的态度，而不是帮助男孩正确地看待问题，给男孩提高自信。当男孩因学习成绩不好而不喜欢学习、出现厌学情绪时，如果妈妈不正面引导，会使男孩越发认定学习是痛苦的。

有的妈妈认为，自己的知识水平有限，在学习上不一定能帮得上忙，只好把男孩交给老师，自己在生活中多加照顾，就可以满足男孩的需求，其实这种认识是片面的。男孩在学习中需要得到妈妈的鼓励和支持，有时他们更喜欢和妈妈一起攻克难题，如果妈妈没有理解男孩的这种心理，就会对男孩形成一种误导，采取错误的教育方法，以致打骂责备男孩。这会让男孩因没有得到帮助而觉得孤单无助、痛懊交加。

在所有对策中，最关键的是让男孩能够掌握有效的学习方法。这是理智地对待学习的重要方面。良好的学习方法可以使学习事半功倍。妈妈可以借鉴一些考试状元采用的有效学习方法，指导自己的男孩，才能让男孩在考试的时候对知识运用自如。在平时的作业和练习中，妈妈可以告诉男孩把注意力放在做错的题目上，和男孩一起总结出错的原因，以此促进男孩寻找学习方法，提高学习效率和成绩。

影响男孩的学习有多方面的原因，可能是男孩的学习方法不当，或者是男孩对某一学科不感兴趣导致偏科现象严重，或者是男孩不喜欢某学科的老师。只有对症下药，找对方法，才能从根本上提高男孩的学习成绩和学习兴趣。

第21章
少加限制，培养21世纪的创新家

创造能力是一个人成才、成功必不可少的才能。创新意识、创新精神、创新能力不是天生的，它虽然和人的天赋有一定联系，但基本上是后天培养和教育的结果。对男孩又打又骂，或是为男孩设计人生轨道，只能扼杀男孩的创造力，失去成功的条件。

对男孩的好奇心和的奇异的想法，妈妈要少加限制，多加引导，分清哪些才能激发男孩的想象力，培养出21世纪的创新家。

男孩可以不照你说的去做

自古以来，男孩跟妈妈“犟嘴”，在中国的家庭里是不允许的。男孩对妈妈的话只能是“服从”。男孩只有“服从”的义务，没有辩驳的权利，就是妈妈说错了，也不能不听。

有的妈妈经常用这样的话训斥男孩：“我说的话你也不听？”“就按我说的做！”“你是我生的，就得听我的。”有的妈妈甚至还拿起棍棒逼迫男孩就范。

在这些妈妈的头脑里，存在这样一个概念：妈妈总是对的，男孩反驳就是错的。这样教育男孩是最容易的，但是，最容易的往往不是最好的方法。

男孩也是有思想、有判断力的，采取压制的方式粗暴地对待男孩，他会觉得自己受到了不公正的待遇，如果老是采取这样的方式，一旦男孩养成执拗的个性，也许就不听妈妈的了，至少男孩的内心是不服的。

很多妈妈认为对男孩严格要求，这是对孩子负责任的表现，随着年龄的增长，男孩逐渐形成自己的人格和价值观、人生观，如果受到不良影响，就可能使人生目标偏离方向。因此，从这个角度来说，妈妈对男孩严格要求无可厚非。

但是过度的严格就等于专制。妈妈与孩子的关系，不应是征服者和被征服者的关系。教育男孩，让男孩变得听话，服从自己，但是要让男孩心服口服。服从有两种：一种是自愿服从；一种是被迫服从。

显然，让男孩自愿服从才是可取的教育之道。只有男孩主动愿意听从妈妈的话，他才会表现出积极性和热情，不会觉得自己是在被压制和接受“专制”。

正确的做法是，妈妈应在和男孩共同商量的前提下，告诉他哪些事情不能做，哪些事情可以做。当男孩表示反对或任性时，绝不要用强硬的口气命令男孩，必须这样做或不要那样做。首先要弄清他反对的原因和理由，如果男孩提出不合理的要求，妈妈要耐心疏导，做到以理服人。如果有必要，妈妈还可以坐下来同男孩一起讨论。妈妈应该注意的是，大多数孩子都不喜欢包办代替，如果凡事都由妈妈做主，只能增强男孩的逆反心理。

少一些压制，多一些疏导

每个人都有自己的兴趣和爱好，男孩也一样。如果妈妈经常用自己的标准去要求男孩，男孩会认为自己的愿望和兴趣得不到妈妈的重视，从而会表现出情绪低落、不满或反感。如果男孩的正当要求总是得不到满足，或其积极性得不到重视，他的情绪就会处在经常压抑的状态，这对男孩的思维智力和身心健康的发展是不利的。男孩渴望独立，希望自己被大人重视，如果总是按照妈妈的标准去做事，男孩会渐渐变得消极被动，对事物的热情和兴趣降低，甚至走向叛逆的极端。如果性格偏内向的男孩，自己的意愿无法得到满足，时间长了就会变得沉默寡言，不愿意与妈妈沟通。因此，妈妈不能按自己的标准去看待男孩，更不要把自己的想法强加给男孩。

有位妈妈带男孩去买玩具卡车，男孩看中了塑料的，妈妈却看中了铁的，因为铁的结实，不易摔坏。于是妈妈不顾男孩的要求买了铁的卡车，结果是妈妈花了钱，但是男孩不高兴。这样的结果与给男孩买玩具的初衷发生了背离。

所以，妈妈应设身处地为男孩着想，充分理解男孩的心情，对男孩的正确想法和要求尽量予以满足。当然，这并不是说妈妈对男孩所有要求都有求必应，而是说妈妈在做决定时应和男孩一起商量，无论是赞同还是不赞同男孩的要求，一定要向男孩讲明自己赞同或反对的理由，让男孩自己意识到他提出的某些要求并不合理，这样男孩才能心甘情愿地接受妈妈的意见，听从妈妈的安排。这样做，可以加强亲子间的情感交流，使男孩健康地成长。

当男孩在某件事上发表了与妈妈不同的看法时，妈妈要高兴才是，这证明他非常有想法。绝对不要压制他，不要用诸如“你懂什么”的话斥责男孩，更不能将自己的观点强加给男孩。

随着年龄的增长，男孩会产生发表自己的观点、意见和表达感情的强烈欲望，这时妈妈可以坐下来耐心倾听，了解男孩的内心在想什么，需要什么，有什么心愿等。如果觉得男孩的观点和看法确实不成熟，那就设法帮助男孩调整思路，总之，要以朋友的形式来交流。

在家庭教育上，那些教条主义、板起面孔来引经据典的教训的方式是最不受男孩欢迎的，要根据自家男孩的爱好和个性来选择适当的教育方法。有些道理和原则一定要告诉男孩，如偷盗和撒谎的行为可耻，坚决不能做，而有些事情可以灵活掌握，不能死搬硬套。

"你必须照着我说的去做"，这是很多妈妈让孩子变听话最常用的方式，总是对妈妈言听计从的男孩，并不利于个性的发展。妈妈教育男孩，应做到民主，少一些压制，多一些疏导。其实，男孩真的可以不照妈妈说的去做。

聪明孩子是玩出来的

男孩贪玩是绝大多数家妈妈最头疼的事情。贪玩不仅影响男孩学习，同时还会使男孩染上撒谎、旷课等坏毛病，甚至走上犯罪的道路。

相信许多妈妈都为自家贪玩的男孩伤过神：他们整天贪玩，对学习毫无兴趣，不能自觉学习，即使是在有监督的情况下，也总是心不在焉、左顾右盼。如果男孩玩得过分，玩得沉迷，这就有害而无益了。

但是采取非打即骂的方式让男孩少玩和不玩，都是不可取的。记住：玩是孩子的天性，每个男孩都是贪玩的。妈妈也需要正确认识贪玩这种行为，有时候，贪玩并不是不听话，而恰恰是男孩与众不同的个性或者创造力的表现。

所以，要想培养男孩杰出的创造力，应该注意以下几点：

1. 不要再想尽办法不让男孩玩

有的妈妈为了杜绝男孩看电视、玩电脑，想了各种各样的办法和对策，不是藏键盘，就是拔电源板，但办法想尽了，似乎也不能把问题解决好。

说到底，问题不在于让不让男孩玩上，而在于如何让男孩玩，解决玩和学习的矛盾。

2. 把玩的快乐贯穿到学习当中

首先要认识到，男孩子喜欢玩是再正常不过的事情了，只是妈妈应该如何引导的问题。男孩玩游戏的劲头总是让人感叹不已。而且现代教育方法也注重寓教于乐，让孩子在快乐中学习和成长。

妈妈就要善于帮助男孩把学习、观察、记忆当作一个非常有趣味的事情来做，在玩中学，使学习变得快乐。运用游戏的各种法则来引导男孩学习，是一件需要妈妈动脑筋的事情。

3. 让玩和学习统一起来

玩和学习不光是对立的，其实完全是可以统一的，光会学习是不能成长的，玩可以使男孩眼界开阔，使男孩学会交流、协作，使男孩的思维能力得到训练发展。

妈妈就应该帮助男孩协调好学习与玩的关系。如果在玩的方面，错误地安排，把玩当成是工具，粗暴地阻断玩和学习的关系是最大的弊端。

总之，妈妈不要再整天大呼小叫地禁止男孩玩乐。聪明孩子是玩出来的，男孩的创造力也多源于平时的游戏和玩乐活动，为了男孩美好的明天，还是放开手让男孩去玩吧，只要不太过分就可以了。

好奇心是男孩创造力的基因

成人在考虑问题时，常要受到许多潜在因素的限制。但男孩却不同，在好奇心的促使下，可以让思维插上翅膀自由地飞翔，做出很多出乎意料的事情，这是很可贵的。

小宋是个生活刻板严谨的人，作息极有规律，无论发生什么事，作息时间从不改变，但是她却有一个不安分的儿子——明亮。

明亮是个好奇心强的男孩，成天都在不停地动，不知疲倦地做游戏、玩闹，发出种种声响。他与母亲是两个极端，因此母子之间的战争一天之中不知要发生多少次。

有一次，明亮把奶奶刚送给他的万花筒拆开了，想看看里面究竟藏了些什么，这自然招致母亲的愤怒。拆东西可以说是明亮最大的爱好了，凡是让他感到好奇的东西，都逃不过被拆的命运，当然他也逃不过挨罚的命运。可是无论母亲怎样罚他，他的这个毛病始终也改不了。

还有一次，明亮竟然把一件古老的挂钟给拆开了，要知道这座挂钟是明亮故去的祖父留下来的遗物，小宋一直很珍惜。现在这座钟被大卸八块，零件散落了一地。小宋被气得暴跳如雷，不由自主打了明亮。

当家里有一个一分钟都闲不住的男孩，妈妈该怎么办？除了时时提防男孩会受伤外，妈妈还会一直担心，男孩到底什么时候才会老实一点儿呢，更糟的是，3~4岁的男孩比原来跑得更快、攀得更高，跌得也更重。

其实，这些男孩不是存心跟妈妈捣蛋的，是他们天生具有强烈的好奇心，天生就喜欢刺激和冒险的行为。男孩喜欢冒险的另一个原因是他们还尚未成熟，常常“好了伤疤忘了痛”，即使刚刚接受妈妈的教训，转眼就忘在脑后，继续淘气。比如，虽然男孩也明白在公路上打闹很危险，但放学后仍和同伴们互相追逐，在来往车辆间穿梭。男孩的这种冒险常常会持续到青春期。

其实，缺乏好奇心和冒险意识的男孩，长大了很可能性格消极、依赖性强、意志薄弱、责任感差，“温室里长大的花朵经不起风雨”，男孩很可能输在意志薄弱的起跑线上。

赏识男孩的好奇心与冒险精神

妈妈要注意从细微之处发现男孩的好奇心和冒险精神，并对之给予赏识和鼓励。

1. 转变自己的育儿观念

真正关心男孩成才的妈妈，必然会考虑如何转变育儿观念，尊重男孩，给男孩足够的自由空间，鼓励他发表自己的意见，不过分约束，帮助男孩由被迫“听话”变为自愿听从妈妈。鼓励男孩勇敢，积极发挥想象力，不断挖掘男孩的好奇心，培养男孩学会创造。

2. 珍惜男孩的好奇心

妈妈在培养男孩的创造力的过程中，要特别珍惜男孩的好奇心并鼓励他进行大胆的思考。历史上许多发明家的事例告诉我们，男孩的创造潜能是需要不断地培养、挖掘出来的，一方面需要妈妈给男孩创造宽松的、开放的成才环境；另一方面在男孩需要帮助时给予指导，善于引导他正确的思路，在创造中享受成功。

如果纠正过多，管教过严，男孩在考虑问题时就会瞻前顾后，犹豫不决，久而久之，就会对自己失去信心，而一味地等待妈妈的安排和做决定。没有了自信心、自尊心和创新精神，创造能力也难以发展。

正确的做法是，妈妈以积极肯定的态度鼓励男孩大胆思考，勤于提问，勇敢探索。即便是很荒诞可笑的想法和建议，妈妈也要给予鼓励，因为重要的是男孩的思考过程。而培养男孩灵活思考的思维能力，也是妈妈教育男孩过程中重要的任务之一。

3. 培养男孩勤学好问，不要对男孩的提问感到不耐烦

好奇、喜欢提问是男孩的天性。男孩年龄小，知识有限，面对大千世界，他会产生强烈的好奇心和求知欲。因此，在生活和学习中，男孩常常会向大人提问：“这是为什么？”“那是为什么？”男孩的好奇心正是他产生创造力的源泉。所以，妈妈要正确对待男孩的好奇心，不要阻止男孩的求知欲，正如“星星之火，可以燎原”，妈妈要做男孩好奇心的“助燃剂”，而不是“水龙头”，激发他们的探索欲，保护男孩的好奇心和求知欲，妥善解决他们心中的问号。

一天，一位妈妈给儿子讲掩耳盗铃的故事。

妈妈讲道：“古时候，有一个小偷，用手捂住自己的耳朵去偷人家门上的铃铛。他自己听不见铃响，就以为别人也听不见铃响……”

还没等妈妈说出故事的引申义，儿子迫不及待地问：“妈妈，小偷是用一只手捂住耳朵还是用两只手捂住耳朵？”

妈妈顺口说：“当然是两只手了。”

男孩疑惑地望着妈妈说：“既然是两只手捂着耳朵，那他怎么去摘铃铛呢？”

做妈妈的听到男孩提出这样的问题，应该感到高兴。因为男孩正在进行富有创造力的思考。

4. 要让男孩了解冒险行为的性质

探索是人类的第二才能，一些心理学家认为，探索和冒险是人类的天性。但妈妈大多怕男孩去冒险，如何解决这个矛盾呢？

有些危险性较小的冒险活动，在妈妈的陪伴和指导下是可以进行的；但是对一些危险性较大的活动，妈妈可以劝阻男孩不要轻易冒险，如果想要挑战和尝试，可以等到年龄大一些再参加也不迟。还应该告诉男孩，冒险有理智的和盲目的两种，盲目的冒险很可能会给自己造成伤害。

妈妈应让男孩知道，有些活动或事情是不适合孩子参加的，比如登山、航天、探险，参加这些活动的人员都是需要经过特殊训练的。如果男孩确实对这方面感兴趣，可以教导他，现在先好好学习，练好身体，培养起良好的心理素质，将来才有可能从事这样的事业或活动。正确引导男孩的冒险行为，也是送给男孩的宝贵的精神财富。

为男孩插上想象力的翅膀

男孩都是充满想象力的，正因为有了想象力，才会有梦想，有了对美好事物的憧憬和愿望。想象力是动力的源泉，在实现理想的过程中，通过不断探索、不断失败又不断进步的周而复始的循环过程，形成了宝贵的经验。

为提高男孩的想象力，妈妈要做以下工作：

1. 指导男孩积累生活素材

生活是想象的基础，如果男孩在头脑中有了更多对生活的认识和感知，也就有更多的想象的资源。在日常生活中，要启发男孩多观察、多记忆形象具体的东西。去博物馆参观，到郊区游览，参加各种公益活动，走亲访友等，都可以记住许许多多的有关自然、场景、人情等。为了加深男孩的记忆，妈妈可以与男孩相互描述，还可以通过写日记，把头脑中的记忆写下来。

鼓励男孩多阅读文学作品、欣赏艺术品、看电影、看电视等，可以从中积累各种生活素材，让男孩有意识地留心各种各样的人物形象和景物形象，有利于发挥想象力。

2. 指导男孩积累语言文字材料

当需要用口头语言或书面文字将想象的内容表述出来时，文字材料将会起到重要作用。因此，要让男孩增加语言文字的积累。比如，背诵课文，摘抄文学名句、名段，收集好的文章，阅读有益身心的美文，并利用休闲时间巩固复习。这样可以拓宽想象力，让孩子重视细节的作用，从而促进想象力的发展。

3. 鼓励男孩自己编故事、讲故事

男孩在小时候，喜欢编故事、讲故事，有时讲给小朋友听，有时讲给妈妈听，有时还自言自语。妈妈应该看到这既是锻炼表达能力的好机会，又能够促进想象力的发展。

妈妈可以引导男孩按照某个主题去编讲故事，适时地给以赞扬，指出不足。好的故事，让男孩用笔记录下来，不断修改。天长日久，男孩的想象能力会越来越强。

4. 鼓励男孩参加课外活动

课外活动是驰骋想象的广阔天地。不论是音乐、舞蹈、美术、体育、书法，还是天文、地理、生物、化学、航模、舰模、电脑，每一种兴趣小组活动都需要进行创造性的想象才能完成任务。这对于提高男孩的想象力十分有益。当男孩们的兴趣小组成果得到展示或者获得表彰奖励时，他们的积极性会更高，想象力会突飞猛进地发展。

总之，想象是创造的基本要素。人类思想的进步、科学事业的发展以及丰富多彩的现代文明和社会文化等，这一切都离不开人类的想象。男孩想象力丰富是一件值得高兴的事情，有想象力的男孩更具有创造力。所以，妈妈不要扼杀男孩的想象力，要保护男孩的想象力，甚至为男孩的想象力插上翅膀，让男孩的想象力飞得更远。

培养男孩观察力的4个好方法

俄国生物学家巴甫洛夫说：“观察，观察，再观察。”培养观察力是培养创造力的前提。在现实生活中，有许多妈妈不注意培养男孩的观察力，没有把观察力的培养放在应有的位置上，这样最大的弊病就是抑制了男孩思考能力的提高。

要想提高观察能力，达到准确无误的标准，就需要透过现象看到事物的本质。比如，艺术家的眼光比较敏锐和独到，在多数人看来墙壁应是白色的，而艺术家可以将墙壁装饰得五颜六色。博物学家通过敏锐的观察力，能够一眼分辨出动物、植物的种类，善于观察的检测员能从建筑物的外形上识别其不同的结构。当顾客买到一件自认为完美无缺的商品时，商品质检员一眼就能看出它是精品还是赝品。

妈妈在鼓励男孩勤于观察的同时，还要注意帮助男孩善于观察。根据著名哲学家黑格尔的观点，培养男孩观察力的最好方法是教他们在万物中寻求事物的“异中之同，或同中之异”。这里给出以下几点建议：

1. 爱观察的男孩见识多

观察力的高低与男孩视野是否开阔有关。孤陋寡闻的男孩，缺少实践的机会，观察力必然会受到影响。面对同样一种现象，有的男孩能说出许多，有的男孩却说不上几句，这是为什么呢？这与男孩知识学习的情况有关。知识学得扎实，道理融会贯通，观察问题就比较深刻。可以说，观察力基于知识与经验，而知识与经验的丰富和提高又会反过来促进男孩观察力的发展。

2. 让男孩明确观察目的

男孩对观察目标的态度直接影响观察的效果。观察目标越明确，男孩的注意力就越集中，观察得也就越细致深入，观察的效果也就越好。男孩在观察中，有无明确的观察目标，得到的观察结果是不相同的。比如，妈妈带男孩去公园，如果男孩只是漫无目的地东张西望，他还是记不住自己看到了哪些事物。如果妈妈要求男孩去观察公园里的小鸟，那么男孩就会把注意力集中在小鸟上，会对小鸟的形状、羽毛的颜色、眼睛的大小、声音的高低等记忆深刻。这样有目的地训练男孩的观察力，有的放矢，男孩就会从中获得更多的观察和收获。

4. 鼓励男孩边观察边思考

不要总认为男孩无知，大脑空空，不同年龄的男孩常常会向妈妈提出不同难度的问题，如“为什么天会下雨”“人为什么会死”，等等，这些都是他们观察得来的结果。

当男孩提问时，正是男孩求知欲较强的时候。鼓励男孩提问，就是为了培养他对周围事物的观察与思考的能力，提高对自然事物的热情、兴趣和积极性。当男孩每提出一个问题时，妈妈不一定就要立即答复，可以告诉他先观察，看看能不能通过观察而有新的发现，让答案自现。

总之，培养男孩的观察力，对发展男孩的智力是十分重要的。男孩杰出的创造力也离不开敏锐的观察力。

让男孩自己做主，他才能飞得高远

现如今，很多妈妈怕男孩输在起跑线上，总是把男孩的时间安排得满满的。其实，随着男孩年龄的增长，男孩对许多事情都已经有了自己的打算和想法，应该给他一点儿属于他自己的时间。

创造力是一个民族兴旺发达的不竭动力。男孩是国家未来的建设者，青少年时期是培养创造力的关键时期，而创造力的培养必须有一个较为宽松的环境。如果妈妈和老师课内课外都把男孩盯死，事事时时都为男孩制订各种严密的计划，男孩一旦有不同声音就给一闷棍，这样的教育环境怎能造就一代新人？

男孩如果长期习惯听命于教师和妈妈的安排，不学习安排自己的时间，将按部就班，畏首畏尾，缺乏自主意识、独立思考能力和创新精神。

如果妈妈还给男孩自主支配课余时间的权利，给他们锻炼自立自强的机会，可让他们日后能更快适应新的生活，接受各种各样的挑战，把命运牢牢掌握在自己手中。这其实是对男孩负责，是对人的生命的尊重，是人性的回归。

男孩在课余时间里按兴趣选择活动，获得轻松与愉悦，再以良好的状态回到学习中去，能得到最好的效果。况且娱乐并不等于玩物丧志，娱乐可以是阅读，可以是游戏，可以是打球、练乐器，这些都能促进学生身心健康地成长。在课余时间里，男孩可以根据自己的兴趣与爱好选择娱乐、学习、休息等自己需要的活动，这是减轻其学习负担的好方法。

让男孩自主支配课余时间，是对人内在本质特征的尊重。由妈妈支配男孩课余时间的恶果也许短时内还难表现出来，真正的危机发生在他们成人之后。当不再有人要求他们做什么时，当他们真正需要主宰自己的行动时，他们开始手足无措，显然，他们已养成了依赖别人的习惯，已缺乏自己做事的欲望、勇气与能力了。这是为男孩定下小时候看妈妈和老师眼色办事，长大后看领导脸色办事的规则，如此无主见的人生，就像雄鹰被拔掉了羽毛，又何谈高飞呢？

所以，请妈妈把属于男孩的时间还给他们，让他们自己做主，这样才有利于男孩创造力的培养。

第22章
悉心指导，培养男孩杰出的领导才能

领导能力在男人的一生中占据着十分重要的位置。如果男孩拥有领导能力，就会善于发现问题，能够通过思考解决问题，在任何方面都会做得更好。男孩长大后，因为有极强的领导能力，他的视角会比别人宽广，思维也会更加缜密。

因此，妈妈要注重培养男孩的领导能力，让他比其他孩子拥有更多的机遇，更容易获得成功的生活和事业。

领导能力，让孩子从容一生

领导能力无论是在目前，还是在将来，都能让人受益匪浅。无论男孩子或女孩子，如果能在班里及课外活动中表现出较强的领导能力，那么这要比他或她表现出较高的智力或考出较高的分数，更准确地预示出孩子成年时的成功。

传统观念认为，领导力是天生的，但是我们现在知道，领导力也可以通过后天的培养得到，这就对孩子的教育提出了更高的要求。目前，美国等西方国家的学校已经把学生领导力的培养引入正常教学实践中，中国的许多教育专家也越来越重视对这个问题的研究。他们发现在领导者的能力中，大多都是可以通过对孩子的培养获得的，比如胸襟开阔、能与人合作、能支持别人等。这也给家长培养孩子的领导力指明了道路。培养孩子的领导能力应被视作孩子早期教育的重要内容。

是否能够在自己所管的4～5岁的男孩们中间，辨别出哪些是领头的男孩？答案是绝对的。这些男孩都比较自信，尊重成年人和与自己一般大的其他同伴，乐意让别的男孩和自己一块儿玩玩具，有幽默感，表现出较强的创新精神和好奇心。他们总是最先开始做某件事情，其他的男孩们则在一旁观望，然后在他们的带领下跟着做。而且最为重要的是，他们的热情极具感染力。

领导能力不是天生的，关键在于后天的培养。那些管理机构、领导社团和带领体育运动队的领导，都是他们的父母有意遵照一些简单的规则而培养出来的。在男孩们很小的时候，父母就应该培养他们的领导意识、坚强的精神和独立的思维。不从小开始培养男孩的领导意识，就不会有以后的领导能力。

任何一个家长都希望自己的孩子成为佼佼者，能够领导人们去实现自己的价值。从小锻炼孩子的领导才能，让他们能够在群体中脱颖而出，使他们能够带领一班人完成更大的事业，对社会对个人都非常有帮助。

没有天生的领导者，只有后天造就的领导者。那些掌管着某一组织、负责着某一居民区或者带领着某一运动队的男人与女人，都是尽心尽责的家长们培养出的结果：这些家长们无不遵循了用于培养领导者素质——智力与独立思考的能力——的简单准则。他们的孩子不会人云亦云、随波逐流；他们会坚持自己的信念，拿出自己的解决办法。

自信，给男孩当领导的底气

在平时妈妈要注意培养男孩的自信心和团队领袖能力。帮助男孩树立自信心和给予充分的鼓励。男孩如果失败了，要安慰和继续激励；如果成功了，要加以肯定和赞赏。这样男孩从此就会非常有信心，领导能力越来越强。

冬冬心里一直有个愿望：就是自己能当上班干部。可是，从入学到小学毕业，老师从来没有任命过冬冬担任过任何职务。这让冬冬心里一直很郁闷。

升入初中，新学期开学。班里面公开投票选择班干部，冬冬竟然被意外地推举为数学课代表了。他欣喜万分，比当了班长的同学还要高兴。他觉得自己的努力终于得到了同学和老师的认可了。

放学后，冬冬迫不及待地把这一消息告诉了妈妈："妈妈，我太高兴了，我当领导了！"

妈妈笑着问："你考了100分吗？这么高兴？"

冬冬摇摇头说："妈妈，你怎么整天只关心分数呢？我今天被同学们投票选举为班里的数学课代表！"

妈妈并没有被冬冬的喜悦感染，反而冷冷地说："我还以为是什么大喜事呢？不就是一个课代表吗？当个课代表有什么好的，整天操心不说，多耽误时间啊！"

被妈妈这么一说，冬冬的兴奋一扫而光，心里既难过又悲伤。

上面这位妈妈的做法是不可取的。男孩渴望当上班干部，这是一种很正常的心态。最后通过自己的努力被同学们选为课代表，心里面有很多的兴奋和高兴，想与妈妈分享。可是，男孩心中特别珍惜和倍感骄傲的事情，在妈妈眼里却如此不值一提，甚至还遭到妈妈的刻意贬低，男孩如同被当头打了一棒，热情的火焰迅速被熄灭，信心也会迅速坍塌。这会对男孩的成长造成非常不好的影响。

男孩的自信心首先来自于妈妈的鼓励。从男孩开始迈出第一步的时候，妈妈就应树立男孩的自信心。当男孩蹒跚地走到妈妈的怀抱中时，他就赢得了人生路上的第一个胜利；而妈妈对他的紧紧拥抱，就会让他体验到成功的欢乐。当这些形成良性循环的时候，他也就会接连不断地取得成功。

教男孩树立领导者的惜时观念

能够成为领导的人都是时间观念非常强的人，但是年幼的男孩，不善于将时间和成功联系起来，以致办事拖拉磨蹭，久而久之形成一种习惯。

合理地利用和分配时间是个大学问，没有妈妈的指导，男孩是不会自发掌握的，也不能自主支配时间。妈妈要让男孩意识到“时间”是每个人最易拥有也是最易失去的个人资源，而把握时间最重要的就是要珍惜时间。妈妈应有意识地培养男孩养成从小珍惜时间的行为习惯。

下面给妈妈一些建议：

1. 多教男孩一些“惜时”名言

中国人说：“一寸光阴一寸金，寸金难买寸光阴。”莎士比亚警示世人说：“抛弃时间的人，时间也抛弃他。”所以，鲁迅先生说：“时间就像海绵里的水，只要愿挤，总还是有的。”平日里，妈妈要经常向男孩灌输一些这样的名言，让男孩对时间的重要性先有个认识。

2. 提醒男孩严格遵守作息时间表

生活最忌信马由缰、放任自流，成功往往来源于长期的坚持不懈。生活不是一朝一夕的事，应打“持久战”，就像马拉松长跑，不能随时随刻都用全力去拼。通盘策划，方为胜算。这与古人所说的“文武之道，一张一弛”是同样的道理。

运用在家庭教育中，妈妈可以根据自家男孩的实际情况，配合学校的老师教育，帮助男孩共同进步和提高。在充分尊重和给男孩适当玩的时间的基础上，为其制定出一份合理的时间表，并适时提醒男孩遵守。这样做可以培养男孩遵守时间、树立“守时”的意识，养成惜时的好习惯。

“守时”是做事有成的重要环节。从小养成守时的习惯，不仅到时就能自然地安心学习，提高学习自觉性和学习效率，而且有利于将来更好地适应社会生活。

3. 不浪费时间，尽量赢得更多的时间

马克思说：“任何节约归根结底都是时间的节约。”培养男孩节约时间，就是让他学会珍惜时间，不把时间浪费在无意义的事情上。比如，告诫男孩，即使有的任务没有完成也不要有太长时间的内疚和不安，更不要把时间浪费在后悔、失败的事情上。同时逐步养成一种习惯，那就是努力让自己不要去浪费别人的时间，从而也为自己节约时间。

另外，将男孩的手表拨快几分钟，以使其每天都能赶在时间的前面。

4. 善于利用零碎时间

不要小看那些零碎的时间，如果把一些零碎时间积累起来，也具有极大的利用价值。

利用零碎时间的技巧有很多。比如，妈妈可以为男孩准备一个可随身携带的小本子，记上要背的知识点，有空就读一遍；在起床、洗脸、刷牙、就餐等活动场所的墙上，钉上一个和视线等高的小夹子，夹上一张卡片，写上当天要背的单词、公式等；还可运用录音机，把要背的知识内容录下来，吃饭、洗脚的时候都可以听。

总之，要想让男孩将来走上成功之路，妈妈就要指导男孩树立“时间就是生命”的惜时观念，教育和帮助男孩合理安排和利用时间。

培养男孩独立决断的能力

一个优秀的领导，必然有很强的独立决断能力。但是男孩小的时候，习惯了依赖妈妈，这种能力是很欠缺的。

男孩养成了依赖妈妈的习惯后，就不知道什么是决断，也不会去想如何解决问题，一切只等待着妈妈给自己出主意、想办法。这样的男孩长大后，没有创新精神，只会人云亦云，不会有什么大的作为。独立决断是在强烈的求新、创造意识之下改组已有经验获取新知识的一种非常复杂的心理智能活动，它是发现、突破、创新的前提。

其实，独立决断能力的意义远不止于此，它更是男孩走上成功之路必备的一种素质。因为一个人如果不能独立决断，他就不会辨别是非、对错，就只能听令于人。这样，对于男孩领导能力的培养，只有百害而无一利。因此，培养男孩的独立决断能力迫在眉睫，主要有以下几个方法：

1. 不要直接告诉男孩问题的答案

面对男孩的提问，妈妈不应该直接告诉男孩答案，而应该教给男孩解决问题的方法，让男孩从中学会独立决断。如果男孩太小，暂时无法独立解决问题，妈妈可以示范，通过查阅资料、反复决断等方法，让男孩学习决断的方法，这对培养男孩独立决断问题的能力非常有益。

2. 主动提出问题和男孩一起讨论

问题是决断的源泉。男孩的脑子里总会有很多千奇百怪的问题，每当男孩向妈妈提出问题时，妈妈最好和男孩一起讨论、决断，耐心地向男孩解释，然后共同解决问题。

3. 鼓励男孩发表自己的意见

妈妈应鼓励男孩有自己的见解，做个有主见的人。当男孩发表意见时，哪怕是错误的，也要鼓励男孩把话说完，然后再给予分析和适当的指导。对于男孩的正确意见，妈妈应该积极肯定和表扬，增加男孩主动表达的自信心。

4. 讲一些益智故事，玩一些益智类的游戏

益智类的故事和资料很多，真人真事和寓言故事都有涉及。妈妈通过给男孩讲这些故事，互相讨论感兴趣的话题，对培养男孩的思维能力也是大有裨益的。

总之，每一个领导者都是决断力超强的人，任何困境中，他都能马上开动脑筋决断，寻找最佳解决之道。生活中，男孩具备了独立决断能力，就能在困境面前，给大家一个好的建议，久而久之，男孩的领导能力就得到了锻炼。

培养男孩果敢应变的能力

所谓应变能力，也就是能适应瞬息万变的世界，面对与原本想象的情况完全不同、已经发生了巨大变化的情况还能适应的能力。

妈妈应该从只注重男孩的成绩转向多方面、多角度地对男孩进行培养，特别要注意培养男孩的应变能力，这样对男孩才是负责的，对男孩将来的发展才是有益的。具体要做好以下几点：

1. 让男孩懂得计划是会发展变化的

妈妈应当告诉男孩事情变化的可能性，让男孩对突然出现的情况有一个心理准备。例如，本来准备周六带男孩去中国科学技术馆，妈妈在与男孩商量这件事时，就应当这样说："如果没有什么特殊情况，我们周六去中国科学技术馆好吗？"

2. 培养男孩对突发事件的处理能力

教会男孩遇到类似事件时应沉着应对，做到随机应变，以增加男孩处理突发事件的能力。

例如，妈妈可以告诉男孩：放学回家时如果发现钥匙不见了，先别着慌，如果家和学校距离不远，可以返回学校寻找，看看钥匙是不是忘在了课桌里；如果家和学校之间距离比较远，那么就应当及时与妈妈取得联系；如果与妈妈联系不上，可以先到亲戚或邻居家做作业，并且要将亲戚或邻居家的联系电话告诉自己的班主任。这样妈妈就获得了男孩的所在地点等信息。

3. 让男孩多参加一些具有挑战性的活动

有意识地让男孩去做一些有难度的事情，或者参与到富有挑战性的活动中去，这样男孩在实际的操作中，通过自己的积极思考和动手实践，应变能力就会在不知不觉中得到锻炼与加强。

妈妈可以经常带男孩去参加一些具有挑战性的活动，让男孩在活动中增强动脑、动手的能力，必要时给予男孩正确的引导，锻炼的次数多了，男孩的应变能力就得到了培养和加强。

总之，应变能力是妈妈教育孩子立足于社会的基本能力之一。拥有了应变能力，男孩才会保护自己，变得勇敢而坚强。

培养男孩的领袖气质

中国有个成语叫“鹤立鸡群”，比喻一个人的才能在一群人里显得很突出。相信妈妈们都希望自己的男孩将来是一个具备领袖气质的人，能够在团队中胜任领导者的角色。

那么，要如何培养男孩的领袖气质呢？以下所讲述的6条秘诀可供借鉴。

1. 让男孩积极探索下去，给予积极的肯定

有杰出领导能力的人都有一种积极探索的精神，所以，妈妈要注意保护男孩的探索精神，不能总是给男孩泼冷水。

2. 认真对待孩子们的梦想

人们所说的领导者，就是那种能够勾画出一个蓝图，把它给大家做一解释，并激励大家沿着他的道路前进的人。领导者迈出的第一步，就是有自己的梦想。

家长要认真对待孩子们的梦想，鼓励他们树立自己的理想，哪怕他们的理想听起来非常稀奇古怪。最重要的是培养孩子们善于想象，以及如何把自己的想象变为现实的能力。

3. 让男孩用心去考虑怎样才能成功

“可能性思考”是领导能力的一种重要体现。那些能够认真地思考问题，并把想出来的解决之法告诉大家的人，无疑将成为大家的领导者。男孩一旦具备勤于思考、善于推测的能力，往往很容易成为同龄人中的领头羊。

所以，妈妈要多引导男孩想想如何去取得成功，而不要为成功路上可能会遇到的坎坷过多地担忧。

相信自己能够取得成功的人，才能够成为一位激励他人追随自己的领导者。

你可以借全家人一块儿吃饭的时机，锻炼孩子的这类能力。让你孩子主持家庭晚间讨论会，使孩子有权依次听取其他家庭成员所发表的意见，然后总结出全家人在哪些方面达成了共识。

4. 做男孩竞选活动的支持者

当班级中竞选学生干部时，男孩希望能够当选。遇到这种情况，妈妈应该主动做男孩竞选活动的支持者，并为男孩竞选出谋划策。比如，当男孩想竞选班干部时，妈妈告诉他一条秘诀：每天到学校刚一见到班上的同学，就热情地打个招呼，向他们友好地微笑。

久而久之，他的人缘就会很好，就能够团结班上的许多同学，这样一来，他在竞选班干部时也就有了较好的群众基础。那些不仅对自己圈内的朋友热情相待，而且也对其他同学表示友好的男孩们，是很容易得到大家认可的，也很快能够成为大家的领导者。

5. 领导才能需要在实践中不断磨炼

妈妈要鼓励男孩出面组织一些集体活动。支持男孩在班上竞选班干部，在运动队中担任负责人，因为这些都可以给男孩提供展示自己领导能力的机会。

如果男孩能够成为校学生会或团支部的成员，那么他同样拥有锻炼并展示自己领导才能的良好机会。

6. 教孩子学会尊重他人、灵活应变，并具有责任感

积极育儿法研究中心位于北卡罗莱那州的加斯托尼亚市，在该中心工作的家庭心理学家约翰·罗斯蒙多把尊重他人、灵活应变及责任感视为家长应当在孩子身上培养的基本品格。领导的重任时常要落到那些为人随和、以礼相待（尊重他人），遭受挫折时总能想出新的解决方法（灵活应变），并且敢于面对自己的行为所带来的结果（责任感）的人们的肩头。

总之，妈妈对男孩的关爱与引导，可以让男孩获得那种能够转化为领导才能的内在力量与信心。

培养男孩领导力的好方法

未来时代是一个竞争的时代、精英的时代，对于男孩来说，不仅需要具备学习能力、工作能力、交际能力、创新能力，还需要具备领导能力。怎样让男孩拥有统领全局的意识和观念，领导团队实现远景目标的能力，是男孩未来出类拔萃的关键。

每个男孩心中都想做一个具有领导力的人，但有的男孩却因为自身和环境的原因，没有这种能力，因此，妈妈要注重从小培养男孩的领导能力。培养男孩的领导力，妈妈可以从以下几个方面入手：

1. 放弃包办的做法

现在的小男孩们，吃什么、穿什么及与哪些朋友玩都要问妈妈，由妈妈包办。所有的事都为男孩安排好了，男孩不需要自己拿主意、作决定，也就失去了具备领导才能的机会。要想把男孩培养成有领导才能、有主见的小男子汉，必须放弃包办。

2. 鼓励男孩拿主意

没主见的男孩通常有两个共同的缺点——胆小、害羞。当他在一件事情上没有主见时，妈妈不要指责或抱怨他，而应当鼓励他，比如，面对消极等待别人安排角色时，可以给他一个鼓励的眼神或动作，这都会给他足够的信心，他的主见性很快就能在任何场合表现出来。

3. 鼓励男孩多问“这样做怎么样”

有些男孩遇到问题总是问“怎么办”，这样使他不具备主见性、领导才能，还会使得男子汉气概都逐渐消失。妈妈可以引导男孩遇到问题要说“这样做怎么样”，这其实就是在鼓励他想办法、自己拿主意。

4. 引导男孩学会说“不”

一个不懂拒绝别人的男孩，在别人眼里永远都是唯唯诺诺，没有主见的；一个不懂得维护自己正当利益的男孩，就不懂得维护集体的利益……这样的男孩是无法承担领导的重任的。要想让男孩拥有领导才能，就要教他学会说“不”。

5. 多赞许、少批评，拒做“完美主义型”家长

有完美主义倾向的妈妈才会培养出有“完美情结”的儿子，这种表现在行动上就是做事拿不定主意、犹豫不决，对决断存在很大的恐惧感。妈妈引导男孩去发现自己的优势，帮助男孩找回信心。

6. 引导男孩思考下次如何做才能避免失误

如果妈妈不嘲笑或批评男孩，而是引导他们思考下次应该如何做才能避免失误，男孩得到的启发就是积极的——只要我改进一点儿，下次就不会失误了，这样男孩自己做决定的积极性不但会越来越高，而且还会越来越善于领导。

7. 布置最有安全感、最熟悉的环境

鼓励男孩是要分场合的，家是男孩最有安全感、最熟悉的环境，只有在家他才能放得开，妈妈可以让儿子约小伙伴来家里玩，并提前把游戏及玩法策划好，那男孩的表现就会更加出色，久而久之，男孩的主见不但会逐渐表现出来，还能使他具有领袖气质。

第23章

多多鼓励，培养男孩的社交绅士风度

家有独生男孩，妈妈每天都会悉心照顾着他，给他足够多的爱、温暖、关怀，尽量使他过着既安全又快乐的生活。但是，男孩终究要走向社会这个大集体。因此，幼年起，妈妈就要鼓励男孩多与人交往，打下良好的社交基础。

为青春期男孩补上交友一课

男孩在小的时候都会非常依赖妈妈，妈妈在男孩的心里就是无所不能的超人。遇到不懂的问题，妈妈帮助解决；有不会做的事情，妈妈替自己做好；一切都听妈妈的话，听从妈妈的安排，等等，所以男孩从小听从妈妈的教育是顺理成章的事。

然而，到了青春期，男孩会突然发生巨大的变化，包括身体上和心理上的变化，让大多数妈妈无所适从。青春期的男孩变得渴望独立和成熟，他不愿意再像以往那样依赖于妈妈。不仅如此，他还常常通过反抗、叛逆的方式来摆脱妈妈的控制。

实际上，青春期的所谓独立和成熟并非真正的独立和成熟，当面对错综复杂的社会问题时，男孩的判断力和解决处理问题的能力是有限的，由于生活经验不足，很多事情都无法独立应付。所以，青春期男孩在心理上是矛盾的，一方面不愿依赖妈妈，想要独立和成熟；另一方面在面对问题时又会显得青涩稚嫩。于是，就像离开了母乳却不能离开蛋白质、维生素、脂肪等其他营养物质一样，男孩开始注重发展与同龄人的关系，所以交朋友成为他生活中的重要内容，朋友间的友谊在他心中甚至无可替代。

青春期的男孩之所以喜欢和朋友在一起，是因为在同龄人之间有着同样的发展和变化，经历着同样的感受，体验着同样的需求，和朋友们一起可以无话不谈，可以轻松自如。他会觉得，朋友之间心灵相通，都和自己一样渴望独立，喜欢自由，不喜欢被妈妈所约束，这些共同的感受和需求让同龄人之间成了知音，成了默契的知己。和朋友们一同感受成长的烦恼和快乐，是他最开心的事。所以，男孩和朋友们会非常看重彼此的友谊，会为了彼此同甘共苦，两肋插刀，互帮互助，他会认为没有什么能够阻挡和诋毁兄弟间的情谊。

于是，他视朋友比任何人都重要，对友谊无比忠诚。和朋友们在一起，似乎有说不完的话题；为了朋友，甚至敢和妈妈对抗。他还常常以朋友或同学做自己生活中的参谋和标准，比如会说“我们同学都是这样做的”“某某买了一件这样的衣服，我也想买一件”，等等。尽管在妈妈们看来这些道理显得很幼稚甚至荒唐，实际上在青春期的男孩看来，朋友和同学们的行为准则就是自己的行为准则。

友谊是男孩心理“断乳期”的精神食粮，千万别加以剥夺或者进行阻碍，除非妈妈想让男孩一辈子停留在童年。可以说，没有密切的同龄人关系，没有在一定程度上的与妈妈的疏离，男孩的青春期就是有缺憾的，从童年到青年的过渡就是不完美的。如果男孩基本没有朋友，那绝对是一件值得重视的事情，妈妈应当帮助他找到原因，补上这青春期的重要一课。

提高男孩与人相处的能力

世界级哲学大师西格蒙特·弗洛伊德的学生哈里·苏利万非常重视人际关系对男孩性格发育的重要性。他认为男孩的性格发育与他的人际关系总和是相等的。当然，男孩的人际关系首先开始于与妈妈的相处，同时也包括同龄人对他的深远影响。

男孩对自己的认识总是以他人为镜，需要通过与他人进行比较，把自己的形象反射出来而加以认识。男孩在与人交往的过程中，往往以同龄人为参照系，吸取更多的信息，以便更清楚地确定自我形象。积极的交往活动是男孩个性发展和完善的必要条件。

然而，现在的男孩大多是独生子女，要么太“独”而不利于与人交往，要么缺乏一定的社交锻炼而不会主动与人交往。这就给男孩今后的生活与发展带来很大的障碍。

经常有报道说某男孩经过多年的努力考上了名牌大学，但是却因为在学校不能和同学友好相处，出现了严重的人际交往障碍。可见提高男孩的人际交往能力是一个多么刻不容缓的问题。

与人相处的能力，可以考查一个男孩的一种综合能力，它包括很多种因素。比如和小朋友在一起，他要考虑应该怎样和人家说话，怎样才能够清楚表达自己的意思，怎么样做小朋友才不会疏远自己，不但要求有语言表达能力，还要懂得方法以及接纳他人的能力。所以说，妈妈如果重视男孩的人际交往能力，就要想办法鼓励和提高其与人相处能力。

家庭是男孩成长的第一个很重要的环境，妈妈给予男孩什么样的家教，男孩就可能成为什么样的人。要想让男孩成为一个心理健康、性格开朗的人，那就必须重视引导男孩与同伴交往。

让男孩多参加集体活动

在现代社会，人们总是在不断享受着集体或他人所给予的利益，作为集体中的一员，应该懂得如何关心、爱护这个集体，并为它做贡献。对于孩子，妈妈要从小培养男孩的集体主义精神，这样做能够让男孩将来更快地融入社会，懂得团队合作的意义和重要性。

马特洛索夫说："人活着应该让别人因为你活着而得到益处。"应该帮助男孩克服自私的心理，让男孩走出狭隘的自我空间，多参加团体活动，那样，他会得到更多。

首先，鼓励男孩多参加集体活动，可以扩大男孩的交往空间。

如果妈妈总是把男孩关在家里，不让他们接触外界，那么男孩交往活动的空间一定会非常狭小，这势必会影响男孩的交往能力。那些经常躲在家里不出门的男孩往往见人会认生、害羞。而相比在幼儿园生活的孩子，活动空间明显增大，与人交往能力明显增强，他们能和其他的小朋友相处融洽，友好合作。

其次，让男孩过一段集体生活，可以纠正男孩的不良习惯。

许多男孩在家里娇生惯养，享受妈妈的极大宠爱，养成了许多坏习惯，如任性、挑食、赖床、随地大小便、不会用杯子喝水、不会用勺吃饭、不会自己穿衣服、不会系鞋带等，在情绪上也表现得十分脆弱，如爱哭、发脾气、胆怯、害羞、孤僻等。而当男孩参与集体生活后，在老师的引导下和受其他小伙伴的影响，以上这些问题都可以逐步得到改善。

集体生活给男孩提供了互相学习的环境，而在同龄人的耳濡目染之下，孩子一般会主动自觉地改正以往的习惯。男孩在老师、妈妈的教育下学习是被动的，而孩子间的互相学习、互相影响则是主动的，这种学习方式在很大程度上能促进男孩的发展。同时，集体生活也有利于人际关系的融洽，培养男孩的团队合作能力。比如男孩在家里不爱吃胡萝卜，但当他在幼儿园里看到小朋友们都吃胡萝卜并且吃得津津有味时，他也会有滋有味地吃起来，从此也变得爱吃胡萝卜了。这就是集体的力量。

一般来说，从小生活在集体中的男孩，对于新环境的适应能力较强，在表达能力、行为举止方面也更显得突出，思维的发展水平也相对较高。受过集体生活锻炼的男孩，他的交往能力要比在家里娇生惯养的男孩更强，性格也更加开朗活泼。

当好男孩交际生涯的引路人

身处社会，每个人都不可能离群索居地生活，再加上现代社会信息交流频繁，妈妈应鼓励男孩多了解社会，增长社会经验。如果妈妈限制男孩与社会的接触，在对待男女情感之间的问题上完全禁止，进行封闭式教育，那么孩子长大后也难以适应社会，在人际关系方面也显得不成熟。

所以，妈妈应该鼓励和正确引导男孩与他人交往，无论是同龄人、异性朋友还是忘年交，多交些有益的朋友对孩子的成长有着深远的影响，良好的友谊能够促进彼此进步。

男孩进入青春期之后，就会对妈妈渐渐地不再依赖，而渴望有属于自己的独立空间，形成独立的人格。这时的男孩喜欢结交朋友，喜欢和朋友们在一起。

他们在交友中，逐渐学会了欣赏别人的优点，接纳别人的不足，懂得了宽以待人；在交友过程中，男孩会选择和自己的个性特征合得来的朋友交往。为了减少人际矛盾，他们会疏远那些兴趣、爱好、性格等不相容的人。

妈妈在了解自家男孩的同时，应该多了解和关心一下孩子的朋友，与男孩的同学、朋友保持密切的联系，请孩子的朋友同学常到家里来玩，这样有利于孩子增进友谊和人格的塑造。

男孩与朋友之间利用节假日聚在一起，谈谈心里话，这没有什么可指责的。根据许多教育学家和心理学家的研究，孩子智力的开发，道德品质的形成，性格、兴趣等个性的发展，除了家庭环境的影响，学校老师的指导外，另一个重要方面就是社会熏陶，同辈群体的活动。人际交往是培养语言能力和处事能力的重要途径。

因此，妈妈只有通过正确的导向，让男孩在与他人的交往中寻求知己，才能建立真正的友谊，以在学习上互相激励，携手并进。

尊重男孩所交的每一个朋友

妈妈要支持男孩的社会交往，尊重男孩的朋友，这样不仅可以让男孩感觉到妈妈对他的尊重而更加信赖妈妈，而且还可以促进男孩之间的友谊和交往，促使他们互相帮助、互相学习，可以培养男孩的社会适应和交际能力。

妈妈最好少发这样的议论：“你为什么要与某某来往？他是一个坏孩子。”为什么这样说呢，主要有以下几点：

首先，这是十分不公平的，大多数青春期的男孩还未定性，随便地给他们贴上“坏孩子”的标签太轻率了。其次，男孩选择朋友有他自己的标准，可能某个男孩确实有这样那样的毛病，但更可能具有妈妈所不知道的某种可贵之处，而那正是自家男孩极为珍视和需要的：或许他们有共同的爱好——足球、集邮，或许他们在性格上互补——一个内向谨慎，一个开朗泼辣。

妈妈可以通过赏识男孩朋友的优点，让男孩在与朋友的交往中主动学习，克服自己的缺点。鼓励男孩在与朋友的交往中培养群体意识，可以克服男孩过强的个体意识。朋友之间的群体生活可以克服男孩以自我为中心的毛病，让他遵从群体活动规则，认识到每个人的权利和义务。如果只顾自己，就会受到朋友们的排斥，其他男孩就会看不起他，不跟他接触，将会促使男孩最终向群体规范“投降”。“合群”是人的重要品质和能力，这是妈妈无法口授给男孩的。

因此，妈妈应该鼓励男孩交朋友，当男孩有了朋友之后，应该给予赏识和尊重，促进男孩之间的交往。

如果男孩已经交上了朋友，妈妈要及时给予肯定，比如对男孩说：“真高兴你有了自己的朋友，听说你的朋友很棒，你们应该互相关心、互相帮助。”或者说：“听说你交的朋友很出色，我很想见见他，你看可以吗？”

如果男孩还没有朋友，则应积极帮男孩寻找。比如鼓励男孩与家附近的男孩一起玩，与同事或同学的男孩一起玩，并适时和男孩讨论他们交往的情况，帮助男孩分析并做出选择。

引导男孩与异性朋友正确交往

向往异性是青春发育期男孩的一种正常生理反应和心理现象，是人的情感世界中美丽而珍贵的，男女同学相处，是青少年社会交往不可缺少的内容。人类异性间的交往，也是最富有魅力、最激动人心的，尤其对青春期的男女来讲，更具有极大的吸引力。

心理学家认为，男女两性交往会产生神奇的异性效应，这种异性效应对一个人的成长和性别角色的完善有着不可低估的积极作用。

只在同性范围内交往，人的心理发展往往会狭隘，远不如既与同性又与异性的多向交往更能丰富人的个性。多向的人际交往，可以使人与人之间彼此相互渗透、补充，使性格更为豁达开朗，情感体验更为丰富，意志也更为坚强。

所以，对于男孩与女孩之间的交往，妈妈应当持积极、宽容的态度，而不应当加以阻止，甚至指责、打骂男孩。只要妈妈加以适当的引导，就会避免男孩陷入早恋的误区。

1. 妈妈要告诉男孩，与女孩交往要真实坦诚

在交往过程中要做到坦荡无私、以诚相待，相互信任是建立和发展良好异性关系的前提和基础。也就是说，与异性交往，要像结交同性朋友那样。

2. 教育男孩在与异性朋友交往时要注意距离

与异性朋友交往，要注意言行举止，说话做事要留有余地，不能毫无顾忌。比如，在交往中尽量不谈涉及两性之间的敏感话题；交往中的身体接触要把握好分寸，不能过于轻浮，也不要过分拘谨；如果是正常的男女同学间的友谊，那么要注意把握好交往的距离和程度，陷入过深则会成为早恋，超越了正常异性交往的界限。

3. 要尊重男孩的纯真情感和友谊，不要轻易贴上“早恋”的标签

男女同学之间亲密一点儿，手机发几条短信，过年过节送几张别样的卡片，写上几句俏皮的话，某天晚上回家很晚……于是，妈妈就紧张地认定自己的男孩早恋了。很多时候，男女同学间的正常的纯洁的友谊关系，会被过分敏感的妈妈轻易地与谈恋爱挂钩，给男孩贴上了“早恋”的标签，这样做不但影响了同学间的正常交往，也伤害了男孩的自尊心。

其实，同学间的交往常常是不自觉的，如果男孩与某个异性伙伴相处时间较早较长，表现得亲密一些，关系距离近一些，也是很正常的，这时男孩也许并没有认为自己是在谈恋爱，心里也根本没有早恋的念头，只不过是对异性有好感或相处融洽而已，如果妈妈一发现男孩与异性伙伴在一起就认定是早恋关系，那么对男孩和他的伙伴来说都是非常尴尬的，不利于彼此间的交往，反而破坏了正常的友谊。所以，妈妈要对男孩是否早恋要深入了解，不要捕风捉影或片面地下结论。

鼓励男孩走出家门，扩大交往范围

有些妈妈喜欢把男孩圈在家里，禁止让他与外界接触，这样虽然少受外界信息的干扰，却也让男孩感觉越来越孤单。特别是居住在楼房里的家庭，楼层住得越高，孩子与外界沟通的机会就越少。妈妈为此还找到更多的理由，工作忙，家务多，没时间带男孩出门；让孩子自己出门，又担心男孩在外面会着凉中暑，会把衣服弄脏，担心被别人欺负，等等。

总之，他们有充足的理由把男孩圈在家里，这也是很多孩子很少了解外面的世界，很少与同伴交流、游戏的原因之一。

也许有的妈妈会说，男孩还小，等长大了自然会走向社会，了解外界信息的。事实上，孩子年龄越小，智力发展越快，这时应该让孩子到大自然中去了解和探索，让孩子到户外去参加活动，主动结交小朋友，更有利于孩子的身心发展。而错过了这个时机，孩子从年幼到成熟的过程会变得缓慢甚至麻烦重重。举个例子来说，狼孩回到人间后，虽然经过精心的照料与教育，4年才学会6个单词，6年才学会直立行走，就是最好的证明。

让男孩尽量多接触、了解外界事物，接收外界信息，对他的发展，特别是智力的发展是十分必要的。现代社会提倡的素质教育也要求让孩子多接触自然，多了解社会。

人们认识事物的过程总是由感性发展到理性的，通过认识、了解才能引发思考。对于男孩来说更是如此，妈妈应该从小就培养男孩对事物的感知、认知能力。因为男孩年龄小，缺少生活经验，男孩的思维过程也只是形象思维，对事物的本质缺乏分析、比较的能力和判断力。所以，一些见多识广的男孩看上去显得比较聪明，而“什么都不懂”的男孩会被妈妈称为反应迟钝的笨孩子。

走出居室，让男孩更广泛、更深入了解周围世界，接受各种信息，丰富他们的视野，丰富感性认识，才是促进男孩发展的有效途径。

鼓励男孩到户外去，去积极与他人交往，有助于从小培养良好的人际关系。

第24章
为人处世，培养人见人爱“小大人”

会为人处世的人，能够融洽地与人合作，表现出较强的社会适应性，也因此更容易实现自己的潜能。男孩终将会离开大人，走向社会。如何教会男孩与人相处，这是妈妈必须面对的一个问题。

从小事教会男孩乐于助人

现在的男孩绝大多数是独生子女，他们在家中随时随地都处于被照顾的地位，很少有机会去关心、照顾别人，甚至他们很少想到别人，除非他们需要别人的帮助。这一切看来是自然的、顺理成章的。然而，这对男孩的成长都是十分不利的，它不利于男孩人际交往的良性循环；不利于男孩长大进入社会与人共处，它会妨碍一个人学习与事业上的成功。

要改变男孩自私自利的不良习惯，就要培养他们乐于助人的意识和品性。

乐于助人是一种高尚的品质。对于一个年幼的男孩来说，他也许尚无明确的认识，不懂得他的社会意义。可是他极富同情心，这是培养他乐于助人精神的基础。培养男孩乐于助人的品性，要从小事做起。例如，奶奶生病卧床，妈妈让男孩给递水、送药；走在路上，看到老人手中的报纸或其他较小的东西掉在地上，让男孩帮助拾起。

教男孩乐于助人，还要注意启发男孩的同情心。男孩的行为绝大多数是由感情冲动引起的，而且行为过程带有很浓的感情色彩。那么，在让男孩做某件事情时，最好从启发他的情感入手，例如，“你看那位老爷爷弯腰多吃力呀！你去帮助他把报纸捡起来好不好”这样的问话要比直接地命令男孩“你应该帮助老人”的效果更好。

培养男孩乐于助人的品性，还有赖于妈妈的榜样作用。通常说孩子是妈妈的一面镜子，妈妈的行为常在孩子的身上得以反映出来。因此，如果妈妈间互相关心，与邻里间和睦相处、互相帮助，孩子也自然而然地养成乐于助人的好品质。

妈妈对男孩的行为持何种态度，也是起重要作用的。对于男孩热心帮助他人的做法，妈妈要予以肯定、支持。万万不可教育男孩“少管闲事”。甚至男孩因帮助了别人还挨批评，妈妈的态度对男孩的成长有着重要的影响，甚至可以说决定着男孩的未来。妈妈在对男孩助人为乐的行为给予支持和赞赏时，还可逐渐地向男孩讲明助人为乐的意义和好处，这样有利于帮助男孩确立人生观和价值观，提高道德素质。

让男孩改掉“独占欲”

乐于分享都是一种美好的品质，但在生活中，我们经常会听到，“这些都是我的”“你们不准碰”……男孩总是喜欢“独霸”他所喜欢的东西。当男孩开始认识到“我”“我的东西”“我要”的时候，你会发现很难从他手中拿走东西，他会把食物或者玩具紧紧地攥在自己的小手里，眼睛则非常警惕地盯着你，如果你试图从他手中拿走东西或者不满足他的需要时，他会号啕大哭以示抗议，弄得你不知所措。

为什么会这样？还是因为现在独生子女比较多，男孩从小都是生活在小家庭里，社会交往减少了很多，再加上长辈对男孩的溺爱，男孩的独占欲特别强，不愿与他人分享东西。上了幼儿园以后，在和小朋友的交往当中这一点显得尤其明显，他们不愿与其他的小朋友分享玩具，使得与小朋友之间关系渐渐疏远，甚至会越来越孤僻，这些都影响了男孩的成长。所以，妈妈要尽力给男孩创造一个与他人沟通和分享的环境，帮助男孩在成长的过程中有自己的朋友，并且学会一些与人交往的技能。

让男孩改掉“独占欲”，让他们学会助人为乐和乐于分享，就要从根源出发，对症下药。在日常生活中妈妈关心别人、帮助别人，自然给男孩留下记忆。做了好吃的点心分给邻居尝尝，毫不吝惜地借给别人需用的物品。妈妈要为培养男孩分享意识起表率作用。妈妈要做与人分享的模范，经常主动地关心和帮助别人，如关心帮助贫病和孤寡老人等，这些行为都无声地告诉男孩应该分享。

很多男孩愿意在别人家玩人家的玩具，但是让他们拿出自己的玩具，他们就不乐意了。如果是这种情况，妈妈应该在客人到来之前，让男孩挑选几样他愿意让别人玩的玩具，告诉他不要担心玩具被弄坏。这样当他无条件地与别人分享东西时，他能感到自己对这些东西仍有控制力，它们还是属于他的。当许多男孩在一起玩时，可让大家把自己心爱的玩具拿出共同分享，让男孩体验玩别人玩具的快乐，使男孩明白分享并不等于失掉自己拥有的东西。

妈妈要让男孩懂得人际交往的基本规则。实践证明，那些喜欢助人为乐和乐于分享的男孩在人际交往方面更具有优势。

要有礼貌，但不虚伪客套

生活中有这样的情况，妈妈带着男孩在路上遇到熟人，于是让男孩叫“阿姨”“叔叔”等。如果男孩甜甜地叫“阿姨好”“叔叔好”，妈妈会觉得很高兴，对方也会表扬男孩懂礼貌。但也有的男孩在遇到熟人时，表现为害羞、躲闪，不爱讲话。无论妈妈怎么提醒男孩要有礼貌，男孩就是躲在身后一言不发，弄得妈妈非常尴尬。于是，妈妈每次带男孩出门的时候，都会千叮咛万嘱咐："出门遇到熟人，记得要问好，做个有礼貌的好孩子。不然以后就不带你出门。"而当再一次遇到孩子见人不打招呼的情况时，妈妈也只好无可奈何地抱怨说"这孩子就是不爱招呼人"，或者责骂男孩"没出息"。

生活中常见到一些男孩毫无规矩、十分任性，个别的言谈举止甚至令人生厌。如对长辈没有礼貌、对小朋友随意欺侮、说话粗俗蛮横等。即使别人是好心，他也会当作恶意，天长日久，就不会有那么多人自讨没趣了。其实，只有接受爱，才能鉴别爱、表达爱、回报爱、享受爱。那么，怎样让男孩接受别人的好意，接受爱呢？专家建议妈妈们从以下几个方面予以教导：

1. 妈妈要从自身做起，做好示范

妈妈要以身作则，对上一代的付出表达感激之情。"其身正，不令而行。"妈妈应该以自己的言行为男孩塑造榜样。如果自己都不知道感恩，就很容易形成"上梁不正下梁歪"的恶性循环。正如一则电视广告，妈妈给奶奶洗脚，男孩也就给妈妈洗脚。再如，妈妈先做表率，妈妈帮爸爸做事时，爸爸会大声说："谢谢！"妈妈接受爸爸的帮助，也会说一声："谢谢！"起初，男孩可能会觉得怪怪的，后来慢慢地他便会习惯了。在这种氛围中，他渐渐懂得了接受爱，并且会向妈妈道谢。

2. 信任是人与人之间必修的课程

因为人与人之间只有互相信任，才会有良性的交往，才会有助人、感人的好事发生。

由此，作为妈妈，在日常生活中应该教会男孩学会相信别人。如果总是告诉他社会多么险恶，他还怎么去相信他人呢？没有信任这个前提，又怎么能接受别人的好意、别人的爱呢？没有爱的世界一片荒芜，缺少爱的男孩郁郁寡欢。

3. 培养男孩鉴别爱的能力

许多妈妈在教育男孩的时候，习惯用命令式的口吻说："别老跟别人说话！""见到陌生人赶紧走开！""别人给的东西千万别吃！"殊不知，这种不加分析的强制性管理，往往会缩小男孩的交际圈子，往往会让男孩习惯性地拒绝他人的好意。

正确的做法是，欲培养男孩接受爱的能力，首先要心平气和、耐心地与他讲明道理。告诉他什么是可以接受的，什么是应该拒绝的，什么是必须远离的。培养男孩鉴别爱的能力，才能让男孩获得更多的爱而不至于伤害了他人的好意。

虽然有礼貌的男孩招人喜欢，但是也要注意不能太过了，所有的礼貌要建立在真心实意的基础之上，否则就会流于虚情假意的客套。

对人有礼貌，处世要真诚

在生活中，我们经常听到诸如"谢谢您""多谢关照""劳驾""拜托"之类的客套话。这样的客套话可以向别人表示感谢，能沟通人与人之间的情感，建立融洽的人际关系。但是有些人却把客套话说得没水平，让人一听就感觉很虚伪。

真诚的赞美和虚伪的客套话之间最大的区别在于是否发自内心。真诚的赞美起源于内心深处的一种欣赏和认可，它反映了一个人对另一个人的肯定：外表漂亮，言谈合自己的口味，行动敏捷，品格高尚……即在两个人之中，其中一个人在另一个人身上发现了符合自己理想或价值标准的可贵之处。当我们对一个人有好感的时候，往往也会有一种无形的力量促使自己要去赞美他的一些优点。

但是虚伪的客套话却不同，它不是发自内心地对另一个人的认可和钦佩，而是基于内心的一种目的。过分的虚伪客套是缺乏诚意的，只能令人反感。

男孩是最善于模仿的，如果大人经常说一些虚伪的客套话或不恰当的言语，男孩都会记在心里，也会学着说虚伪的话，这样就失去了男孩的纯真本性。为人真诚表现在与朋友交往中，就是以诚相待，说实话、办实事、做老实人，对朋友不可虚情假意，也不可口是心非，切忌对朋友使小心眼，要小聪明。一个不以一颗真诚的心对待这个世界的人，就会失去别人的信任。

因此，妈妈应该教育男孩，对人要有礼貌，为人要真诚，真诚地与别人交往，关心别人，爱护别人。

心胸要宽广，做人要慷慨

心胸狭窄的毛病在当今的独生子女中相当普遍。妈妈都希望自己的男孩能有一颗宽容的心，与他人友好相处，但他们不当的教育方式却经常使他们的愿望难以实现。

在现代家庭中，男孩就是一切，爷爷奶奶、爸爸妈妈整天围着一个男孩转，男孩就是“小太阳”，男孩的要求从不会被拒绝，“只知付出，不图回报”。长此以往，男孩就形成了一种错误的观念：我是最好的，谁都不如我。因此当男孩走出家门，面对更广阔的交际空间时，会难以接受别人比自己强的现实。另外，有的妈妈本身就爱斤斤计较，不能吃一点儿亏，这也会给男孩造成消极影响。

心胸狭窄不但会影响男孩的人际关系，还会损害其身心健康，甚至会阻碍其将来事业的发展。妈妈必须帮助男孩纠正心胸狭窄的坏习惯，让男孩拥有一颗宽容的心，使他快乐地成长，因此，建议妈妈做到以下几点，让男孩的心胸宽广起来。

1. 多创造机会，让男孩多与同龄人接触

独生子女心胸狭窄的一个重要原因就是从小和同龄人接触得太少，妈妈处处对他们忍让，他们从来不能站在别人的角度考虑问题，完全以自我为中心。因此，妈妈应多提供机会，让男孩经常与小伙伴交往，让他在交往中学会宽容、体谅他人，提高人际交往能力及社会适应能力，养成良好的性格。

2. 不可袒护，帮助男孩正确评价自己

当男孩在交往中遇到矛盾和纠纷时，妈妈不可偏袒自己的男孩，可适当给予抚慰，并帮助男孩分析事情发生的原因，找出自己或别人的不对之处，客观地认识自己。总之，要教育男孩在明辨是非后，妥善处理生活中的矛盾和纠纷。

3. 转移矛盾，自己错了要道歉，别人错了尽量原谅

心胸狭窄的男孩经常为一点儿小事耿耿于怀，进而影响自己的情绪。妈妈应引导男孩反思起因，检讨自己的过失，宽容伙伴的缺点与失误行为。这样，由矛盾引起的不快很快就会消失。

妈妈要让男孩知道，即使是别人错了，也应该原谅对方，原谅对方就是给对方改正的机会，使其更珍惜彼此的友谊，更明白宽容忍让有利于增进友谊。

妈妈要让男孩认识到：不会原谅别人的人，也得不到别人的原谅。如果养成霸道、蛮横、自私、无情的坏习惯，容易被孤立，今后走入社会就会吃大亏。

4. 言传身教，妈妈要有博大的胸怀

男孩的妈妈，在遇到矛盾或冲突时，要宽宏大量，不计较得失，能够高姿态，不怕吃亏。“得饶人处且饶人”，以此使男孩受到熏陶与教育，男孩才能在相应的时候做到原谅别人。必要时，让男孩体验一下心胸狭窄的坏处：总是与人斤斤计较，毫不容人，别人就会害怕或不喜欢与男孩做朋友。

教育男孩做个心胸宽广的人

古人早就提倡做人要宽容为怀，但凡成功的人士都有博大的胸怀，做到宽以待人。男孩要想在将来立足社会，就不可避免地要接触和吸收大量的信息，要接触形形色色的人，而要想有所作为，与人和谐相处，就需要宽容，有一颗包容他人的心。

宽容的气度和博大的胸襟对男孩来说是一种不可多得的优秀品质，而等到男孩长大成人，宽容也可以伴随他的一生，成为他的人格魅力和成功的基石。

所以，妈妈应该教育男孩做个懂得宽容的人，远离那些愚昧狭隘的人，在交友时不斤斤计较，不嫉妒别人，更不能因为一点儿小事就大动干戈。

教男孩学会宽容，就是让男孩做到心中有他人。作为男孩，没有一颗宽容之心是不行的。培养男孩的胸襟和气度，可以通过角色互换的方法，让男孩意识到宽容的美好。当男孩心中做到容忍他人，就会逐渐摆脱以自我为中心的习惯，摒弃孤傲、自私、狭隘的不良性格，变成一个谦逊、大方、受欢迎之人。男孩在游戏、学习的活动中难免会与同学、同伴发生摩擦，妈妈要教给男孩学会处理摩擦和矛盾的技巧和方法，让男孩与其他小朋友少一点儿争执、多一点儿忍让、少一些挑剔，多一分关心。宽容待人，别人也会宽以待己。当男孩处处替别人着想，学会了宽容，也会赢得别人的宽容和体谅。实际上，男孩学会了宽容，也就懂得了真正的交友之道。赢得朋友，拥有朋友，男孩才会真正体会到友谊的珍贵，才能健康快乐地成长。

真正的强者都是善于宽容别人的人。妈妈应教育男孩，从小做个胸怀宽广的人，更容易受到欢迎，也会交到更多的朋友。男孩如果小肚鸡肠、鼠目寸光，是不受欢迎的。只有胸怀宽广，宽容别人，才能与人和谐相处，品尝到人生的快乐。

教男孩学会宽容，不仅是为男孩今天的人际关系，而且也是为男孩将来的幸福奠定基础。宽容的种子往往需要妈妈去播种，在一位母亲让男孩亲亲那位与男孩有过不愉快的姐姐时，宽容的种子就已深深地植入男孩幼小的心灵了。有教育家说过："推动摇篮的手，也就推动了整个世界！"妈妈的素质有多高，男孩就会飞多高。

教导男孩做个慷慨大方的人

男孩不仅要心胸宽广，而且要为人慷慨大方。有着良好美德的男孩会与他人一起分享快乐，帮助别人排忧解难，对自己拥有的物质上的东西从不吝啬，乐善好施，对那些需要帮助的人施与爱心、懂得感恩等。慷慨大方是心灵美的体现，更是一个人热爱社会、热爱生活、理解他人的一种良好品德。因此，妈妈从小就要教育男孩做个慷慨大方的人。

俗话说"滴酒百人尝"，意思就是说一滴酒要让一百人来共分享，这说明了慷慨大方是做人不可或缺的。所以，妈妈应教育男孩，让他懂得珍惜和善待身边的每一个人，学会同情和怜悯身边不幸的人，做一个心中有爱、有温情的好男孩。

教育男孩做个慷慨大方的人，就是教育他在为人处世时，要宽以待人，不吝啬自己的财物、知识、热情等，学会分享。"慷慨"的反义词是"吝啬"。凡是吝啬的人，自己拥有的事物、财物从不愿意拿出来与人分享，更不懂得帮助他人，爱财如命，贪婪自私，也就是人们常说的“吝啬鬼”。所以，妈妈在教育男孩时，应该把宽容作为人生的第一课。与吝啬的人相比，那些慷慨大方的人不会处处以自我为中心，心里只有自己，而是懂得分享和奉献。那些能够宽以待人、慷慨大方的男孩，往往与伙伴、同学相处融洽，受人欢迎，而当他长大成人之后也一定会受到尊敬，赢得拥护，获得好的人缘。

总之，妈妈要让男孩成为一个慷慨大方、对他人有爱心的人。心胸宽广、慷慨大方的男孩给予自己和社会的都会更多，也能更容易得到社会和他人的认可，在人际交往中会更胜一筹。

培养男孩与他人合作的能力

在21世纪竞争激烈的时代，一个人的合作能力要比他的知识水平更重要。懂得与人合作才能在事业中安身立命，才能在团队合作中完善自己、提升自己。无论是在快乐下成长的童年，还是顺应未来的社会生活，具备良好的合作能力是男孩成长的必备条件和技能。

对于孩子来说，尤其是男孩，尽管年龄还小，但也有必要让他学会与人合作，帮助他建立团队协作的意识，和他一起体验和分享与人合作的快乐和成果。

那么，如何培养男孩的合作能力呢？

1. 让男孩学会与人分享

如果男孩凡事都自私自利、斤斤计较，那么他就很难做到友善待人，与人和睦相处，更很少与人合作。因此，妈妈有必要让男孩学着做个慷慨大方的人，懂得与他人分享。妈妈在教育男孩时要注意讲究原则和技巧，比如要让自己的男孩和别的男孩分享他所喜爱的玩具，应该用商量温和的口气对男孩说话，不要用强迫和空洞的说教。

2. 让男孩学会悦纳别人，接纳别人的缺点

让孩子从小养成善于接纳别人的良好品德，对他的成长有着重要的意义和促进作用。让男孩从内心深处真正地愿意接受别人、喜欢别人，而不是和自己喜欢的小朋友一起玩，而疏远自己不喜欢的小朋友。等男孩长大后，妈妈也应该鼓励男孩和不同性格的同学、朋友相处，互相取长补短，共同进步。因此，只有相互认识到了对方的长处，欣赏对方的长处，才能更好地与人交往和合作。

3. 让男孩学会宽容他人

平时要不断提醒男孩心中有他人，不要总是以自我为中心，一切只顾自己。必要时让男孩有一些吃亏让步的体验，以锻炼其自我克制能力。多给男孩与同伴交往的机会，使之从中得到锻炼。让男孩在发生矛盾的后果中体味到只有团结友爱、宽容谦让，才能享受共同玩耍的快乐。

4. 让男孩多参加一些活动

由于妈妈的溺爱、娇惯，往往使他们处处以自我为中心，任性、攻击性行为较多，不愿与人合作。还有的男孩受妈妈不良教育思想的影响对小朋友不友善，如妈妈告诉男孩别人打你，你就打他，使男孩在与人合作中处处逞强、霸道，所以，一旦发现男孩在这方面存在问题，就要及时采取恰当的方法，配合纠正男孩的不良习惯。

妈妈可以让男孩玩一些共同搭积木、拼图等需要协作的活动，还要鼓励男孩参与足球、篮球、排球、跳绳等体育活动。这些活动既体现出团体之间的对抗与竞争，又体现出团体合作的巨大力量，有利于培养男孩的团队合作精神。

总之，交往合作能力是现代人必备的性格特点，对男孩加强合作性的训练，是形成一个健康向上的集体的必要条件，也为男孩良好人格的形成打下了坚实基础。

第25章
言传身教，好妈妈胜过好老师

妈妈在男孩的眼里就是模范和表率，妈妈的一举一动、一言一行都在潜移默化地影响着男孩。身为妈妈应注意自己的品德修养，无形之中，也会深深地影响男孩的言行，促进男孩的求知欲，使男孩在耳濡目染中养成刻苦钻研、执着追求的优良品质，为未来的人生打下坚实的基石。

妈妈的形象，男孩的榜样

“孩子是看着父母的脊背长大的。”男孩学做人，第一个榜样就是父亲或母亲。可以这样说：“家家户户有杆秤，那秤砣是孩子的心。”不同的母亲发出的生命信息，在男孩心中留下了不同的图像。母亲的好行为、坏行为，男孩都看得清。

可是一方面家长们希望孩子成才，而另一方面家长却不能创造一个有利于孩子成长的氛围。比如，有的妈妈回到家把饭桌变成麻将桌，把家庭变成麻将场、舞厅，全然不顾在一旁写作业的男孩；还有一些男孩形成了“享乐至上”的人生哲学，是因为妈妈整天忙于工作、事业或做买卖赚钱，对男孩不管不问、放任自流，甚至在男孩面前也不检点自己的行为……

俗话说，“身教重于言教”“榜样的力量是无穷的”。妈妈的形象对男孩的影响是巨大的，男孩每天都在用最精细的眼光注意着生活中的一切问题和观察着妈妈的一举一动、一言一行，于是，妈妈便成了他们学习的示范老师。

由于男孩正处于自觉和不自觉的学习过程中，他们的模仿能力非常强。他们的绝大部分能力和习惯都是从他人的言行中模仿过来的，而且，他们更多的是从妈妈那里模仿过来的。许多男孩的性格、作风、行为习惯之所以很像妈妈，并非全是遗传起决定作用，主要是受到潜移默化的影响而逐渐形成的。如果妈妈在各方面的表现是良好的、适当的，男孩看得见、学得着，耳濡目染、潜移默化，久而久之，男孩就会受到良好的家庭教育，并健康地成长起来。否则，正如鲁迅所指出的：“父母的缺点，便是子孙灭亡的伏线，生命的危机。”妈妈不注意自己的形象就会让男孩对妈妈失去信任感，也会失去在男孩面前的威信，他们的思想意识、价值观念、习俗好恶、道德品质和社会公德都会受到不好的影响。

“孩子需要榜样甚于批评。”孩子的目光像永不休息的雷达，不停地注视着大人的言行举止，模仿着大人的行为习惯。

在男孩的成长过程中，他们与父母相处的时间最长。妈妈的所言、所为，就自然而然地成了男孩们的榜样。妈妈做得好的方面，男孩能学到；妈妈做得不好的方面，男孩也照样学得到。因此，为了让男孩有一个良好的模仿榜样，妈妈必须十分注意自己的形象。

妈妈要严于律己、身正为师，用善良的品性和高雅的美德熏陶男孩，让他健康快乐地成长。时刻告诫自己，好家长就是一所好学校，男孩是自己的影子，自己要做男孩的好榜样。

以身垂范，好妈妈胜过好老师

男孩最早接触的生活环境主要是家庭，而妈妈是男孩的第一任教师，要以身垂范，做好男孩的榜样。

作为男孩的启蒙老师，对男孩的影响最深远。妈妈若想成功地教育男孩，则必须以身垂范，做男孩的好榜样。

在家庭教育中，妈妈经常会对男孩颐指气使，以此来规范男孩的言行和习惯，可是这种空洞的说教往往收效甚微，甚至适得其反。实际上，妈妈的言行举止，男孩都会看在眼里、记在心上，妈妈良好的行为规范会让男孩心生崇敬，并且会以妈妈为榜样模仿。所以，在日常生活中，妈妈要做好孩子的表率，做到谨言慎行，以身示教，凡是要求男孩做到的，自己必须首先做到。

妈妈对男孩的影响是无时不在的，尽管经常给男孩讲道理，但其行为却会对男孩产生更深的影响。

如果妈妈对待他人友好和善，男孩也会善待他人；如果妈妈心胸狭窄、自私自利，男孩也同样会冷漠高傲、目中无人。如果妈妈找理由推掉不愿参加的约会，或者因为不想接电话而让男孩告诉对方自己不在家时，就会给男孩的心中留下妈妈爱撒谎的印象，受到这种不良影响的男孩渐渐地就学会了骗别人。如果妈妈对顺手牵羊的事不以为然的话，那么男孩也会觉得偷窃不是错事。如果妈妈在孩子面前难露笑脸或漠不关心，那么男孩也会缺少爱心，冷漠待人。

妈妈是什么样的人要比妈妈说什么样的话更有力量。妈妈做出了率直的榜样，男孩就会诚实；妈妈用爱环绕着他，男孩就会去爱；妈妈善于谅解，男孩就会宽容；妈妈对体育显示出兴趣，男孩就会在绿茵场叱咤风云；妈妈用微笑和闪烁的眼睛对待生活，男孩就会懂得幽默；妈妈感谢生活的祝愿，男孩就会对生活满怀欣慰；妈妈表示出友好，男孩就会变得和善；妈妈的言辞充满进取的意志，男孩就会振奋他人；妈妈勇敢地面对挫折、失败和不幸，男孩就能学会顽强地去生活；妈妈的人生肯定了其对于生命长久而深沉的信念，男孩将不再迷惘；妈妈用真善美维护着男孩，男孩将会发现生存的真谛；妈妈的行为像个英雄，男孩就会成为勇士。

此外，妈妈在对男孩的教育中，在深化男孩道德行为的同时，既要关注行为结果，又要关注行为过程的合理性和适当性，给男孩营造一个诚信、激励、乐观向上的好环境，以确保他在生活中不至于偏离社会轨道。

正如俄国伟大的文学家托尔斯泰所说："教育孩子的实质在于教育自己，而自我教育则是父母影响孩子的最有力的方法。"妈妈是男孩一生的老师，明智的妈妈应该以身垂范，给男孩做个好的人生榜样。

妈妈应注意自己的品德修养

妈妈在男孩的眼里就是模范和表率，妈妈的一举一动、一言一行都在潜移默化地影响着男孩。

身为妈妈应注意自己的品德修养。因为妈妈的品德在无形之中会深深地影响男孩的行为品质，促进男孩的求知欲，使男孩在耳濡目染中养成严于律己、刻苦钻研、执着追求的优良品质。

模仿是男孩特别突出的一个心理特点。妈妈在教育男孩的同时，也要以自己的言行举止做表率。在现实生活中，妈妈要给男孩树立怎样的榜样呢?

（1）有博爱之心，怜悯、同情人，能尽力而为地关心、帮助他人。

（2）尊重他人的人格和生命、健康，不东家长、西家短地乱议论人和事，信任基本了解的人并与之共事。

（3）孝敬老人，爱护年轻人。

（4）要让人实实在在地看得出你家里的东西是用自己的劳动和智慧赚来的，不是今天这个送来的，明天那个送来的。否则，男孩会觉得不用劳动和智慧照样可以获得，可以过好生活。

（5）你永远是个爱学习和勤于思考的人。

（6）你是一个大智若愚的人，不大喜大悲；你冷静沉着，对事对人智慧、宽容，拿得起、放得下。

（7）你的生活目标明确、热情向上、意志坚强、坚定而坚持、敢于直面矛盾和困难。

（8）你的行为严谨、办事干练、实事求是、作风检点、语言干净、礼貌待人、谦虚谨慎。

（9）你的举止庄重、衣着整洁，住房内整齐有序、清洁卫生。

（10）你身体力行，注重以行为和言语影响人，善于鼓励和批评男孩。

这是十个主要方面，做的程度要有层次和境界，不管怎样，妈妈都要尽力而为。

言而有信，别给男孩开空头支票

妈妈一旦答应了男孩某事，就一定要兑现，若一件事兑现起来有困难，则不要轻易许诺。如果妈妈经常说话不算话，就会降低在男孩心目中的可信度，男孩对妈妈的崇信、敬仰与爱戴，就会随妈妈失信次数的增加而递减，男孩甚至会下意识地效仿妈妈，养成说话不负责任的不良习惯。

生活中，有的妈妈经常向男孩许诺，也许妈妈的许诺出发点是没错的，是希望给男孩进步增添一点儿刺激，使之有动力。然而，有很多妈妈却很难兑现自己的承诺，不能兑现的时候就开始为自己的“爽约”寻找理由，使承诺带来的正面刺激一步步消失。假若妈妈总是为自己的

“爽约”寻找客观理由，那么男孩将来也会为自己做不到的事寻找各种借口，而不从自身寻找原因，不肯道歉及反省自我。这将会给男孩带来一种很严重的后果。

如果妈妈的做法习以为常，孩子也会学着妈妈的样子变得言而无信，爱撒谎，不会去遵守自己许下的承诺。当妈妈因为各种原因而无法兑现承诺，男孩就会觉得妈妈口是心非，再也不愿意相信妈妈了。久而久之，不但会严重影响亲子间的和谐关系，也会让妈妈在孩子面前大失威信。

没有信任就没有威信，妈妈失信于男孩，害处是相当大的。所以，作为妈妈一定要做到说话算数，切不可为了达到某种暂时的目的而欺骗男孩，对男孩撒谎。

妈妈应像与成人的交往一样认真对待与男孩之间的相互承诺。它不仅是与男孩交流的一种合理形式，也是培养男孩健康人格的一种有效手段。当男孩认识到自己答应了的事情就必须做到时，便有了责任感，从而学会履行责任，养成良好的道德习惯。

总之，妈妈最好做到言而有信、以诚相待，这样男孩才会信任妈妈，也才愿意和妈妈谈心。妈妈是男孩接触最多的人，也是男孩的榜样，所以妈妈只有说话算话，才能在男孩心目中树立威信。

“孟母三迁”，古法今用

《三字经》中有“昔孟母，择邻处；子不学，断机杼”的传诵名句，孟母的“三迁择邻”“断机教子”等脍炙人口的故事，成为千百年来中国妇孺皆知的历史佳话，成为天下父母教育子女的样板故事。

孟子小的时候非常调皮，他的妈妈为了让他受到好的教育，花了极大的心思。当时他们住在墓地旁边，孟子就和邻居的小孩一起学着大人跪拜、哭号的样子，玩起办理丧事的游戏。

孟子的妈妈看到了，就皱起眉头说："不行！我不能让我的男孩住在这里了！"孟子的妈妈就带着孟子搬到市集旁边去住。

到了市集，孟子又和邻居的小孩学起商人做生意的样子，一会儿鞠躬欢迎客人，一会儿招待客人，一会儿和客人讨价还价，表演得像极了！

孟子的妈妈知道了，又皱了皱眉头说："这个地方也不适合我的男孩居住！"于是，他们又搬家了。

这一次，他们搬到了学校附近。孟子开始模仿祭祀、打躬作揖、进退朝堂的礼仪。这个时候，孟子的妈妈很满意地点着头说："这才是我儿子应该住的地方呀！"

在母亲的悉心培育和教诲下，孟子专心读书，发愤用功，身体力行、实践圣人的教诲，终于成为一代大儒，被后人称为"亚圣"。

"孟母三迁"的故事虽然具有很强的时代性，但是它揭示出的教育环境对教育结果有着密切关系这一道理，至今仍然适用！

环境能造就人才，也能毁灭人才。一个在不良的环境中生活长大的孩子，和一个在良好的环境中生活长大的孩子，其人生结局是有着天壤之别的。良好的环境对孩子的成长和生活而言是十分重要的，是孩子顺利成长的必要条件。孟子后来成为大学问家，与家庭环境对他的熏陶感染有很大关系。

因此，妈妈要注重自己的言行举止，要关心男孩的内心和情绪，要和全家人一起为男孩创建一个健康稳定和谐正向的环境，为男孩的成长奠定坚定的基础。

别忽视家庭环境对男孩的影响

过去，中国人很讲究门第，婚姻也求门当户对，除了经济和政治的原因，很大程度上是出于环境对子女成长环境的考虑。古人言："近朱者赤，近墨者黑。"意思是说客观环境对人的成长有着深远的影响和作用。环境对男孩的成长至关重要。

在社会发生急剧变化的时候，男孩成长的环境与妈妈的环境是迥然不同的。然而，妈妈往往习惯于以自己的儿童时代作为榜样，全然不知其中许多方面业已过时，老一套标准已经不再适用。男孩也认为，妈妈的旧传统再也不能给他提供合适的行动指南了。因此，妈妈要适应时代的变化，跟上时代的潮流。

家庭教育是靠优良的环境条件对男孩进行熏陶，通过耳濡目染，使男孩拥有良好的性格和道德品质，因此家庭教育不同于社会教育和学校教育，也不拘泥于知识性和专业性的学习，更多的是对男孩情商和人格的塑造。这也是"家庭"和"学校"的本质区别。

所以，作为妈妈，千万不要忽视家庭教育环境对男孩的影响。据调查，少年儿童犯罪，十有八九和家庭的环境有关。家庭和社会是息息相关的，因为家庭是社会的一部分。

环境对孩子的影响是巨大的。当然也有的家长认为自己的孩子"出污泥而不染"，但这只是个别的特例，绝不是普遍现象，如果我们把男孩任意放逐，而不重视建立家庭环境，这种试验是危险的。当然，这也并不等同于对男孩进行挫折教育。

所以，妈妈要想提高家庭教育水平，必须先提高自身的素质，重视家庭文化氛围，给孩子创造一个良好的身心健康发展的条件。

给男孩创建良好的成长环境

不忽视家庭环境对男孩的影响，就要给男孩以良好的家庭环境。

当今的问题是，不少做妈妈的（包括爸爸、爷爷、奶奶）误以为环境就是物质条件，男孩有了物质条件就能成长得好。这也不能说不对，但却是片面的。没有物质保证，家庭教育无法进行，但太充裕的条件，也会使男孩走向极端，使家庭教育成了产生纨绔子弟的温床，这种教训也是不鲜见的。物质当然重要，但精神方面同样重要，对于多数妈妈而言，更应该注重培养孩子的情商和好的性格。妈妈至少要做到以下几点：

1. 保证和睦友爱的家庭氛围

这是一个家庭成立的基础，夫妻之间、亲子之间如果没有感受到亲情和温暖，那么孩子的心灵必受损害。曾经有一对夫妻，结婚40年，打了40年的架，结果男孩处处担惊受怕，整日生活在恐惧和忧虑之中。所以，妈妈即使产生了家庭矛盾，也不要当着男孩的面吵嘴打架。

2. 妈妈要给男孩树立道德上的榜样

男孩时刻在模仿大人，妈妈的一言一行都印在他心里。所以，妈妈不要以为自己的言行对男孩不重要，应该以良好的道德品质以身作则，做男孩的榜样和模范，才能让男孩心生崇拜和尊敬。

3. 用自身良好的习惯去影响男孩

有一对夫妻，丈夫喜欢跳舞，妻子着迷麻将。总是将男孩留在家里自己做功课，还认为是给男孩创造安静良好的学习环境，让他专心学习。可是，夫妻二人经常半夜三更才回来，孩子吃不好，睡不好，当然更没有心情和精力学习。所以，做妈妈的要时刻注意自己的言行，并督促老公一起纠正自身的不良言行，用自身良好的习惯去影响男孩。

4. 妈妈要给男孩传导积极向上的正能量

即使生活压力大，心情不好，妈妈也不要对着男孩发牢骚和不满，在男孩面前更要少说泄气的话。如“上什么大学呀，现在大学生还不如门口卖菜的”。慢慢地，男孩就会产生厌学念头，变得不学无术。

总之，现代社会所需要的不是书呆子，要创造良好的教育环境，让男孩拥有更多创造的自由，激发男孩的创造力和学习欲望，让男孩自己渴望成龙，这样男孩才能自觉求知，最终真正成长为一个出色的男人。

附录一　好妈妈给男孩的50句成长忠告

1. 不要试图什么都争第一。

2. 不要试图交到一个完美的朋友，也不要交到很多朋友。

3. 帮助别人，自己也会强大起来。

4. 学会用真诚的简单，对付虚伪的复杂。

5. 优秀的人必备的四种品德是：正直、勇敢、智慧、节制。

6. 学校里的考场上可以有59分，人生的考场上决不允许不及格。

7. 美德是这个世界上惟一不会凋谢的花朵。

8. 爱情是一朵美丽的浪花，然而你生命的航船却要绕开它小心翼翼地行驶，因为你稚嫩的双桨运载不动神圣的职责。

9. 不管怎样，你都是要学会培养自己有一项业余爱好或特长。

10. 错误犯过一次，尽可能地不要再犯第二次。

11. 个性是你一生中最可贵的品质。

12. 有的时候一句古诗要比一个外语单词有用的多。

13. 一粥一饭，当思来之不易。

14. 你打个碗，妈妈可以原谅；你要是说谎，绝对不行。

15. 妈妈不是总统，你的要求大多是不能够满足的。

16. 我不仅仅是你的妈妈，更是你的朋友。

17. 坚信健康是快乐的源泉。

18. 想哭的时候就哭出来。

19. 人生如一杯茶，不能苦一辈子，但是总是要苦一阵子。

20. 如果你不知道从哪里来，那么你就不知道到哪里去；如果你不知道该到哪里去，那么你就不能够持久地走在一条正确的道路上。

21. 小毛病往往可以导致大麻烦。

22. 每天多做一点，并坚持下去。

23. 在任何时候都要坚信：方法会比困难多一点。

24. 信念是一种无坚不摧的力量。

25. 美丽的心情永远比美丽的外表重要一千倍。

26. 谦虚、诚实和勤奋是摆渡人生从此岸到彼岸的三件法宝。

27. 一切都开始于迅速的行动。

28. 懂得感恩，感谢帮助你的每一个人。

29. 尽可能地开心地活每一天，就好比今天是你生命的最后一天。

30. 学会合作，合作是一种深刻后的美丽，因为一滴水只有融入大海，才能够激起美丽的浪花。

31. 永远记住：你说话语气比你讲的话的内容要重要。

32. 不要忘记：一份耕耘乃至九份耕耘，你得到的收获依然是零，惟有十分的耕耘，你才能够获得最后的成功。

33. 你的成就将永远不会比你的自信的高度高出1厘米。

34. 生命假如给予你的是一颗柠檬，不要抱怨，下功夫把它榨成一杯柠檬汁吧。

35. 不要为失去太阳而哭泣，否则你也会因此而失去月亮。

36. 永远不要试图嘲笑那些有缺陷的人。

37. 如你赢不了，至少你可以给予你的对手一个微笑。

38. 如果说失败是成功之母，那么努力就应该是成功之祖母。

39. 不要总为一件不开心的事情耿耿于怀。

40. 什么时候都不要像蜜蜂那样，把整个生命都拼在对别人的一蛰中。

41. 不懂得宽容不会得到别人的尊重，过分的宽容得到失去自己的自尊。

42. 不要等到下雨的时候，才想起忘记带了雨伞；不到万不得已，也不要在下雨时，向别人借伞。

43. 有什么好的想法，尽可能的用笔记下来。

44. 要敢于质疑自己认为不相信的事情，并追究其中的道理。

45. 读书是学习，阅读自然，了解社会是更重要的学习。

46. 做事情尽量要主动，主动就是没人告诉你，而你在做着恰当的事情。

47. 不被别人打败的唯一法宝就是比别人学的更快一步。

48. 懒惰是对身心的一种伤害，拖拉永远是一种恶习。

49. 学会自我保护，尽可能地避免身体受到意外的伤害。

50. 除非万不得已，不可单独行动。

附录二　日本妈妈培养男孩100句金言

1. 教育男孩应晓之以理，动之以情。

2. 妈妈会批评，儿子改正得快。

3. 当孩子严重触犯了规定时，需要适当地批评孩子。

4. 长时间地批评孩子，效果反而不好，因为幼儿集中注意力的时间平均只有3分钟左右。

5. 批评是一种怀着“为孩子将来着想”的态度指出并矫正孩子缺点的行为。因此千万不可为了发泄一时的怒气而任意为之。

6. 用严肃的面孔批评孩子，会让孩子认为，一直深爱着我的妈妈可能不爱我了。这对孩子来说，是一件极其恐怖的事情。

7. 妈妈批评孩子应遵循一定的原则：①表情严肃；②短暂；③不没完没了；④以一对一的方式；⑤压低声音；⑥用平和的语气慢慢说。

8. 以宽容的心态接受犯错误的自己，才是与孩子和谐相处的秘诀。

9. 很多时候，只要妈妈的一个微笑、一个点头，孩子就能灵敏地感受到“被肯定”与“被爱”。

10. 认可每个男孩独特的成长方式，不仅需要妈妈仔细观察男孩，还需要妈妈保持从容的心态。

11. 过分干涉非但没有益处，还会影响孩子的健全发展。

12. 为了让孩子有个幸福人生，家长务必用积极的语言与他人交流。

13. 妈妈不唠叨，孩子最诚实。

14. 在男孩的儿童期，不要长时间唠叨琐碎小事。因为犯一点小错就被不停批评的男孩，再次犯错误时往往会产生“这次得避避风头”的想法。

15. 妈妈每次都和男孩讲道理可能是件麻烦的事，因此可以在男孩面前适当地让让步。

16. 妈妈们应该意识到，自己面对的是具有异性和幼儿双重身份的男孩，并且应该用自己丰富的想象力去理解男孩。

17. 即使是略带强制语气的话语，也会让孩子心生厌烦。

18. 用能激发男孩子热情的说话方式和男孩交流。

19. 当男孩冲着看不见的“敌人”大声喊“冲啊”的时候，请不要惊讶，也不要认为男孩有些不正常，因为这是男孩的本能行为。

20. 如果一定年龄的男孩时常扮演英雄，请相信，这是一个促进孩子健康成长的特殊时期。

21. 妈妈不要吹毛求疵，在男孩进入注重仪容的青春期前，就让他们自由发展吧！

22. 妈妈学会放手是培养男孩过程中十分重要的一课。

23. 为了孩子的将来，妈妈必须拥有让孩子（从小学四年级起）独立面对人生的勇气和决心。

24. 如果想要改变孩子与人打交道扭扭捏捏的情况，可以让其练习大声说话，而最有效的方法是，爸爸、妈妈以及周围人为孩子树立打招呼的好榜样。

25. 当孩子不遵守约定时，希望各位妈妈也多多教导孩子，而不要严厉斥责孩子。

26. 幼儿时期是养成记住规则、遵守约定的好习惯的最佳时期。在孩子上高年级前，父母应用语言和行动反复向孩子传达什么是好的行为。

27. 保持仪容整洁既是社会规范，也是家庭文化的一部分。所以应通过在家反复提醒的方式，让孩子具备这种意识。

28. 妈妈要用自己的方式告诉孩子“保持仪容整洁”的重要性。

29. 不应教孩子如何躲避他人的欺负，而应培养孩子即使被欺负了也能勇敢面对的强大内心。

30. 让孩子通过各种各样的成功体验提升自我认可度，显得尤为重要。这关系着孩子能否在面对困境时告诉自己：“我能行！加油！”

31. 克服困难的体验会让男孩变得强大。

32. 儿童时代的成就感主要源自“尽情玩耍的体验”和“克服困难的经历”两方面。

33. 让孩子全身心投入到玩耍中，是孩子儿童时代独有的珍贵体验。

34. 作为妈妈，应经常观察孩子正在做什么。因为孩子能否按自己的步调完成预期目标至关重要。

35. 玩耍与孩子智力的发展密切相关，能尽情玩耍的孩子，在进入青春期后也能以最大的灵活度思考问题。

36. 孩子通过“尽情玩耍”，还可以收获成就感，而成就感是自信之源。

37. 对男孩的不合理要求说“不”。

38. 不给孩子买非必需品，而是在对孩子有利的方面不吝惜金钱，只有采取这种不可动摇的育儿方针，才真正有助于孩子茁壮成长！

39. 家长应在日常生活中给孩子展现积极的一面，告诉孩子“工作很辛苦，我们必须毫无怨言地做完，这样从中也可以收获成就感”。

40. 竞争激烈的社会中向孩子传达“世事的艰辛”很有必要。

41. 妈妈要鼓励儿子多与成功人士接触。

42. 把自己的孩子跟其他孩子相比较，这是家庭教育最大的忌讳。

43. 男孩能否用积极的心态面对挫折和失败，与妈妈的态度息息相关。正因为失败体验以及克服失败的体验，都是孩子成长过程中的重要课题，各位妈妈一定要慎重对待。

44. 包含失败经历在内的充实感以及成就感，都是不可取代的宝贵体验。而其间慢慢培养起来的自信，将帮助男孩勇敢地面对社会。

45. 不愿低头的人难以在世上生存。而且，养成逃避、认输等习惯，总是轻言放弃的人，也毫无魅力可言。要让孩子养成笑对挫折的好习惯。

46. 虚心是成长的法宝。虚心的孩子容易进步，而总是找各种借口为自己开脱的孩子则容易原地踏步。

47. 孩子处于儿童时期时，父母以及周围的大人应多在孩子面前说些积极的话语。这样一来，孩子就能在耳濡目染中养出尊敬他人、虚心接受批评等良好的习惯和积极的态度。

48. 妈妈们需要注意两点，即“应让孩子有兴趣地玩”以及“应和孩子一起享受思考的过程”。

49. 在学习上不断进步的男孩子，家中一般都拥有良好的语言环境。他们会经常与父母进行丰富多彩的语言交流，不仅如此，其父母还会经常指出他们言语不恰当的地方。这具有重要的意义，因为它有助于培养男孩子说话得体。

50. 只有体验过动脑的喜悦和兴奋的孩子，才能迅速找出解决问题的窍门。

51. 让孩子养成乐于助人、主动帮忙的好习惯。

52. 一些妈妈总是喜欢为自己的宝贝儿子代劳一切事务，这对男孩的成长来说是毫无益处的。因为这意味着剥夺了孩子体验成功失败的机会以及动脑、发挥主观能动性的权利。

53. 妈妈要多表扬爱问“为什么”的儿子。

54. 男孩终有一天会离开妈妈独立生活。这是成长的必然结果，只有这样，男孩才能拥有健全的人生。

55. 无论是什么样的孩子都能够拥有聪明大脑，因为每个孩子都隐藏着这样的可能，他们能够自己独立思考问题、自主学习，还能够实现自己的梦想。

56. 不同的孩子有不同的喜好，不同的孩子拥有不同的思维方式。有的孩子努力的同时还能够享受努力带来的乐趣，还有的孩子总是坚信自己好运气。不管是哪一种，父母都应觉得这样的孩子非常棒！

57. 其实所谓的“怪人”，是有能力改变世俗的人。妈妈要最大限度地让男孩去施展他的才能。

58. 妈妈往往对自己很宽容，对孩子却倍加苛刻，在孩子面前非要摆出一副家长的样子。这样一来，妈妈就没法看见孩子的烦恼和失败的一面，因为孩子不敢在妈妈面前叫苦叫累，最后导致孩子只会一味逞强。

59. 让孩子看到父母也有脆弱的一面，然后坐下来好好跟孩子说说自己的烦恼，对于孩子来说应该是有益无害的。

60. 面对孩子，父母摆谱的姿态要适可而止。

61. 妈妈们应该培养男孩子敢于犯错、敢于失败的勇气。和成年人一样，男孩子同样有犯错误的权利，他们也有能力纠正自己的错误，他们敢于犯错误和改正错误的精神是同样弥足珍贵的。

62. 聆听是打开孩子心扉的关键。

63. 不是说要说多少话，或者一开口就怎么样去教训说服孩子，而是要从孩子的话语中得知孩子解决问题的方案，并相信孩子所说的解决方案，认真聆听孩子心底的想法。

64. 跟孩子谈话的时候，先把自己的意见以及自己难以抑制的情绪搁放到一旁，一边对于孩子的想法表示赞同，一边附和着认真听孩子讲述，最后把孩子所讲诉的内容再原原本本地重复一遍，这样的话，对亲子之间的谈话能起到很好的效果。

65. 从心底接受男孩本来的样子。

66. 精神上的支持对于男孩来说，才是他们最希望从父母那里获得的精神支柱。

67. 妈妈不能擅自决定男孩的未来，不能替他决定他所要走的属于他自己的人生道路。

68. 孩子能够发现自己想要的东西，并努力成为心中的那个自己，就是一件非常可贵的事情。这也是跟孩子的幸福人生紧密相关的事情。

69. 作为父母，在男孩追逐梦想的途中需要我们的时候，能够始终如一地站出来给予他支持就足够了，因为孩子的人生之舵始终掌握在他自己的手中。

70. 妈妈们应该意识到，自己面对的是具有异性和幼儿双重身份的男孩，并且应该用自己丰富的想象力去理解男孩。

71. 孩子到底喜欢什么样的东西呢？孩子到底对什么样的事物感兴趣？或孩子最在行的是什么事情呢？妈妈要抱着这种积极的态度，让孩子看到你对他的关心，因为这对孩子来说是很重要的。

72. 无论孩子怎么样，无论什么样的孩子，无论他身处何方，都一定会有他擅长的事情。

73. 把孩子喜欢的、很拿手的事情先搁置一旁，老是让孩子做一些自己不擅长的事情，这对于孩子来说，有的只是打击，孩子会越来越没有干劲，直至信心全无。

74. 孩子在自己热衷的领域能够有所作为。

75. 孩子应该受到的教育是：一定要有自己的主见，面对任何事情，都应该要具有自己的判断力，并且能够自己做决定。

76. 从男孩很小的时候开始，无论做什么事情都让他自己拿主意、做决定，有意识地去培养他这种好习惯。

77. 关于某件事情，提出自己的几点建议，然后摆在孩子面前，孩子需要判断、决定的时候，家长需要做的就是把选择权留给孩子，让孩子自己去选择、决定。

78. 把选择权交给孩子。这样不但让孩子在自己做决定这方面的能力得到了足够的锻炼，也能让孩子充分感受到自己做决定所带来的成就感。

79. 孩子对自己的情况有着清醒的认识，正因为是他自己的决定，到后面才能够独自坚持不懈地努力。

80. 孩子想要学习一个新的东西的时候，一定要事先和孩子商量好，问清楚这个事情从什么时候开始，又到什么时候结束，问明白之后再让孩子自己做出决定。

81. 一旦孩子说想要学习一样新的东西，一定要询问孩子理由，然后再问学这个东西的目的。问清楚目的，接着问什么时候可以做完。这个是目标。在孩子开始着手学习之前，这些都是不得不事先问清楚的事情。

82. 如果妈妈传达给孩子的信息是"学习很快乐，学习也是一件越干越有劲的事情，题目会做了自己会很开心，对自己的成长也是件难能可贵的事情"，那孩子得到这样的信息之后，也会感受到学习在成长中的快乐，也能够自主学习了。

83. 不管孩子说什么都不能全盘否定，尽量回答孩子"好啊"之类的。当无论如何都没法表示赞同的时候，就尽量回答"原来如此啊，是这样的啊"来表示勉强接受。

84. 妈妈在说出自己的见解时，不是在下命令，而是在给孩子提建议。

85. 让男孩能够独立生存，毫无疑问，这就是培养男孩的重中之重，也是必不可少的。

86. 教会孩子学习方法才是重要的。

87. 只要让男孩能够意识到自己的责任，他就会自己明白应该做什么。

88. 妈妈应该教会男孩：遇事不能去一味责备别人，把责任推到别人身上，自己做的决定就要自己承担责任，一人做事一人当。

89. 要让男孩养成勤学好问的好习惯。

90. 妈妈要让男孩明白，困惑的时候，遇到不懂的问题时，要敢于诚恳地向他人求助，让他人帮助自己一起解决问题，具有这种品质是非常重要的。

91. 勤学好问的孩子都很棒。

92. 妈妈一定要放手，男孩要实行放养。

93. 要在生活细节中培养男孩的动手动脑能力。

94. 给孩子尽可能多地灌输一些富有正能量的信息。

95. 要让男孩尽早养成好的习惯，好习惯同小孩刷牙习惯的培养是一样的，越早越好。

96. 挑起了男孩的竞争意识，这一点在男孩以后的生活当中，包括在社会生存竞争能力方面，也起到了很好的效果。

97. 父母教育孩子即是在教育自己。

98. 如果孩子拥有让自己骄傲的父母的话，就会想：我有这样了不起的爸爸，还有这样出色的妈妈，我肯定也不会差的。这样一来，孩子的自信就自然而然地流露出来了！

99. 如果父母都拥有自己的梦想，善于灵活运用自己的能力去挑战新鲜事物，对社会也能做出自己力所能及的贡献，自己的人生充满了光芒，相信这对于孩子来说，比任何事情都能让他感到欣喜、骄傲不已。

100. 为了孩子的健康成长，作为家长，我们也要精益求精，日渐进步才行！

附录三　美国妈妈培养男孩100句金言

1. 妈妈应该对儿子的成长负责。

2. 塑造儿子美好的心灵是做妈妈的责任。

3. 父母要懂得倾听孩子的心声，在遇到什么事情的时候，应该多征求孩子的意见。

4. 大人只要使用恰当的方法，孩子的坏毛病一定能够得到纠正。

5. 父母常常打骂孩子，获得的只是伤害了孩子的自尊心，其他什么都没有。父母经常唠叨孩子的错误，结果只会让孩子失去自尊心。这些都是极为错误的教育方法。

6. 有很多父母生气的时候，就会毫不犹豫地去打孩子。等他们冷静下来的时候，再去亲吻、抚摸孩子，或者给孩子糖果。这样的教育方法绝不会培养出优秀的人才，只会造出一个又一个懦夫和蠢材。

7. 夸奖的是孩子的行为，而不是他的情感。应该夸奖他的是具体行为而不是模糊的行为。

8. 作为父母，主要任务是夸奖孩子的行为，如果孩子没有做到，不要指责他。

9. 只要孩子表现出良好的行为，父母就应该及时给予夸奖和鼓励，来巩固这种行为。

10. 只要及时地对孩子的某一行为进行夸奖，这个行为就会在孩子身上重复出现，良好行为就得到了巩固和强化，久而久之，这个行为自然成了孩子良好行为的一部分。

11. 不要随便夸奖男孩。如果太随意，他就不明白为什么夸奖他。要在他有良好表现时才夸奖他，并且向他讲清楚为什么要夸奖他。

12. 不要因为男孩子的某个不良行为而专门训斥他，应该多关注孩子的长处。

13. 父母发现了孩子的长处，要尽量夸奖他的良好行为，当他听到父母夸奖他时，一定会变得听话的。

14. 孩子拥有自尊心是非常重要的，在对儿子进行严格教育的同时，要始终尊重孩子，不管是有意还是无意的，都不要在任何时候伤害孩子的自尊心。

15. 自己高高在上，像个君主，而孩子则像奴仆。这样只会让孩子变成一个懦夫。这样的父母正在把孩子塑造成一个失败的人。一个懦弱的人想要在社会中取得成功非常困难。

16. 把儿子看成自己的朋友。父母与孩子之间要平等相待，相互尊重。

17. 在教育儿子的时候，首先是尊重儿子，在不会伤害他自尊心的前提下，给他讲他能明白的道理。

18. 很多父母误以为严格教育孩子就是对孩子好，然而，在不知不觉间，父母变成了孩子眼中的暴君，而孩子也在这样的环境中被培养成了懦夫。

19. 大人们以为只要孩子不听话，就要使用暴力，然而，这种做法的后果是，不仅孩子没有认识到自己的错误，反而对父母甚至其他人产生了怨恨。

20. 父母的粗暴和专制将会给孩子的心灵留下无法磨灭的阴影，这块阴影会把一个善良的孩子变成一个魔鬼。

21. 如果给孩子讲道理，以理服人，那么，任何一个孩子都愿意接受。

22. 鼓励和夸奖男孩，有助于培养男孩的自信心和引发男孩的兴趣。

23. 当男孩到了不公平的待遇或者被体罚，他们都会用其他方式回应，他们或者哭闹，或者任性，有时候还会用干坏事来对抗。

24. 男孩从小没有被管教好，那么，等他长大了，他就很可能成了狡猾、放纵、克制力薄弱、任性的人。

25. 大人在大庭广众下指责孩子，他们会感到很丢脸，羞愧难当。这样，也容易让其他孩子抓住羞辱他的把柄，长时间下去，一定会影响到孩子的心理健康的。

26. 用适当的方法对孩子进行悉心教导，在恰当的时间里教导孩子，千万不能采用简单粗暴的方式，用成人的思维去对待孩子。

27. 动不动就大发脾气，对孩子大打出手，这样的教育方式，只能暂时让男孩子因为害怕而屈从，但他心理并没有服从你，什么问题都解决不了。

28. 心平气和地处理孩子的问题是最好的方法。这样，父母在孩子的心中才不失权威也不显得蛮横无理，既和蔼又严肃。

29. 父母们能够留意观察孩子，尽量站在孩子的立场上考虑问题，那么，所有的问题都能解决。

30. 当男孩因为某事要发脾气时，妈妈一定要保持冷静，不要再火上浇油，更不能简单粗鲁地制止他。等男孩平静下来后，妈妈应该多体贴孩子，安抚劝慰他。

31. 男孩正在生气的时候，就先不要跟他讲道理，因为你讲了他也不会听。这个时候，妈妈更不应该对孩子大发脾气。因为这样做只会让孩子更生气。

32. 应该奖励或惩罚男孩子的坏脾气，应该让男孩子意识到发脾气不会得到什么也不会失去什么。

33. 想要男孩子尊重自己，妈妈必须首先尊重男孩子。并且，让他小时候就养成尊重他人的好习惯。

34. 教育过于严格，对孩子过分苛刻地要求，会给孩子自尊心造成巨大伤害。

35. 严格的教育要有一个限度，就是不管怎样都不能伤害孩子的自尊心。因为如果孩子的自尊心受到伤害了，他就会变成一个懦弱无能的人。

36. 不论孩子提出多么可笑的问题，都不能讽刺嘲笑他，要耐心认真且亲切地帮他解答。否则，他就会因为害羞而不再提出问题。而提问是孩子获得知识的向导，应该利用孩子的提问向他传授知识。

37. 在尊重儿子独立人格的前提下，对他加以管束，让他明白，他不能为所欲为。

38. 把儿子培养成全面发展的人才，努力把他培养成为健全、活泼和幸福的人。

39. 缺乏忍耐力，不能控制自己情绪的人是没有修养的，会遭到别人的蔑视。即便是孩子，如果无法克制自己，将来也没有什么作为。

40. 神童？那只不过是温室里的花草，想要培养出一个健康、全面且正常发展的孩子，而不是一个在某方面有短暂超常能力的所谓的神童。

41. 尽最大努力去培养出一个全面发展的孩子，这应该是所有父母和施教者应尽的责任。

42. 教育过程中最重要的是不能蒙蔽孩子的理性，不能破坏孩子的判断力。

43. 让男孩拥有足够丰富的语言知识，教他们明白事理是多么重要的事情。

44. 不论对什么人，都要求儿子礼貌待人，说话得体，即便是对父母也同样如此。

45. 小的时候，妈妈就要教男孩独立生活的能力。

46. 母亲要承担起培养儿子独立生活能力的责任。

47. 母亲对儿子的宠溺，会严重阻碍他独立人格的形成。

48. 妈妈要让男孩懂得尊重他人和自我克制，知道对自己的行为负责。

49. 男孩不小心摔倒，多数时候不要主动扶他，而是让他自己站起来。这可以让男孩能从中学会独立，让他明白，父母不是他永远的依靠，一切要靠他自己。

50. 培养儿子的独立能力，才是真的爱孩子。如果过分宠爱孩子，过分保护他，在未来的生活中，他早晚要吃苦头。

51. 培养男孩的道德情操，让他拥有高尚的品德和虔诚的爱憎好恶观。

52. 妈妈要努力教男孩如何爱他人，明白什么是同情，人生最美好的东西是什么。

53. 教给孩子爱的力量，告诉他爱是上帝赐给我们的伟大力量。学会接受、同情他人，他将来会获得丰厚回报的。

54. 时常告诉你的儿子：我们每个人都应该关心他人。

55. 要经常教导儿子：人最大的幸福就是做一个高尚的人。

56. 告诉儿子：真正的男子汉要有智慧和坚强的毅力，并且还要有承担一切困难和挫折的超凡勇气。

57. 男孩是否具有良好的性格，很大程度上是由他是否是个全面的人才而决定的，这也将成为他未来发展的决定性因素。

58. 在男孩很小的时候，就要开始培养他辨别真伪善恶的能力。

59. 培养男孩，先要研究怎样发挥他先天的个性，然后培养他的独特见解和首创精神。

60. 要从小让良好的习惯成为男孩的自觉行为。

61. 父母有责任和义务教育好儿子，让他懂得什么是应该做的，什么是不应该做的。

62. 妈妈不仅是儿子的第一个老师，也是他可以学习的榜样。对孩子要求严格，就首先对自己要求严格。

63. 妈妈应该成为孩子最早的老师，而不是孩子的保护伞。

64. 把良好品德传授给孩子，妈妈应该以身作则，自己要先拥有良好的品德。

65. 在教育男孩之前，妈妈应该先弄明白什么是对的、什么是错的，知道该怎样去处理男孩的过失。

66. 要将男孩教育好，妈妈必须对事物的好坏有一个始终如一的看法，不能始终如一，是教育孩子的最大危害。

67. 要避免给男孩子过多金钱的行为，让男孩子很容易地就得到想要的东西特别是金钱，会让他产生依赖别人的习性。

68. 理财能力是儿子将来无论在生活上还是在事业上都需要掌握的一种重要能力，培养这种能力也需要从少儿时期抓起，越早教育，效果越好，否则，儿子大了再教育就很被动。

69. 帮助孩子改正错误用钱观念，培养他们正确的金钱观，是每个家庭应该承担的责任和义务。

70. 应该多注意给孩子家庭稳固的感觉。

71. 从生活的小事中，一点点培养儿子的善行，并教会他怎样做人。

72. 不要训斥儿子，而总是给他耐心地讲道理。这是最有效的教育儿子的方法。

73. 玩可以让孩子全身得到锻炼，有利于其各个器官的发展，同时，这样也培养和开发了孩子智力和创造力。

74. 孩子拥有无限的潜能，关键需要父母的启发。

75. 发现孩子的个性是父母的责任。

76. 培养儿子热爱劳动的习惯，能提高他动手的能力。

77. 每个人都会有失落和没有信心的时候，儿子也一样，只有让儿子充满信心，他才能更好地迎接挑战，拥有幸福的人生。

78. 孩子的信心来自父母的夸奖。孩子很需要夸奖和鼓励。夸奖不仅表明了父母的信心，也让孩子充满信心。只有孩子有足够的信心，父母才会培养出足够优秀的人才。

79. “夸”可以让孩子心境变得美好，心中留下美好的回忆，进而，这种心境让他有动力继续前进。

80. 只要孩子有一定的可取之处，就要多夸奖。即便有些地方做得不对，也不要嘲讽他。

81. 任何人都有过成功和失败，并且失败往往比成功多。只要孩子做错事，能真心改正，父母就应既往不咎。

82. 如果男孩子失败了，父母不应该说“我就知道你不行”之类的挫败话，应该帮助男孩子走出失败的阴影，多多鼓励他。

83. 孩子各方面都有天赋，只要父母善于发现并为其发展提供良好的环境并大加夸奖，他们都能有所作为的。

84. 在教育儿子的时候，要重视培养儿子的想象力，并且认为这种能力比知识更重要。

85. 如果拿大人的标准要求孩子，那么孩子的很多举动都不符合“规矩”了，如果孩子举动不合“规矩”就进行“纠正”，那么，孩子的创造力就枯萎了。

86. 对孩子的好奇心进行夸奖非常有利于孩子创造力的发展。夸奖会激发孩子更大的好奇心。

87. 父母应该保护孩子的好奇心，而不应该对此感到厌烦，并且，父母还有责任把孩子的好奇心引入正确的轨道上。

88. 父母的一句夸奖，会把孩子带入知识的海洋，读书，做手工，做实验，这些都会让孩子体会到莫大的快乐。

89. 很多父母太过于溺爱孩子，他们常常担心孩子受到伤害，总是一味地呵护孩子，把孩子当成温室中的花朵。这是一件很愚蠢的事。

90. 对于男孩来说，引导他敢于面对失败，如何面对失败，将会成为他日后是否获得幸福的关键。

91. 让孩子勇于面对的最好方法就是宽容，也就是宽容孩子的失败，允许孩子有失败。

92. 妈妈欺骗儿子，儿子就会欺骗别人。

93. 妈妈鼓励儿子在面对生活一些艰难的选择时，要坚持诚实、守信、积极进取的道德原则。

94. 如果孩子做了坏事，责任在大人。因为是父母没有教导好孩子，所以，孩子才会去做坏事，这是放任不管的后果。

95. 如果孩子得到纵容，他将来会变得腐朽。

96. 孩子都容易犯错，但这不等于宽容孩子任何错误。

97. 教育孩子的同时，父母也在接受着教育。作为父母，在教育孩子之前，先应该学会管好自己。

98. 想让孩子成为有教养的人，父母首先自己要懂得自我反省和约束。否则，任何教育都无济于事。

99. 如果父母能够严格要求自己，成为孩子的表率，培养孩子的品德，那么，父母就为孩子创造了美好的前途，这样的父母应该受到尊重。

100. 家庭应该是爱和欢乐的殿堂。孩子应该在家庭的呵护下健康成长。应该让他们从小就在家庭中树立信心，而不是因为不当的教育让他们失去了人生最重要的自尊心。